Heidi Witzig
Wie kluge Frauen alt werden

Heidi Witzig

Wie kluge Frauen alt werden
Was sie tun und was sie lassen

Mit Porträts von Sabina Bobst

Xanthippe Verlag

Heidi Witzig, geboren 1944 in Zürich, ist Historikerin und Buchautorin. Sie studierte in Zürich und Florenz und schloss ihr Studium mit einer kulturgeschichtlichen Dissertation über Florenz in der Frührenaissance ab. Seit 1986 arbeitet sie als selbstständige Historikerin mit Schwerpunkt Frauen und Alltagsgeschichte. Neben ihrer vielfältigen Vortragstätigkeit veröffentlichte sie mehrere Bücher. Die Autorin ist verwitwet und hat eine erwachsene Tochter. Publikationen: *Frauengeschichte(n), Dokumente aus zwei Jahrhunderten zur Situation der Frauen in der Schweiz*, hg. mit Elisabeth Joris, 5. erg. Auflage, Zürich 2001. *Brave Frauen, aufmüpfige Weiber*, mit Elisabeth Joris, 3. Aufl., Zürich 1995. *Polenta und Paradeplatz. Regionales Alltagsleben auf dem Weg zur modernen Schweiz 1880–1914*, 2. Aufl., Zürich 2001. Sie ist aktiv im Projekt GrossmütterRevolution (www.grossmuetter.ch/ueber_uns).

Sabina Bobst, geboren 1969 in Solothurn, ist freischaffende Fotografin in Zürich. Sie hat schon zahlreiche Xanthippe-Bücher illustriert (www.sabinabobst.ch).

Alle Rechte vorbehalten
© Xanthippe Verlag, Zürich 2012
Die Originalausgabe erschien im Xanthippe Verlag
im Herbst 2007

ISBN 978-3-905795-18-9

Lektorat: Katharina Blarer, Zürich
Korrektorat: Thomas Basler, Winterthur
Umschlagfotos und Porträts: Sabina Bobst, Zürich
Umschlaggestaltung, Gestaltung und Satz:
Isabel Thalmann, www.buchundgrafik.ch
Druck: AZ Druck und Datentechnik GmbH

Dank

Zuerst und vor allem danke ich den zehn Frauen, die sich während über eines Jahres für Interviews zur Verfügung gestellt haben. Trotz eigener Arbeitsbelastungen waren sie bereit, mich immer wieder für Fragen und Informationen zu empfangen, sich auf teilweise intensive Prozesse des Austauschs und des gemeinsamen Reflektierens einzulassen und mich schliesslich auch bei der Textredaktion zu unterstützen. Dankbarkeit erfüllt mich für das Vertrauen und die Lebendigkeit dieser Frauen. Beziehungen wurden dadurch vertieft, einige neu geknüpft – entstanden sind daraus auch Freundschaften, die weitergehen werden.

Fachliche Unterstützung suchte und erhielt ich von zwei bewährten Freundinnen. Die Journalistin und Autorin Barbara Kopp hat viel zu tun gehabt, um mir die stilistischen Feinheiten des Porträtierens beizubringen. Und die Historikerin Elisabeth Joris hat mich auf zahlreiche konzeptionelle Ungenauigkeiten hingewiesen. Ihre Kritik war enorm hilfreich. Beiden bin ich sehr dankbar für ihre unterstützende Energie und Radikalität.

Inhalt

Einleitung   9

Die Arbeit

Erfahrungen in der Arbeitswelt, die bis ins Alter nachwirken: Von der Ausbildung und vom Einstieg in die Erwerbsarbeit, von Vorbildern und fehlenden Vorbildern, von Auseinandersetzungen mit Frauen und Männern   15

Die Pensionierung und die Jahre des Übergangs: Zwischen Loslassen und Festklammern, von Altersdepressionen oder der Krise als Chance und von der Verlagerung des Lebenszentrums   115

Geld und Vermögen: Von der minimalen AHV bis zur grosszügigen Pension, von Erbschaften und Gewinnen, von kleinen und grösseren Ansprüchen – und vom Unverzichtbaren   123

Gesundheit und Krankheit: Von kleinen Zipperlein und grossen Beschwerden, vom bewussten Wahrnehmen des Körpers und von der Suche nach dem richtigen Lebensrhythmus, von sportlicher Betätigung, gesunder Ernährung und dem Umgang mit ärztlichem Rat   129

Die Beziehungen

Beziehungserfahrungen, die bis ins Alter nachwirken:
Von Freundinnen und Freunden, Bekannten und
Verwandten, von beruflichen Kontakten, Ehemännern und anderen Liebschaften, Frauen- und
Männerlinien – und von den Ursprungsfamilien 141

Attraktivität und Schönheit: Von hässlichen Entlein
und passablen Frauen, von überflüssigen Diäten und
von einem Selbstbewusstsein, das nicht mehr vom
Aussehen abhängt, von Selbst- und Fremdwahrnehmung, von Jugendwahn und würdigem Altern 239

Die nachfolgenden Frauengenerationen: Vom Verhältnis zu den jüngeren Feministinnen und von der
Solidarität mit den Töchtern und Enkelinnen 249

Das hohe Alter und der Tod

Auseinandersetzung mit dem Ende: Von Altersheimen
und Sterbehilfeorganisationen, von köperlicher und
seelischer Kraft, Spiritualität und Lebenssattheit 271

Schlusswort 285

Lebensläufe und Quellen 307

Einleitung

Meine Motivation zur Beschäftigung mit dem Älterwerden von Frauen hat zwei sehr persönliche Gründe. Mit 55 erlebte ich, beruflich auf dem Höhenweg, in meiner langjährigen Beziehung eine schwere Krise. In den folgenden Jahren lernte ich, unterstützt durch Körper- und Psychotherapien, innerlich besser für mich zu sorgen – ich fühlte mich zunehmend im Aufbruch, auch nach dem Tod meines Mannes 2003. Eintreten in die dritte Lebensphase bedeutete Eintreten in eine nie gekannte Fülle von Austausch und Lebenserfahrungen. Aus diesem Erlebnis der Fülle heraus wuchs mein Bedürfnis, mehr darüber zu erfahren, wie andere Frauen ihr Älterwerden erleben.

Der zweite persönliche Grund liegt in der Beziehung zu meinem 88-jährigen Vater. Als Kind hatte ich mich von ihm geliebt und gefördert gefühlt. Die notwendige Ablösung zog sich über Jahrzehnte hin. In der Zeit meiner persönlichen Krise klärte sich auch dieses Verhältnis, und seither erlebe ich das Altwerden meines Vaters mit. Im regelmässigen Austausch erfahre ich, wie positiv er sein Leben gestaltet, wie sehr Krankheit und Schwäche auch an der geistigen Energie zehren können – und dass gewisse Eigenheiten jede Altersweisheit überstehen. Er war der erste Leser meines Manuskripts und hat angeregt, für dieses Buch eine Schriftgrösse zu wählen, die auch ältere Augen lesen können. (Diese Anregung haben wir aufgenommen und die Schriftgrösse entsprechend angepasst, Anm. des Verlags.) Dass er sich durch die Lektüre bestätigt und ermutigt fühlte, freut mich bis heute.

Der Beruf der Historikerin bietet die Möglichkeit, eigene Fragestellungen, eigenes Erleben mit wissenschaftlich kontrollierter Distanz auf gesellschaftliche und ideologische Traditionen hin zu befragen und zu verorten. Meine Frauenforschung der vergangenen Jahrzehnte galt auch der Suche nach der eigenen Identität als Frau. So hatte ich es beispielsweise meiner früh verstorbenen Mutter nicht geglaubt, wenn sie betonte, sie sei als Hausfrau glücklich und zufrieden. Durch die langjährige wissenschaftliche Beschäftigung mit Briefwechseln zwischen Müttern und Töchtern aus dem Zürcher Oberland wurde es mir möglich, die Selbstwahrnehmung meiner Mutter anzuerkennen. Warum also nicht auch eine vertiefte Auseinandersetzung über Frauen in der dritten Lebensphase angehen?

Der Fokus der Fragestellung ergab sich anfänglich aus der Beobachtung, dass Autorinnen im unübersehbaren Strom der Altersliteratur der letzten Jahre eine wichtige Rolle spielen: Fachfrauen, allen voran Psychologinnen, die ihr eigenes Älterwerden thematisieren und durchwegs positive Altersbilder für Frauen entwerfen. Da lag die Frage nahe, ob der feministische Impetus, der seit den 70er- und 80er-Jahren lautstark positive Frauenbilder propagiert hatte, heute auch positive weibliche Altersbilder mitpräge. Zur Klärung dieser Frage wollte ich Frauen interviewen, die heute in der dritten Lebensphase stehen und die schon früher mit gewisser Resonanz gegen patriarchal geprägte Weiblichkeitsbilder und eingeschränkte Handlungsräume von Frauen gekämpft hatten. Konkret suchte ich nach Frauen mit Jahrgang 1944, meinem eigenen Geburtsjahr, und früher.

Nach oben gab es keine Altersgrenze. Ferner ging ich davon aus, dass mir zumindest der Name der Frauen vertraut sein müsse. Somit lag der Fokus besonders auf Frauen aus der Erwachsenen- und Frauenbildung, wo ich selbst tätig und seit Jahrzehnten vernetzt bin.

Es ist mir bewusst, dass Dutzende weitere Frauen ebenfalls dazugehört hätten und dass sich meine Auswahl nicht objektiv begründen lässt. Das Spektrum der zehn interviewten Frauen ist dennoch breit. Altersmässig reicht es von den Jahrgängen 1917 bis 1944, geografisch sind die Regionen Basel, St. Gallen, Bodensee, Bern und Zürich vertreten. Die Hälfte der Frauen zog erst im Lauf des Lebens in die Schweiz, eine von ihnen lebt auch heute im Ausland. Fünf Frauen haben studiert und die Erwachsenen- und Frauenbildung der Schweiz im weitesten Sinn mitgeprägt. Das Engagement für Frauenanliegen war auch für die anderen zentral. Nicht alle verstehen sich als Teil der linken sozialen Bewegung; die Hälfte bezeichnet sich als politisch bürgerlich oder als eher unpolitisch in der Mitte. Je nachdem engagierten und engagieren sie sich in der autonomen, linken, Friedens- oder bürgerlichen Frauenrechtsbewegung, oder sie sind Einzelkämpferinnen geblieben.

Die Arbeit ausschliesslich mit Interviews war für mich als Historikerin ungewohnt. Bisher habe ich mich mit Frauen aus früheren Zeiten beschäftigt; das Quellenmaterial bestand aus Briefen, Tagebüchern und anderen schriftlichen Lebenszeugnissen. Wissenschaftliche Distanz dank definierter Methoden war für mich selbstverständlich. Aber nun sass ich lebendigen, starken Frauen gegenüber. Persönliche Anteilnahme, die Faszination des Austauschs und gleichzeitig das Bemühen um fachliche Distanz stellten grosse Herausforderungen dar.

In den Porträts kommen die Frauen in ihrer Selbstwahrnehmung zu Wort; sie haben die Texte autorisiert.

EINLEITUNG

Natürlich fliessen meine Reflexionen als Interviewerin in die Porträts ein: durch die Wahl der Fragen und das Insistieren auf bestimmten Themen, durch die Gewichtung der Antworten und die Auswahl der Aussagen. Das so gespiegelte Bild zu akzeptieren, löste bei einigen Frauen einen Prozess aus. Sie begannen sich zu fragen, warum oder inwiefern sie diese oder jene Facetten des Bildes nicht erkannten, anders wahrnahmen oder auch unangenehm fanden. Sie interpretierten dies als Chance, sich selbst buchstäblich mehr ins eigene Bild zu setzen. Diesen Prozess miterleben zu dürfen, der mir typisch schien für Reifungsprozesse im Alter, empfand ich als unerwartete Bereicherung.

Auffallend war der Eindruck von Energie und Lebendigkeit, den praktisch alle Frauen ausstrahlten. Die Interviews dauerten jeweils zwischen vier Stunden und mehreren Tagen. Statt müde und abgekämpft zu werden während dieser Zeit, begannen die Augen zu leuchten, die Sprache wurde präziser, die Atmosphäre dichter, der Austausch intensiver – und bei fast allen Interviews stand am Schluss ein heiteres Lachen oder Lächeln.

Ich zeige das Spezifische am Älterwerden von Frauen, die ein aktives Leben führten und führen und die eine Fülle von Lebenserfahrungen besitzen. Für alle waren und sind Beruf und Engagement sowie Beziehungspflege zentral. Aus diesem Grund sind die Porträts thematisch gegliedert und folgen nicht einfach aufeinander; auch kommen nicht alle Frauen in allen Kapiteln vor. Das erste Kapitel über die Arbeit schildert, wie das Engagement für Frauenanliegen Arbeitshaltungen prägte, die heute noch wirksam sind. Pensionierung, materielle Situation und Arbeitskraft im Alter werden vor dem Hintergrund der Erfahrungen eines reichen Arbeitslebens dargestellt. Das zweite Kapitel über die Beziehungen umfasst die Fragen nach Familie und Partnerschaft,

Verwandtschaft und Freundeskreis, das Verhältnis zur Tochter- und Enkelinnengeneration sowie die Selbstwahrnehmung bezüglich Attraktivität und Schönheit. Auch hier wird gezeigt, wie die Fülle der Beziehungserfahrungen die Beziehungspflege in der dritten Lebensphase prägt. Das dritte Kapitel kreist um die Perspektiven des hohen Alters, um die Vorstellungen von Sterben und Tod.

Im Schlusswort versuche ich Bilanz zu ziehen: Welche Merkmale sind spezifisch für die dritte Lebensphase feministisch engagierter Frauen? Wo liegen die Gemeinsamkeiten, wo die Unterschiede in den Ansichten und Lebensgestaltungen? Welchen Einfluss haben die verschiedenen Herkunftsmilieus, beruflichen Werdegänge und Familienkonstellationen? Welche Facetten des feministischen Diskurses wurden aufgenommen, welche nicht? Und wie gestaltete sich das persönliche Engagement im Lauf der Zeit?

Die Arbeit

Erfahrungen in der Arbeitswelt, die bis ins Alter nachwirken: Von der Ausbildung und vom Einstieg in die Erwerbsarbeit, von Vorbildern und fehlenden Vorbildern, von Auseinandersetzungen mit Frauen und Männern

Die Sammlerin
Archivgründerin Marthe Gosteli

Die 90-jährige Marthe Gosteli schläft nachts im ersten Stock des Archivs zur Geschichte der Frauenbewegung in Worblaufen bei Bern und lässt ihre Hunde im Garten patrouillieren. Tagsüber arbeitet sie im Erdgeschoss, inmitten von Regalen voller Bücher und Archivordner. Sie beantwortet Telefonate, berät BenützerInnen, gibt den Mitarbeiterinnen Anweisungen und beschäftigt sich mit Plänen zur Zukunft des Archivs. Ihre beste Zeit sei der Morgen, sagt sie. «Am Nachmittag bin ich oft nicht mehr zu gebrauchen.»

Seit sie 65 wurde, investiert Marthe Gosteli ihre ganze Lebenskraft in die Sammlung und Erschliessung von Akten und Dokumenten zur Geschichte der Frauenbewegung. Sie hat in ihrem Elternhaus eine repräsentative Sammlung aufgebaut. Laufend treffen neue Bestände ein, die erschlossen werden; die gesamte Bibliothek ist auf EDV umgestellt und im Internet einsehbar.

Im Jahr 2000 veröffentlichte sie den Dokumentenband *Vergessene Geschichte. Illustrierte Chronik der Frauenbewegung 1914–1963*. Marthe Gosteli freut sich, dass ihr Buch auch in Deutschland grosse Beachtung gefunden hat; ihr liege viel an internationaler Vernetzung. Wo sie kann, ermuntert sie Studentinnen und Interessierte, das Archivmaterial für Forschungen und Publikationen zu nutzen – je mehr Veröffentlichungen es gebe, desto wirksamer sei die Tradition der Frauenbewegung im aktuellen politischen und gesellschaftlichen Leben. Ihre Augen leuchten, wenn sie all die Studien und Broschüren auf dem Tisch ausbreitet.

Marthe Gosteli lebt für ihr Archiv. Dieses müsse für alle Frauengenerationen zugänglich sein, für ein breiteres Publikum als nur die wissenschaftlich Interessierten.

«Jede Frau, die von ihrer Geschichte nichts weiss, muss das Rad wieder neu erfinden und kann nicht aufbauen auf den Erfahrungen früherer Generationen. Das hockt wirklich tief in mir», sagt sie. Viele Frauen hätten noch nie ein Archiv gesehen und seien kaum informiert über die Geschichte der Frauenbewegung. Nach einem Besuch im Archiv gingen sie jeweils mit dem Gefühl nach Hause, dass etwas hinter ihnen stehe. «Und darum geht es», betont Marthe Gosteli, «das ist mein Anliegen.»

«Man kann mir durchaus viele Vorwürfe machen», das wiederholt Marthe Gosteli oft. Aber es sei unmöglich, ihr Archiv nach den Kriterien staatlich finanzierter Institutionen zu führen und administrative Wasserköpfe zu etablieren oder Top-Leute einzustellen. «Zum Teil benehmen sich gerade Fachleute, auch Mitarbeiterinnen, einfach blöd und elitär. Da ist man dann gerade gut genug, Geld und Infrastruktur bereitzustellen, und dann wollen sie selbst bestimmen. Aber in meinem Archiv» – und bei diesem Satz wird sie jedes Mal laut – «entscheide ich als Stifterin allein.» Und sie bestimme, dass der organisatorische Aufbau von unten nach oben geschehe, dass die Finanzen jederzeit gesichert seien und dass das Publikum aus dem einfachen Volk Priorität habe. Die Wissenschaft könne sich selbst um ihre Anliegen kümmern.

Der gesamte Stiftungsrat trat 2005 wegen Meinungsverschiedenheiten mit Marthe Gosteli zurück. Seither versucht sie einen Neuanfang, wie sie sagt. Sie sieht sich in erster Linie von altbewährten Mitstreiterinnen und Weggefährten unterstützt: Eine Pionierin der Frauenstimmrechtsbewegung hinterliess ihr kürzlich ein sehr hohes Legat, und der Leiter des Berner Archivs für Agrargeschichte besitzt ihr Vertrauen. Er hat ein Mandat zur Führung der inneren Archivorganisation. Sie seien beide ein wenig Stiefkinder der Geschichte, sagt Marthe

Gosteli. Er verstehe die Mentalität einer Bauerntochter – sie ist stolz auf ihre Wurzeln aus dem Bauernstand –, und auch er sei ein Allrounder. Zudem kenne er die Archivwelt und wolle das Gleiche wie sie: Unabhängigkeit und finanzielle Absicherung für das Archiv. Dass nach ihr ausgerechnet ein Mann mit wenig Kenntnissen der Frauenbewegung über die Geschicke des Archivs bestimmen soll, das hat sie nicht geplant. Sonst habe sie ja immer mit Frauen zusammengearbeitet, aber jetzt habe es sich eben anders ergeben. «Die Sicherung der Zukunft des Archivs», sagt sie, «ist das Produkt einer guten Zusammenarbeit von Mann und Frau.» So habe sie die Gewissheit, dass alles in ihrem Sinn weitergehe: «Es muss jemand da sein, der das ausführt, fertig, voilà.»

Mit 77 erhielt Marthe Gosteli den Ehrendoktortitel der Universität Bern. Treibende Kraft dahinter war die Geschichtsprofessorin Beatrix Mesmer, die laut Marthe Gosteli immer erfasste, worum es ihr ging, und trotz Meinungsverschiedenheiten zu ihr hielt. «Ich bin ja fast vom Stuhl gefallen, als ich von dieser Ehrung erfuhr», sagt sie. Aber was sie danach an Neid und Missgunst erlebt habe, das sei irritierend gewesen. Von Genugtuung ist bei Marthe Gosteli nichts zu spüren. Drei Ehrungen hat sie insgesamt erhalten. Und nun wolle sie keine mehr. «Das ist genug», betont sie. Dass Beatrix Mesmer ihr kürzlich erschienenes Buch *Staatsbürgerinnen ohne Stimmrecht. Die Politik der schweizerischen Frauenverbände 1914–1971* Marthe Gosteli gewidmet hat, das entlockt ihr allerdings schon ein sonniges Strahlen.

Marthe Gosteli definiert sich selbst entschieden als bürgerliche Frau. «Ich verstehe mich als Feministin», sagt sie und zitiert aus dem *Lexikon der Frau* den Begriff Feminismus, «wie ich versucht habe, ihn zu leben»: «Die Gesamtheit der Bestrebungen zur Verstärkung des weiblichen Einflusses in Staat, Gesellschaft und Kultur, ausgehend von dem Grundsatz der natürlichen Gleichheit der Geschlechter und die Gleichberechtigung fordernd.» Dass die linken, radikalen Frauen den Feminismus für sich gepachtet haben, betrachtet sie als Anmassung. Natürlich habe man zu wenig miteinander diskutiert. Auch die bürgerlichen Frauen hätten Fehler gemacht – jede Bewegung mache Fehler. Aber mit ihrer Usurpation des Begriffs «Feminismus» hätten die Radikalfeministinnen der Sache geschadet. Da ist sie sich ganz sicher, das richte in unserer Gesellschaft bis heute unglaubliches Unheil an. Sie wird laut: «Das ist doch irre, wenn eine Politikerin in einem Interview auf die Frage, ob sie Feministin sei, antwortet: ‹O Gott, nein!› Das ist doch schrecklich. Und daran sind eben die linken Feministinnen schuld, mit denen will sich ja nicht jede Politikerin identifizieren.»

Trotz ihrer klaren Abgrenzung von der autonomen Frauenbewegung nimmt Marthe Gosteli die Akten sämtlicher Gruppen, von denen sie angefragt wird, in ihr Archiv auf: Die Frauenlobby und das Frauenzentrum Winterthur haben ihre Bestände bei ihr deponiert, die Gruppe Quoteninitative, die FemmesTour, die Ofra Bern und natürlich auch die «Frauen für den Frieden». Marthe Gosteli lässt alles katalogisieren und erschliessen. «Da bin ich konsequent.»

Die junge Marthe erhielt keine formale Berufsbildung. Ihre Mutter schickte sie in die Frauenfortbildungsschule Monbijou in Bern. Ausgerechnet sie, die Nähen hasste, wurde später ins «Fadengymnasium» gesteckt. Als der Zweite Weltkrieg ausbrach, weilte die 22-Jährige in England, wo sie Sprachunterricht nahm und dann bei einer adeligen Familie als Kindermädchen arbeitete. Eine richtige gute englische Familie sei das gewesen, bei der sie sich sehr wohl und akzeptiert gefühlt habe. Sie wäre gerne länger dort geblieben, aber im Frühling 1939 schickte der Lord sie zurück in die Schweiz – es werde Krieg geben. Ihre Pläne für weitere Sprachaufenthalte in Italien platzten. Daheim fand sich die junge Frau in verschiedenste Pflichten eingespannt – die Mutter war krank, die ältere Schwester musste Geld verdienen. So übernahm sie den Haushalt, die Pflege der Mutter und arbeitete während kurzer Zeit als Sekretärin im Armeestab, in der Abteilung Presse und Funkspruch. Als die Fähnchen auf der Europakarte im Büro die rasanten Erfolge der deutschen Armee markierten, hätten einige Kollegen «weiche Knie» bekommen. Ihr sei bewusst geworden, dass sie damals auch unter Druck und Bedrohung keine Angst verspürt habe, sondern im Gegenteil nur noch standhafter geworden sei. Schliesslich habe sie die Engländer gut gekannt. «Ich bin heute noch erschüttert darüber», sagt Marthe Gosteli, «wie manipulierbar angstvolle Menschen sind.»

Später betreute Marthe Gosteli die Volksbibliothek des Inselspitals Bern. Der Kontakt mit kranken und sterbenden Menschen – sie durfte mit ihren Büchern praktisch alle PatientInnen besuchen – prägte sie stark. Nach dem Krieg bekam die 28-Jährige dank ihrer guten Sprachkenntnisse eine Stelle bei der Presse- und Kulturabteilung der amerikanischen Botschaft in Bern. Dort betreute sie zwölf Jahre lang die 16-mm-Filmausleihe und lernte das Fachgebiet Public Relations kennen. «Ich hatte wahnsinnige Freude an dieser Arbeit», sagt sie. Sie verdiente viel – einen Leistungslohn, wie sie betont. Da sei nicht einfach irgendwann Büroschluss gewesen. «Durch meine Arbeit konnte ich auch mein Interesse für internationale Zusammenhänge befriedigen und breite gesellschaftliche Kontakte geniessen.»

Dass sie keine Ausbildung machen konnte und während des Krieges mit Pflichten überhäuft war, das habe ihr zwar viel kaputt gemacht. «Aber ich habe mich der Herausforderung gestellt.» Sie habe sich angespornt gefühlt, in verschiedenen Lernfeldern Ausbildungen und Kurse zu besuchen. Heute sieht sie diesen Lernprozess als Gewinn – wie bei ihrem Grossvater, der auch als Autodidakt begonnen habe und schliesslich Amtsrichter geworden sei.

«Die Zeit meiner Arbeit für die schweizerische Frauenbewegung», sagt Marthe Gosteli, «war die schönste Phase meines Lebens.» So viele gute Frauen seien in den 50er- und 60er-Jahren an der Spitze der Verbände gestanden, fast alles Akademikerinnen. «Und viele zogen am gleichen Strick.» Nicht alle hätten sie spüren lassen, dass sie keine Studierte sei. Von vielen Seiten sei sie gefördert und anerkannt worden. Auch im Bund Schweizerischer Frauenorganisationen (BSF) und in der Arbeitsgemeinschaft der schweizerischen Frauenverbände für die politischen Rechte der Frau empfand sie die vertrauensvolle Zusammenarbeit mit den Pionierinnen als Bereicherung.

Nach dem gewonnenen Kampf um das Frauenstimmrecht 1971 fühlte sich die 54-Jährige erschöpft. Seit ihrer Kindheit wusste sie, wie entspannend und heilend das Reiten wirken konnte. Der Umgang mit Pferden war der Bauerntochter vertraut. Sie zog für einige Jahre nach Diesbach bei Büren, wo sie in ihrer eigenen Reithalle das therapeutische Reiten mitentwickelte. Diese Zeit habe ihr Leben stark beeinflusst, sagt sie. Sie habe die therapeutische Arbeit mit behinderten oder bedrückten Menschen, die pionierhafte Zusammenarbeit mit Krankengymnastinnen, als extrem bereichernd erlebt. Leider verdiente Marthe Gosteli bei dieser Arbeit so wenig, dass sie sich diesen «Luxus» bald nicht mehr leisten konnte. Fünf Jahre nach dem Tod ihrer Mutter kehrte sie 1979 zu ihrer Schwester ins Elternhaus zurück.

Schon seit dem Tod ihres Vaters 1957 lag die Verantwortung für die Zukunft des elterlichen Bauernguts bei Marthe Gosteli. «Ich habe gegen Männer kämpfen müssen», sagt sie. Sie hätten Land abgeben müssen, zuerst für die Autobahn, später für das Schulhaus und die Sportanlagen. Dann sei das Feilschen losgegangen um die finanzielle Entschädigung und die Umzonung, um die Gebäulichkeiten, den schönen Umschwung. «Und das alles lastete auf mir und meiner Schwester.»

In diesen aufreibenden Jahren brauchte sie viel Kraft, um ihr Archivprojekt durchzuziehen. Diese Kraft habe sie aus ihrer bäuerlichen Herkunft geschöpft, aus der Verwurzelung im eigenen Grund und Boden, und gleichzeitig aus ihrem starken Charakter als unerschrockene Frau, die sich ohne Angst exponiert habe.

Die Couragierte
Friedensstreiterin und Sprachlehrerin Aline Boccardo

Aline Boccardo ärgert sich jeden Morgen, wenn sie im Radio die Börsenkurse hört, die laufend aktualisiert werden. «Wer braucht das denn», fragt sie, «während täglich Menschen verhungern und Kriege toben?» Tag für Tag sollte ein Dutzend Mal über die wichtigen Probleme berichtet werden statt über Geld und Spiele. Dass sich die Mächtigen in Politik, Wirtschaft und Kirche dieser Logik verweigern, bringt Aline Boccardo auf. Also setzt sie sich hin und schreibt an die Mächtigen dieser Welt. Wie viele Hunderte von Aufrufen und Protestschreiben hat sie schon verfasst! Für ihre Themen Frieden, Abrüstung und Umweltschutz steht sie täglich ein. «Eine andere Welt ist möglich», zitiert sie eine Publikation der Helvetas von 2006. Trotz allem glaube sie daran.

Einer der Menschen, die sie seit langem schätzt, ist Al Gore. Jetzt endlich werde er beachtet, sagt sie. Würde sie ihm je begegnen, so könnte sie ihm von ganzem Herzen «danke, danke, danke» sagen. Der Papst hingegen, das Oberhaupt der katholischen Kirche, ist der Hauptadressat von Aline Boccardos Protestschreiben. «Die grossen Probleme der Menschheit», sagt sie, «sind die eingefrorenen Lehren der sogenannten Gottesmänner mit ihrem unbeugsamen Starrsinn.» Deren Exponenten setzten sich lediglich mit Worten, aber nicht mit Taten für Frieden und Gerechtigkeit ein. Dies gelte für alle monotheistischen Religionen. «Aber als Katholikin wende ich mich an den Papst in Rom.»

Aline Boccardo ordnet ihre Kisten und Schachteln voller Akten und Dokumente. Sie fühle sich immer aufs Neue empört und angespornt, wenn sie diese wieder lese. Resolutionen, Beschlüsse, Konferenzdebatten, Verträge – nichts ist Realität geworden. Aufrüstung, Um-

weltverschmutzung, die konservative Politik des Vatikans bezüglich Geburtenkontrolle – die Lektüre schmerzt. «Ich rege mich auf», sagt sie.

Schäferstündchen mit dem Papst – unter diesem Titel veröffentlichte die 85-jährige Aline Boccardo 2005 ihre Auseinandersetzungen mit ihrem «Hirten». Sie fand den Titel folgerichtig: Proteste, Eingaben, Beschwörungen und Bitten aus dem Kreis seiner Herde – also eigentliche Herdenbriefe – seien vom päpstlichen Hirten nie gehört worden. Anlässlich eines solchen Herdenbriefs, in dem sich zahlreiche KatholikInnen mit ihrer Unterschrift für die Aufhebung des Zölibats aussprachen, habe ein Mitstreiter ganz empört gemeint, er sei doch kein Schaf. Und da sei ihr die Idee gekommen: *Schäferstündchen mit dem Papst* sollte ihr Buch heissen. Sie suche den Dialog mit dem Papst, betont Aline Boccardo, getrieben von Gefühlen der Liebe, des Kummers, der Entrüstung und Enttäuschung.

Um die Aktionen und die weltweite Vernetzung der «Frauen für den Frieden» festzuhalten, hat Aline Boccardo auch eine Sammlung kommentierter Dokumente herausgegeben. Auf Drängen von FreundInnen entschloss sie sich dazu, dieser Sammlung ihre Lebensgeschichte voranzustellen. Das Buch erschien 2003 unter dem Titel *Frauen für den Frieden. Ein Lebensbericht*. Ihre bekannten Mitstreiterinnen Marga Bührig und Leni Altwegg verfassten das Vorwort.

Einen Teil ihrer Dokumente übergab Aline Boccardo schon vor längerer Zeit dem Gosteli-Archiv. Sie hatte Marthe Gosteli anlässlich eines Vortrags kennengelernt, als diese ihr Archiv vorstellte. Einen zweiten Teil hat sie kürzlich dem Schweizerischen Sozialarchiv in Zürich geschenkt.

Ihre Wohnung in Bad Ragaz ist Aline Boccardos Lebensbereich. Seit zwei schweren Unfällen in den 80er-

Jahren kann sie sich ohne Rollator nur noch mühsam fortbewegen. Sie leidet unter Schmerzen und ist auf Behandlungen im Kurort angewiesen. Als sie vor einigen Jahren im Rahmen der Kampagne «1000 Frauen für den Friedensnobelpreis» mitnominiert wurde, konnte sie an den Meetings nicht teilnehmen. Eine Reise nach Zürich sei für sie damals, als sie gerade ein zweites künstliches Knie bekommen hatte, einfach nicht möglich gewesen.

Aline Boccardo unterrichtet in ihrer Wohnung immer wieder Sprachschülerinnen. Sie, die fliessend Deutsch, Französisch, Spanisch und Englisch spricht, hat eine Methode entwickelt, die das Erlernen der deutschen Sprache wesentlich vereinfacht. Mehreren Chinesinnen aus einem Zentrum für chinesische Akupunktur in Bad Ragaz hat sie damit den Zugang zur deutschen Grammatik erleichtert, sodass sie sich jetzt besser verständigen können. Die Tochter eines chinesischen Ehepaars bestand dank ihrer Unterstützung die Aufnahmeprüfung an die Dolmetscherschule St. Gallen. Die Zeichen der Dankbarkeit und Zuneigung zu «Aline Mama» bereichern ihren Alltag. In den letzten Jahren hat Aline Boccardo ein praktisches Lehrbuch geschrieben, eigens illustriert von einem befreundeten Maler: *Deutsch lernen leicht gemacht*. Sie sucht schon seit längerer Zeit eine Schule oder Institution, lieber noch eine kleine Gruppe, die ihr Lehrbuch weiter testen möchte. Da tue sich jetzt zum Glück einiges, aber alles gehe nur so langsam und zögerlich voran. «Früher wäre ich einfach losgezogen und hätte mein Produkt angeboten. Mit 62 wäre ich noch herumgesprungen. Aber heute bin ich darauf angewiesen, dass ich aufgesucht werde.»

Für praktisch analphabetische Frauen hat Aline Boccardo ebenfalls eine Lernmethode entwickelt, mit einfacher Grammatik, Zeichnungen und kleinen Filmen. Auch diese hat sich bereits verschiedentlich bewährt, müsste aber, wie sie sagt, noch weiter getestet werden. Aline Boccardo ist überzeugt, dass einfache Deutschkenntnisse diesen Ausländerinnen zu mehr Selbstsicherheit und Integrationsbereitschaft verhelfen. «Es wäre für mich eine Satisfaction profonde, wenn ich hier noch weitermachen könnte.»

Die kleine Aline war ständig am Lesen, mit Büchern und Sprachen beschäftigt. Sie trieb wenig Sport. «Lesen, mit dem Kopf arbeiten, war meine Passion», sagt sie, «das fand ich wunderbar.» Tief prägend sei die Überzeugung des pazifistisch engagierten Vaters gewesen, dass jede Argumentation auf dem Weg zum Frieden auf der Grundlage von offiziellen Dokumenten und von Statistiken beruhen müsse. «Internationales Gesetz», sagt sie, «das hatte ich immer im Kopf.»

Bei Kriegsausbruch floh die 19-Jährige kurz vor dem Abitur aus ihrer Heimat, dem Freien Staat Danzig. Getrennt von ihren Eltern, gelangte sie über Polen und Italien in das besetzte Frankreich. Immer wieder habe sie Situationen erlebt, wo keine Türe mehr offen gestanden habe und das Verderben unausweichlich schien. «Und dann öffnete sich doch wieder ein Türchen, durch das ich schlüpfen konnte.» Nach Kriegsende kehrte die traumatisierte 26-Jährige dem alten Europa den Rücken. Sie emigrierte nach Chile. Am Goethe-Institut in Santiago, wo sie später eine gute Anstellung fand, unterrichtete die junge Deutschlehrerin einen chilenischen Ingenieur mit italienischen Wurzeln – ihren späteren Ehemann. Wieder zurück in Europa, beendete die 41-Jährige ihre unglückliche Ehe. Die Wiedervereinigung mit ihren Eltern, die während des Krieges als politische Gefangene im Konzentrationslager gelebt hatten und in der Nachkriegszeit lange auf die Einreise nach Westeuropa warten mussten, empfand Aline Boccardo als grosses

Glück. Von den Wiedergutmachungsgeldern, die ihre Eltern um 1960 erhielten, unterstützten sie ihre Tochter. So wurde die 40-Jährige finanziell unabhängig.

Nach all dem Elend, das sie in Deutschland und Frankreich, aber auch in Südamerika gesehen habe, sagt Aline Boccardo, sei für sie klar gewesen, dass sie sich nur in der Schweiz niederlassen wollte, dem Sitz des Roten Kreuzes und vieler humanitärer Organisationen. Luzern war die Stadt, in die sie sich verliebte. Noch heute ist für sie Luzern mit der charmanten Altstadt, dem See und den Bergen die schönste Stadt der Welt. Im nahegelegenen Meggen hat sie eine Eigentumswohnung gekauft.

Auf der Suche nach ihrer Lebensaufgabe, wie sie es formuliert, konzentrierte sich Aline Boccardo zunächst auf die Hilfe für Menschen in Indien und Südamerika. Unter dem Eindruck des «Aggiornamento» nach dem Zweiten Vatikanischen Konzil und der schwedischen Friedensbewegung um Alva Myrdal begann sie sich in den 70er-Jahren für Friedensfragen zu engagieren. Sie weiss noch, wie sie die ersten Statistiken des schwedischen Peace Research Institute (SIPRI) sah und dort las, dass auf der ganzen Welt pro Person kein voller Sack Weizen dafür aber 1500 Kilogramm Sprengstoff existierten. «Da ging ich in die Luft», sagt sie, «das geht doch nicht, darüber muss man sprechen und etwas dagegen tun.»

Aline Boccardo stürzte sich mit voller Energie in die Friedensarbeit. 1977 gründete die 57-Jährige in Luzern die «Frauen für den Frieden». Kernpunkt und Basis der Bewegung war der Glaube an die Gültigkeit von internationalen Verträgen, deren Verletzung durch zuständige Stellen eingeklagt und geahndet werden könne. Und welche Stelle war dafür geeigneter als der Papst? Dieser hatte als Staatsoberhaupt den UNO-Atomsperrvertrag mitunterzeichnet. Und nun sollte er gegen Vertragsverletzungen Klage erheben vor dem Internationalen Gerichtshof in Den Haag. Das Engagement der »Frauen für den Frieden» war grundsätzlich dieser Überzeugung verpflichtet.

Die Aktionen der »Frauen für den Frieden» entstanden oft spontan, sie waren öffentlich, spektakulär und gut koordiniert mit anderen lokalen und nationalen Friedensbewegungen. Die konkreten juristischen und politischen Eingaben wurden immer begleitet von Friedensdemonstrationen oder Fastenaktionen in der Tradition des Friedenskämpfers Gandhi. Aline Boccardo lernte buddhistische Mönche kennen, die für die Abrüstung einstanden. Einige von ihnen begleiteten schwer geschädigte Überlebende des Atombombenabwurfs von Hiroshima zu Abrüstungsdemonstrationen in Genf. Diese Begegnungen, sagt Aline Boccardo, hätten einen Erkenntnisprozess in Gang gesetzt, der sie in den 70er-Jahren zu künstlerischen Aktionsformen angeregt habe. In Israel hatte sie am Strand des Mittelmeers kleine, seltsam geformte Lavasteine gesammelt. Sie bezeichnet sie als von der Natur selbst geschaffene Kunstwerke: Formen wie Überreste von Tieren und Menschen nach dem Atombombenabwurf in Hiroshima. «Wie Plastiken von Henry Moore in kleinem Format», sagt sie. Aus diesen Steinen schuf Aline Boccardo 1976 die erste Ausstellung gegen die atomare Bedrohung: «Steine, die schreien, wenn die Menschen schweigen». Kurt Marti, Silja Walter und Al Imfeld schrieben eigens für diese Steine-Ausstellung Gedichte. Die dritte Aktionsform, neben öffentlichen Demonstrationen und der Steine-Ausstellung, war immer wieder die Präsentation von Statistiken des schwedischen Peace Research Institute.

Aline Boccardo hielt sich häufig in Genf auf, wo damals die Vorbereitungskonferenzen für die Erste Internationale UNO-Abrüstungskonferenz in New York im Jahr 1978 stattfanden. Das entsprach der Strategie, die ihr auch ihre einflussreiche Mitstreiterin Marga Bührig, damals Leiterin des reformierten Bildungshauses Boldern, empfohlen hatte. Da seien alle Verantwortlichen beisammen, und sie könne Einfluss nehmen. «Wir wollen ja auch nichts tun, was nicht gesetzmässig wäre», sagt Aline Boccardo. «Wir müssen die Verantwortlichen unterstützen, die alles tun, um Frieden zu erreichen, damit eine neue Welt entsteht.» In Genf entwickelte sich eine einflussreiche Gruppe der »Frauen für den Frieden».

Jahrelang tauchte Aline Boccardo an internationalen Konferenzen auf, bepackt mit ihrer Steine-Ausstellung, Stössen von offiziellen Unterlagen, Konferenzdokumenten, Statistiken – übersetzt in mehrere Sprachen. «Das hat mich so motiviert», sagt Aline Boccardo, «das wäre die Lösung: Menschen zu ernähren und Schulen zu bauen, statt Kriege zu führen.»

Um eine Audienz beim Papst zu bekommen, kettete sich die 60-Jährige zusammen mit einigen Mitstreiterinnen an Michelangelos berühmte Statue «Pietà» mitten im Petersdom. Das war 1980. Sie wollten dem Papst eine Petition überreichen. Sehr unternehmungslustig sei sie damals gewesen, lacht sie. Die Gruppe wurde von den vatikanischen Wachen und später von den Carabinieri festgenommen. Aber Aline Boccardo weiss heute noch, wie durchdrungen sie war vom Gedanken, der Papst könnte und müsste mehr für den Frieden tun. Auf Papst Johannes Paul II. persönlich lässt sie nichts kommen. In ihren Augen wollte er sich für den Frieden einsetzen, er sei sogar nach Hiroshima gefahren. Aber Leute aus seinem engsten Umfeld hätten seine Bemühungen ständig blockiert.

Warum gründete Aline Boccardo eine Frauenorganisation, wo doch auch viele Männer – Mitstreiter, wie sie es formuliert – in der Friedensbewegung aktiv waren? Die Antwort ist eindeutig: «Wir stellen die patriarchale

Macht in Frage und wollen andere Strukturen, denn wir sehen einen ursächlichen Zusammenhang zwischen Gewaltherrschaft, Krieg und Patriarchat.» Mit diesem Leitbild erklärten sich die «Frauen für den Frieden» als Teil der Neuen Frauenbewegung. Ihr konkretes feministisches Engagement konzentrierte sich besonders auf die Auseinandersetzungen mit der katholischen Kirche, auf die Anerkennung der Frauen als «gleichwertige menschliche Wesen». Aline Boccardo und ihre Mitstreiterinnen protestierten gegen das päpstliche Verbot der Familienplanung, gegen die katholische Propaganda für demütige Weiblichkeit, die den Frauen weltweit den Zugang zu Bildungs- und Arbeitsmöglichkeiten erschwere. Mit dieser Haltung blockiere die Kirche die Lösung dringlichster Entwicklungsprobleme der Menschheit. «Ich war und bleibe katholisch», sagt Aline Boccardo. «Ich stehe zu meinem Protest. ‹Aggiornamento› heisst für mich, dass die Kirche sich erneuern muss, sonst kann sie bald zumachen.»

Aline Boccardo hat Gertrud Heinzelmann, eine andere grosse Streiterin gegen die patriarchalen Traditionen der katholischen Kirche, nie kennengelernt. Diese hatte zu Beginn des Vatikanischen Konzils Anfang der 60er-Jahre die Gleichstellung der Frauen bezüglich Priesterweihe gefordert und damit eine wichtige Kontroverse ausgelöst. Für die «Frauen für den Frieden» war dieses Postulat nicht prioritär. In Aline Boccardos Augen war Gertrud Heinzelmanns Schreiben an den Papst eher kompliziert, weniger für Laien geeignet. «Ich selbst habe in meinen Aufrufen an den Papst kein Blatt vor den Mund genommen und so geschrieben, dass alle es verstehen können – vielleicht nicht würdevoll genug, aber allgemein verständlich.»

Wichtig war für Aline Boccardo auch die Abgrenzung gegenüber anderen Frauen-Friedensorganisationen. Die

«GSoA-Mütter» beispielsweise (Gruppe für eine Schweiz ohne Armee) setzten sich auch für den Frieden ein. Aber die Schweiz brauche bis heute eine Armee, davon ist Aline Boccardo überzeugt. Und so könne man sich nicht einfach von einer anderen Gruppe vereinnahmen lassen. Ähnlich reagierte sie gegenüber der traditionsreichen Organisation Women's International League for Peace and Freedom (WILPF). Diese habe die «Frauen für den Frieden» als junge Bewegung einfach annektieren wollen, obwohl oder vielmehr weil sie selbst keine Aktivitäten mehr entfaltet hätte.

Nachträglich staunt Aline Boccardo, wie freundlich und zuvorkommend sie in Meggen behandelt wurde, als sie sich 1980 einbürgern liess. Kein Wort über die Verdächtigungen kommunistischer Umtriebe, kein Misstrauen gegenüber ihrem friedenspolitischen Engagement. Im Gegenteil. Anlässlich der Gründung der «Frauen für den Frieden» drehte ein Luzerner Journalist ein Fernsehporträt von ihr, das 1977 in der Sendung «Spuren» erschien und sehr positiv aufgenommen worden sei. Zudem hatte sie einigen Kindern aus Meggen hin und wieder Deutsch-, Französisch- oder Englischunterricht erteilt und dadurch weitere FürsprecherInnen bei der Einbürgerungskommission gefunden. «First class bin ich behandelt worden, ausserordentlich freundlich.» Allerdings, erinnert sie sich lachend, sei dies kurz nach Erscheinen des Films *Die Schweizermacher* gewesen. «Da habe ich schon auch profitiert.»

Die Pionierin
Organisationsberaterin und Theologin Eva Renate Schmidt

Aus Eva Renate Schmidts Haus im italienischen Ghiffa ertönt täglich, manchmal auch nächtlich stundenlang Klaviermusik. Sie sitzt an ihrem Flügel im grossen Wohnzimmer und spielt. Dabei spürt sie die subtilen Prozesse, wie sie es formuliert, die der Klang von Bachs Klavierkonzerten und Kantaten in ihr auslösen. «Und das macht mich sehr glücklich.» Manchmal singt sie auch Kirchenlieder und begleitet sich selbst dazu.

Beruflich ist die 78-jährige Eva Renate Schmidt immer noch aktiv. In der Schweiz bildete sie lange Zeit Gemeindeberater aus, und bis heute unterrichtet sie Vikare und Vikarinnen vor der Ordination zum Thema Führung. Sie hat Generationen von angehenden Schweizer Pfarrern und zunehmend auch Pfarrerinnen geprägt. Schmunzelnd erzählt sie von den hitzigen Diskussionen um männliche Identität in der Kirche, der «Mutter Kirche», wie sie es zuspitzt.

Jeden Frühling veranstaltet Eva Renate Schmidt im Bildungszentrum Mattli bei Morschach auch Grund- und Aufbaukurse für feministische Führung. Teilnehmerinnen sind Frauen mit Führungsaufgaben, von der Oberin eines Klosters bis zur staatlichen Gleichstellungsbeauftragten. Das Thema «Verdecktes in Organisationen» beispielsweise soll aufzeigen, wie durch Vermeidungsstrategien innerhalb einer Organisation Energie gebunden wird. Es sei ja nicht möglich, sagt Eva Renate Schmidt, alles Verdeckte auf die Tagseite zu bringen. Aber die Strategien der Macht müssten zumindest klar benannt werden. Anhand von Fallbesprechungen kommt auch das Spezifische bei der Führung durch Männer oder Frauen zur Sprache. Darüber gebe es noch zu wenig Literatur, meint sie.

Der hohe Druck, unter dem Eva Renate Schmidt früher arbeitete und lebte – Wird es gelingen? Es muss gelingen! –, «der ist weg. Ich erlebe heute als alte Frau bei Referaten oder Vorlesungen mehr Aufmerksamkeit, Achtung, Dankbarkeit, Erfolg und Wirkung als je zuvor.»

Eva Renate Schmidt zieht sich zurzeit von einer langjährigen Intervisionsgruppe zurück, wo sich Frauen und Männer in leitenden Positionen gegenseitig beraten. Das sei eine hervorragende Gruppe, sagt sie, in der sie viel gelernt habe. Einzelberatungen führt sie nur noch durch, wenn die Leute zu ihr nach Italien kommen. Die Anfragen für Beratungen und auch Referate nehmen jetzt deutlich ab, was sie eigentlich schade findet. Gerade bei Referaten vertieft sie sich gerne in neue Themen. «Aber das Weitergeben von Aufträgen an Jüngere macht mir Freude. Und zudem habe ich jetzt endlich Zeit, in andere Aktivitäten einzutauchen, die ich liebe.»

Was hat sie nicht alles in ihrem Stundenplan unterzubringen: jeden Tag Klavier spielen, regelmässig schwimmen, Übungen auf dem Hometrainer unten im Kellergeschoss, Sauna, Physiotherapie, Italienischstunden. Hausausbau und Gartenpflege besprechen, Begegnungen mit ihrem neuen italienischen Freundeskreis und dem altvertrauten aus dem heimatlichen Deutschland – und dann eben die Arbeit in der Schweiz.

Die kleine Pfarrerstochter Eva Renate aus dem süddeutschen Baden hatte von jeher den Ruf einer Führerin und Rebellin. Ersteres sei in der achtköpfigen Kinderschar kein Problem gewesen. «Aber das Rebellische kam nicht immer gut an.» Schon während der Gymnasialzeit setzte sie sich beim Vater durch mit ihrem Wunsch nach einem Theologiestudium. Konkret hatte sie damals sieben Jahre Latein und vier Jahre Griechisch nachzuholen. Jeden Morgen stand sie um vier Uhr auf und lernte, das Gleiche wiederum abends bis zehn Uhr. Oft habe sie gedacht, das schaffe sie nicht. Aber ihre Mutter, die mit ihrer Wahl eigentlich nicht einverstanden war, habe sie energisch unterstützt. «Jetzt hältst du durch», pflegte sie zu sagen; und das tat die Tochter dann auch.

Das Theologiestudium schien der jungen Frau vielversprechend, um zu lernen, «wie man so etwas wie eine neue Welt schaffen könne», wie sie es formuliert. In kürzester Zeit schloss sie in Heidelberg ihr Studium ab. Sie war das fünfte Kind, drei jüngere Brüder seien noch «auf der Matte» gestanden für eine Universitätsausbildung. Da habe sie schnell finanziell selbstständig werden wollen. Zwei Semester verbrachte Eva Renate Schmidt in Basel, wo ihr Idol Karl Barth Professor war. «Diesem Mann habe ich gelauscht», erzählt sie ganz andächtig. «Als junge Deutsche in der Nachkriegszeit war es mir sehr wichtig, bei einem kritischen Theologen mit Format zu lernen.» Als Werkstudentin spülte sie Geschirr, erteilte Nachhilfeunterricht und arbeitete in den Semesterferien in einer Möbelfabrik. Dort erlebte sie Frauen mit Doppelbelastung und machte erste Erfahrungen mit sozialer Ungerechtigkeit, die sie tief prägten und auch später im Berufsleben begleiteten.

Eva Renate Schmidt fiel auf. Eigentlich wollte sie doktorieren und ihr kurzes Studium vertiefen. Aber aufgrund ihrer Examensarbeiten über «kirchliche Seelsorge am Arbeiter» – eine Frucht ihrer Erfahrungen als Werkstudentin – wurde sie aufgefordert, sofort in die Praxis zu gehen. Für ihre erste Stelle als Industriepfarrerin bei jungen Mannheimer Arbeiterinnen kaufte sie sich auf Kredit einen Motorroller, mit dem sie zu den grossen Fabriken fuhr. Sie gründete ihre ersten Clubheime. Dafür habe sie alles zusammengebettelt: Nebenräume von Restaurants, halbe Baracken, PVC-Böden, Kochherde. «Nur in diese Räume konnte ich junge Arbeiterinnen einladen, die mit der Kirche nichts am Hut hatten. Die wären niemals in Säle mit Harmonium und Kirchenbänken gegangen.» Die junge Pfarrerin, die selbst im Akkord Möbelteile geschliffen hatte, führte die etwa zehn Jahre jüngeren Arbeiterinnen in die Prinzipien der Akkordarbeit ein, organisierte Vorträge über Arbeitsrecht, Körperpflege, Sexualität und Freundschaft, spielte ihnen auf der Orgel Werke von Bach vor und tanzte mit ihnen zu Songs von Mahalia Jackson. «Vor allem aber», schmunzelt sie, «haben die jungen Frauen täglich drei Minuten lang eine freie Rede halten müssen, damit sie sich mit ihren Vorgesetzten besser auseinandersetzen konnten.»

Schon bei dieser ersten Stelle, sagt Eva Renate Schmidt, habe sie eine grundlegende Arbeitserfahrung gemacht. «Ich wurde als Pionierin, die erfolgreiche innovative Programme lancierte, durch unfähige Männer behindert.» Drei Mal in ihrer Berufslaufbahn habe sie ganz erhebliche Schwierigkeiten gehabt mit Männern, die schwächer gewesen seien als sie und trotzdem mit ihr hätten konkurrieren wollen. Erst viel später lernte sie, wie sie sagt, nicht mit weiblichen oder mütterlichen Ausweichstrategien darauf zu reagieren, sondern sich mit Männern quasi auf Augenhöhe auseinanderzusetzen.

Auch ein ständiger Wille zur Weiterbildung prägte ihr Arbeitsleben. Die 28-Jährige verliess gegen den Willen des zuständigen Bischofs ihre Stelle in Mannheim, um in England Volkswirtschaft zu studieren. Sie habe endlich mehr wissen wollen über Ökonomie. Sie hatte in Mannheim sehr wenig verdient, nicht einmal der geliebte Motorroller sei ganz abbezahlt gewesen. So organisierte sie sich wiederum Darlehen.

Anschliessend bot ihr der Weltkirchenrat die Chance, an einem gesponsorten Programm in den USA teilzunehmen. Um Geld zu sparen, arbeitete sie auf der Überfahrt nach Amerika als Schiffs-Kaplan und hielt täglich Andachten – fürchterlich sei das gewesen, meint sie lachend. Damals seien ihr die Augen dafür aufgegangen, wie viel es in Amerika zu lernen gab – über den Zusammenhang zwischen Wirtschaft, Gesellschaft und Kirche, über Organisationsentwicklung, Gruppendynamik und Gestaltentwicklung – in Europa damals noch unbekannt – und auch über Politik. Die McCarthy-Bewegung war in den 50er-Jahren einflussreich, und aufgrund ihrer Teilnahme an Aktivitäten der National Association for Advancement of Colored People (NAACP) geriet Eva Renate Schmidt in den Verdacht des Kommunismus. Nur dank hochrangiger Beziehungen erhielt sie jeweils ein Visum.

Nach ihrer Rückkehr verschrieb sich die 30-Jährige dem Berufsleben. Sie stieg Stufe um Stufe in der Kirche auf. Mit 35 wurde sie Direktorin im renommierten Burckhardthaus Gelnhausen bei Frankfurt, einer Zentrale für kirchliche Jugendarbeit. Sie weiss noch heute, welche Angst, «wie viel Schiss» sie vor den Ansprüchen dieser Stelle hatte. Die Direktorin war praktisch die Jüngste, der MitarbeiterInnenstab stark polarisiert. Auf der einen Seite seien die VertreterInnen der alten, hoch geschätzten Lehrgänge gestanden, die Ausbildungen auf der Grundlage traditioneller Frauenbilder verteidigten. Und ihnen gegenüber hätten sich die aufmüpfigen Vertreter der 68er-Bewegung formiert. Junge Psychologen und Soziologen, die sie selbst eingestellt hatte, wollten das Burckhardthaus in eine «rote Zelle» umfunktionieren. In diesem Sandwich organisierte Eva Renate Schmidt neue Ausbildungsprogramme, hochattraktive Programme mit neuen Ideen, sagt sie heute. Es entstanden die ersten Bildungsgänge in den Bereichen Praxisberatung – der heutigen Supervision –, Gemeinwesenarbeit und Einzelseelsorge sowie Sensitivity-Trainings.

Die Ausbildung zur Gemeindehelferin wurde als «Sackgassenenausbildung» gestrichen.

Es war für Eva Renate Schmidt eine schwierige Zeit. «Jahrelang kroch ich auf dem Zahnfleisch, bedrängt von allen Seiten. Und vieles habe ich nicht geschickt angepackt. Jung und voller Elan, habe ich zu wenig bedacht, dass fundamentale Umstrukturierungen nicht von heute auf morgen passieren.» Bis heute ist ihr bewusst, dass traditionelle kirchliche Kreise sie als Totengräberin des klassischen Burckhardthauses betrachten.

Als geborene Pionierin habe sie meistens Erfolg gehabt – bei dieser Aussage seufzt Eva Renate Schmidt schwer. In den turbulenten 68er-Jahren habe sie realisiert, wie sehr ihr Selbstverständnis und Selbstwertgefühl an den Erfolg gekoppelt war. «Mir wurde klar, dass ich nicht unterscheiden konnte zwischen Rolle und Identität: Ich bin dann stark, wenn ich bewirken kann, was ich mir vorgenommen habe. Und plötzlich ist mir bewusst geworden, welch ein Armutszeugnis es ist, wenn die Identität auf beruflichen Erfolg angewiesen ist. Diese Einsicht hat bei mir in den mittleren Jahren einen tief greifenden persönlichen Prozess ausgelöst.» Und diesem sei sie nie ausgewichen, wie sie mehrmals betont.

Nach acht Jahren gab Eva Renate Schmidt ihre Stelle am Burckhardthaus auf. Sie habe sich gesagt, nun sei ihre Zeit ohne Führungsausbildung, quasi als Naturtalent, vorbei. Sie begann 1972 in Houston, USA, eine anderthalbjährige Ausbildung in Organisationsmanagement, damals Organization Development genannt, und Supervision und erlernte die Gestaltausbildung. Nun erlebte die 43-jährige ehemalige Direktorin ihre eigentliche Blütezeit. Sie war attraktiv, intelligent und erfolgreich, die Herzen der Professoren und Studenten seien ihr nur so zugeflogen. Und sie habe es genossen – und gelernt, gelernt, gelernt.

Die Rückkehr nach Deutschland gelang nicht auf Anhieb. Das Misstrauen der Kirchenmänner gegenüber der Neuerin aus Amerika war gross. Eva Renate Schmidt wäre am liebsten wieder umgekehrt. «Aber durchhalten tue ich immer», sagt sie, «ich kneife nie.» Nach einer depressiven Phase wurde sie auf die Stelle berufen, die sie bis zur Pensionierung innehatte und die, wie sie sagt, ihren innersten Wünschen entsprach. Sie wurde Studienleiterin für Gemeindeberatung und Fortbildung der hessischen Kirche. Dort konnte sie die neuen Studiengänge aufbauen und dabei im Lauf der Zeit die moderne Organisationsberatung, Supervision und Gestalttherapie auch mit den Inhalten der feministischen Theologie verbinden.

Eva Renate Schmidt hat mehrheitlich Männer ausgebildet, mehr als tausend waren es während ihres ganzen Berufslebens. Auch ihr engster Mitarbeiter in der hessischen Kirche war ein Mann: «Der idealste und beste Berufspartner, den ich je gehabt habe» – ihre Augen blitzen. Wenn die Teilnehmerzahlen für ihre Pfarrer-Ausbildungskurse in der Schweiz zu gross sind, ist sie heute noch froh um ihn als Co-Leiter. Eva Renate Schmidt findet, sie beide seien ein gutes Modell für die Zusammenarbeit von Frau und Mann. Sie ist dankbar für das Glück, einen ihr ebenbürtigen männlichen Mitarbeiter gehabt zu haben, der ihre Führungsrolle akzeptierte. Gemeinsam mit einem so klugen, hervorragend gekleideten Mann – das spielt für sie eine grosse Rolle – einen Kurs zu leiten, das sei doch super. Eine Zusammenarbeit mit Männern ohne erotisches Flair wäre für sie eine Qual.

Eva Renate Schmidts Einfluss und Arbeitsbelastung nahm zu. Die 55-Jährige wurde zusätzlich zu ihrem Amt als Leiterin der Gemeindeberatung zur stellvertretenden Präses, zur Vorsitzenden der Kirchensynode und somit in die Kirchenleitung gewählt. Diese beiden Ämter bedeuteten mehr als ein volles Pensum, und die Ferien gehörten der Weiterbildung. «Leben gleich ununterbrochenes Lernen und Arbeiten, und zwar lustvolles Arbeiten» – diese Erfahrung habe sie zutiefst geprägt.

Eva Renate Schmidt entwickelte eine neue Methode der allgemeinen Organisationsberatung. Ausgangspunkt war die so genannte Hermeneutik des Verdachts, eine Methode der feministischen Sprachkritik, formuliert von der bekannten Theologin Elisabeth Schüssler-Fiorenza. Diese Methode prüfe alle biblischen Texte darauf, ob bei ihrer Übersetzung, in der Überlieferung, in der Auslegung, in der Wirkungsgeschichte etwas unterschlagen worden ist zugunsten einer privilegierten Gruppe. Mit Hilfe dieser Methode begann Eva Renate Schmidt auch Organisationen zu analysieren. «Ein paar ganz schlichte Fragen zu stellen», wie sie sagt: Wer spricht zu wem? Entspricht die Praxis dem, was verkündet wird? Wo liegt die Diskrepanz zwischen der Hochglanzbroschüre und der Praxis? Oder, um mit dem Soziologen Michel Foucault zu fragen, wer spricht und wer nicht? Welches Wissen, welche Erfahrung wird in einer Organisation unterdrückt oder unterworfen zugunsten einer privilegierten Gruppe? Nicht, dass man diese Diskrepanzen aufheben könne, ganz und gar nicht, das möchte sie betonen. Aber man müsse sie sehen und daran arbeiten.

Auch in der Schweiz wurde Eva Renate Schmidt durch ihre Schulungen und Beratungen bekannt. Zuerst bei kirchlichen Organisationen wie der Berner Landeskirche, katholischen Dekanaten oder der Basler Mission. Sie erinnert sich an eine Vorlesung an der theologischen Fakultät der Universität Bern, wo sie mit den Studierenden die Strukturen der Universität und ihres Studiengangs analysierte. Das habe ihnen sofort eingeleuchtet und viel bewirkt. In einem Vortrag vor Offizieren in Bern zum Thema «Machtdynamik zwischen Frauen und

Männern» erklärte sie, Organisationen mit traditioneller Gehorsamskultur, also Schulen, Kirche, Verwaltung, Gefängnisse, Spitäler und natürlich auch das Militär, seien besonders innovationsresistent. Mit offener Macht werde dort das Unterschlagene verdrängt. Das habe die Offiziere sehr beeindruckt. Eva Renate Schmidt unterrichtete lange Jahre beim Kaufmännischen Verein Zürich, und im Institut für Angewandte Psychologie (IAP) Zürich erteilte sie regelmässig Kurse für angehende SupervisorInnen und OrganisationsentwicklerInnen.

1992 verlieh die Universität Bern der 63-jährigen Eva Renate Schmidt den Ehrendoktor. Anlässlich des Festaktes in der ehrwürdigen Aula forderte sie ihr Publikum dazu auf, sich eine Reproduktion von Paul Klees «Der Schöpfer», einen schwungvollen rosa Engel mit weiblichen Zügen, anzuschauen, die auf allen Sitzplätzen bereitlag. Man wolle sich doch bestimmt mit dem Nachbarn, der Nachbarin darüber austauschen. Nach einer verblüfften Pause habe ein allgemeines Stimmengemurmel eingesetzt. Und in entspannter Atmosphäre hielt die Ehrendoktorin dann ihren Vortrag. Selbstverständlich kam auch das Thema Erotik zur Sprache. Zum Abschluss des Vortrags wurde Louis Armstrongs «Let's Fall in Love, Let's Do It» eingespielt. Nach dem formellen Dank habe der Dekan gefragt, wie man das denn nun mit der Erotik mache. Da sei sie spontan aufgestanden und habe ihn geküsst.

Mit Feministinnen kam Eva Renate Schmidt erstmals in den 70er-Jahren in Amerika in Kontakt. Sie erinnert sich noch genau, wie beeindruckt sie war, als sie sich im Rahmen einer Ausbildung zu einer Frauengruppe setzte, die gerade feierte. «Die Art, wie sie miteinander umgingen, empfand ich als eigentlichen Durchbruch.» Das seien Frauen gewesen, die offen miteinander konkurriert und sich nicht gegenseitig in die Durchschnittlichkeit hinabgezogen hätten – kein «Krabbenkorb» also. «Als Fremde bin ich von ihnen einfach mit einbezogen worden: Wer bist du, woher kommst du, was meinst du zu dem und dem? Das habe ich in Amerika in der Folge immer wieder erlebt. Mit solchen Frauen zu studieren und zu diskutieren, das war für mich eine wunderbare Sache.»

Gemeinsam mit Gruppen für feministische Theologie begann Eva Renate Schmidt innerhalb der hessischen Kirche grosse Projekte anzugehen. So wurde der Kanon der Predigttexte der hessischen Kirche um feministisch interpretierte oder von Frauen handelnde Predigten erweitert. 1988/89 erschienen zwei Bände *Feministisch gelesen* mit Predigttexten, verfasst von einer internationalen Gruppe von Theologinnen aus Deutschland, der Schweiz, Österreich und Amerika – darunter auch Männern. Die beiden Bände sind heute vergriffen, aber Eva Renate Schmidt weiss, dass sie für Predigten und Liturgie noch immer rege benützt werden. Auf diese Anfänge geht auch das grosse Übersetzungsprojekt der «Bibel in gerechter Sprache» zurück, die 2006 an der Frankfurter Buchmesse erschien und sofort grosse Kontroversen auslöste. Trotz vehementer Ablehnung durch den traditionellen Teil der Professorenschaft kam es ein Jahr später bereits zur vierten Auflage. Die Arbeit im Unterstützungskomitee für diese Bibelausgabe war eine der wenigen Verpflichtungen, die Eva Renate Schmidt nach der Pensionierung in Deutschland noch wahrnahm.

Auch in der Schweiz war Eva Renate Schmidt als Vertreterin feministischer Theologie ein gern gesehener Gast. 1988 wurde sie von einer interkonfessionellen Gruppe zu einem Symposium mit dem berühmten Theologen Leonardo Boff eingeladen, der die Befreiungstheologie vertrat. Alle hätten Leonardo Boff gekannt und seien seinetwegen gekommen. Viele Frauen, die sie damals zum ersten Mal hörten, erzählten ihr nachher, ihr Vortrag sei «der Hammer» gewesen. Die Berichterstatterin der «Neuen Zürcher Zeitung» schrieb: «Die Teilnehmer sind mit Boff gekommen und mit Schmidt gegangen.» Darüber kann sie heute noch lachen.

Die Beharrliche
Kunsthistorikerin Hanna Gagel

Hanna Gagel sitzt zum Arbeiten am langen, schmalen Pult in ihrem Wohnzimmer. Zu ihrer Linken befindet sich ein mächtiges Büchergestell mit Publikationen über Künstlerinnen. Zu ihrer Rechten ein kleineres Regal mit Büchern über männliche Künstler und allgemeinen Nachschlagwerken. Hier, mit Blick auf den lauschigen Garten des Mehrfamilienhauses in Zürich, hat sie ihren Bestseller geschrieben: *So viel Energie. Künstlerinnen in der dritten Lebensphase.* Fünf Jahre lang hat sie hartnäckig daran gearbeitet, zu ihrem 70. Geburtstag sollte das Buch fertig werden – «und das war es auch!»

Zur Vernissage ihres Buches im November 2005 war der Andrang im Festsaal des Zürcher Stadthauses gross; viele fanden keinen Platz mehr. Ihr Thema entspricht einem aktuellen Trend, nämlich der positiven Bewertung des Alters. Dass hohes Alter und Kreativität gerade bei Künstlerinnen häufig Hand in Hand gehen, das belegt sie in ihrem Buch. Hanna Gagel freut sich über die guten Kritiken und den Erfolg; schon nach einem halben Jahr ist die zweite Auflage erschienen. «Doch die Fanpost geht mir noch mehr ans Herz.» Kürzlich schrieb ihr eine Künstlerin, die sich in einer depressiven Phase fühlte, nach der Lektüre ihres Buches schöpfe sie Hoffnung, dass sie eines Tages ihre inneren Bilder wieder zu Papier bringen könne. Beigelegt war das Bild einer Frau mit geradem und frischem Blick, in Jeans an eine Säule gelehnt, vor sich einen spaltbreiten Abgrund, den sie zu überschreiten hatte. Diese Zeichnung zeige, sagt Hanna Gagel, dass die Künstlerin es schaffen werde und dass das Buch ihr etwas gebracht habe. «Das Buch macht Mut», sagt sie, «das beweisen die vielen dankbaren Briefe.»

Hanna Gagel hält in der Schweiz und in Deutschland Vorträge und Seminare über das kreative Potenzial in der dritten Lebensphase. Auch in ihrer alten Heimat Berlin, zu der sie den wissenschaftlichen Kontakt nie verloren hat, ist Hanna Gagel eine gefragte Referentin. Sie nutzt ihre Beziehungen, um Schweizer Künstlerinnen auch im Ausland bekannt zu machen. Und in Zürich bereitet Hanna Gagel eine Tagung vor über Künstlerinnen in der dritten Lebensphase. Da will sie Künstlerinnen und Wissenschafterinnen aus verschiedenen Forschungsbereichen zusammenbringen. Die Organisation ist eine grosse Arbeit. Sie verfüge über das Netzwerk, sagt Hanna Gagel, und die Infrastruktur könne sie delegieren. Doch ihre Kräfte seien begrenzt. Diese Tagung sei so etwas wie die Ernte all der Möglichkeiten, die sie in ihrer langen Tätigkeit aufgebaut habe. «Und zudem soll es ein Fest werden, ein Frauenfest. Gejammert wird genug.»

Die kleine Hanna wuchs auf einem Bauernhof bei Bremerhaven auf, als einziges Mädchen mit drei Brüdern. Der Vater war im Krieg gefallen, die Mutter brachte ihre Familie allein durch. Als die Berufswahl diskutiert wurde, schlug der Grossvater für Hanna eine mittlere Beamtenlaufbahn vor, die Grossmutter tendierte zur Kindergärtnerin. «Die Mutter hat keine Meinung gehabt. Sie wusste genau», sagt Hanna Gagel, «dass ich nicht dumm war, aber sie tat so.» Für eine einjährige Buchhändlerinnenlehre unterbrach Hanna Gagel das Gymnasium, machte mit 21 Jahren ihr Abitur und entschloss sich danach zu einer Ausbildung als Ergotherapeutin in Hannover. «Schon während der Ausbildung merkte ich, dass das nichts war für mich. Hilfspersonal sein für arrogante Ärzte, oder jahrelang Körbchen flechten – das wollte ich nicht.» Aber sie hatte einen Beruf, von dem sie leben konnte, und beschloss zu studieren. Die Familie unterstützte sie nicht; als Halbwaise erhielt sie etwas staatliche finanzielle Hilfe. Hanna Gagel immatrikulierte sich an der Universität Heidelberg als Studentin in Kunstgeschichte, Literatur und Philosophie. In den Semesterferien verdiente sie jeweils Geld als Ergotherapeutin in Tuberkulose-Kliniken im Schwarzwald. Auf der Suche nach guten Professoren zog die Studentin von Heidelberg nach Tübingen, nach Bonn und schliesslich 1963 nach Berlin. Dort blieb sie bis zum Ende ihres Studiums. Die Faszination für die damalige Frontstadt Berlin ist ihr geblieben.

Während Hanna Gagels Kunstgeschichtsstudium in den 60er-Jahren wurde keine einzige Künstlerin behandelt, nicht einmal Käthe Kollwitz. «Ich nahm das mehr oder weniger als gegeben hin.» Als sie keinen Doktorvater fand für eine Dissertation über die Malerin Paula Modersohn, schob sie ihr latentes Interesse an Forschung über Frauen beiseite. Ihre Dissertation «Plakate um 1900» war damals ein neues Thema in der Kunstgeschichte. Der Generaldirektor der Staatlichen Museen zu Berlin war sehr angetan von ihrem Thema und unterstützte sie nach Kräften. Er engagierte die 36-Jährige nach der Promotion als erste Museumspädagogin für die Arbeit mit Kindergruppen.

Hanna Gagel war eine politisch engagierte Studentin, die viele marxistisch orientierte Studenten kannte. Sie trat der «Liga gegen den Imperialismus» bei, demonstrierte gegen den Vietnamkrieg – beim Thema Krieg bekommt sie heute noch Herzklopfen. Die junge Gastdozentin der Pädagogischen Hochschule Berlin wurde politisch verdächtig.

Bei ihren StudentInnen war Hanna Gagel beliebt. Sie griff gerne neue Themen auf. Sie führte Gebrauchskunst und Gebrauchsgrafik in den kunstgeschichtlichen Unterricht ein.

Hanna Gagel organisierte 1972 eine Ausstellung: «Kunst der bürgerlichen Revolution von 1830–1848/49». Zwei Jahre lang hatte sie mit einer Arbeitsgruppe viel Material zusammengetragen. Die Ausstellung fand in den repräsentativen Räumen von Schloss Charlottenburg statt und war ein durchschlagender Erfolg. Der Katalog erschien nach einigen Monaten bereits in der 3. Auflage. Doch sie seien eben so frech gewesen, die damals wichtigen Fahnen – schwarz-rot-golden, schwarz-weiss-rot sowie rot – prominent aufzuhängen. «Die rote Fahne im Schloss Charlottenburg – das war zuviel.» Der Berliner Innensenator, ein ehemaliger DDR-Flüchtling, «goutierte das nicht mehr». Hanna Gagel fiel unter den Radikalenerlass und erhielt 1974 ein Berufsverbot. Die 39-Jährige wehrte sich mit einem Prozess, schliesslich habe sie keine Steine oder Tomaten geworfen, gar nichts. «Ich erhielt eine schäbige, kleine Abfindung.» Aber das Berufsverbot wurde bestätigt. Die StudentInnen der Pädagogischen Hochschule demonstrierten für die beliebte Dozentin, sie marschierten den Kurfürstendamm hinauf und hinunter, natürlich vergeblich. Hanna Gagel fand in ganz Deutschland keine feste Anstellung mehr.

Das Berufsverbot traf sie im Innersten. «Denn ich hatte keine Familie, keine Kinder, ich hatte mich für den Beruf entschieden», sagt Hanna Gagel. «Ich wollte unbedingt im deutschen Sprachraum als Kunsthistorikerin arbeiten.» Sie pendelte zwischen Deutschland und der Schweiz und hielt sich mit befristeten Lehraufträgen an verschiedenen Universitäten finanziell über Wasser. Die damalige Kunstgewerbeschule Zürich bot der 40-Jährigen eine 50-Prozent-Anstellung als Hilfslehrerin für Kunstvermittlung an, die jedes Semester neu verlängert werden musste. Hanna Gagel war überzeugt, in zwei Jahren würde sich die Situation in Deutschland normalisieren. Es sollte anders kommen.

Hanna Gagel blieb ab 1976 in der Schweiz und kämpfte während vieler Jahre um ihre Existenz. Mit einer Arbeitsgruppe um Guido Magnaguagno, dem späteren langjährigen Vizedirektor des Kunsthauses Zürich, realisierte sie 1978 eine Ausstellung über Clément Moreaus «Grafik für den Mitmenschen». Sie ist stolz darauf, dass sie die Finanzierung dieser Ausstellung im Helmhaus Zürich durch ihre Berliner Kontakte sicherstellen konnte und dass diese später auch in Berlin gezeigt wurde. Clément Moreau, mit dem sie sich befreundete, war immerhin ein Schüler der grossen Käthe Kollwitz.

Für die provisorische Aufenthaltsbewilligung hatte Hanna Gagel sieben Jahre lang regelmässig bei der Fremdenpolizei zu erscheinen. Dann teilte diese der 48-Jährigen mit, sie werde Ende 1983 an die Grenze gestellt. In dieser Notlage heiratete Hanna Gagel ihren Schweizer Freund –«staatlich verordnet», wie sie sagt. Sie wurde amtlich zu Hanna Meyer aus Ulmiz, und Hanna Gagel aus Bremen fragte sich: «Wer ist denn das?» Das fand sie krass. Im Einverständnis mit ihrem Mann behielt sie ihren ledigen Namen bei.

Ein entscheidendes Erlebnis wurde für Hanna Gagel die Ringvorlesung an der Universität Zürich zum Thema «Frauen: Realität und Utopie». Die Ära der universitären feministischen Forschung in der Schweiz begann 1984 mit dieser interdisziplinären Veranstaltung und dem darauf folgenden Sammelband. Dass sie als Kunsthistorikerin aufgefordert wurde, den Forschungsstand in ihrem Fach vorzustellen, empfand Hanna Gagel als Zeichen von Akzeptanz und Förderung. Für diesen Anstoss ist sie heute noch dankbar. «Die Tatsache, dass Wissenschafterinnen nicht einfach unzufrieden vor sich hinschimpften, sondern auf hohem Niveau den Stand der feministischen Reflexion in ihren Disziplinen darstellten und kommentierten, verlieh der Forschung über Frauen Wert.»

Nach einer schweren gesundheitlichen Krise fand die 50-Jährige ihr Lebensthema: «Ich wollte das Bewusstsein fördern, dass Frauen neben der biologischen auch eine kulturelle Kreativität haben.» Früher, zu Berliner Zeiten, war sie der Meinung gewesen, die Feministinnen würden ja spinnen, wenn sie behaupteten, Frauen redeten eine andere Sprache als Männer. Und nun ging sie der Frage nach, welchen eigenen Zugang Künstlerinnen zu inneren und äusseren Realitäten hatten. «Von diesem Zeitpunkt an», sagt Hanna Gagel, «blickte ich vorwärts.»

Seit 1980 hatte Hanna Gagel aus eigener Initiative an der damaligen Kunstgewerbeschule Zürich Abendkurse zum Thema Künstlerinnen gehalten. Die Kunstgewerbeschule, die spätere Hochschule für Gestaltung, blieb ihre, wie sie sagt, «ein bisschen trockene Basis». Dort lehrte und forschte sie. «Kaum hatte ich die Malerinnen der Renaissance vorgestellt, kamen Fragen von Studentinnen nach Malerinnen der folgenden Zeiten – und was war mit den heutigen Malerinnen?» Dann folgten Fragen nach Bildhauerinnen, Grafikerinnen, Fotografinnen. «So setzte ich mich hin und forschte», sagt Hanna Gagel. «Ich war ihnen dankbar dafür, dass sie so wach waren, dass sie weiterwissen wollten.» Die Verantwortlichen der Grafischen Sammlung des Kunsthauses und der ETH zeigten bereitwillig Originalgrafiken: Käthe Kollwitz oder Mirjam Cahn tauchten auf, Germaine-Richier-Plastiken konnten im Original studiert werden. Sehr viel Unterstützung erlebte sie gerade von männlichen Kuratoren.

Jedes Semester warb Hanna Gagel mit Aushängen an der Universität und in Buchhandlungen aktiv um ihr Publikum. «Ich musste mich immer wieder intensiv hineinknien.» Eine interessante Mischung von Zuhörerinnen kam zusammen: Studentinnen, Berufstätige und vor allem auch Künstlerinnen. «Ein einmaliges Biotop», sagt Hanna Gagel. Mit der Zeit forderte sie die Künstlerinnen auf, ihre Arbeiten vorzustellen. Bei Atelierbesuchen zeigten diese ihre Werke in ihrer eigenen Umgebung, stellten sich der Diskussion. «Der Austausch war intensiv und lehrreich», sagt Hanna Gagel. «Ich sah meine Faszination und Freiheit darin, alle diese Gruppen miteinander ins Gespräch zu bringen und selbst dabei zu lernen.» Diese Situation empfand sie als grosse Chance, als Grundlage für ihre weiterführenden Forschungen. Als 60-jährige Dozentin veröffentlichte sie ihr erstes Buch, *Den eigenen Augen trauen. Über weibliche und männliche Wahrnehmung in der Kunst*, das bei seinem Erscheinen 1995 grosse Beachtung fand.

Während insgesamt zwanzig Jahren hat Hanna Gagel über die Kunst von Frauen unterrichtet. An die tausend Frauen und auch einige Männer haben ihre Veranstaltungen besucht. Ihre Abendkurse an der damaligen Kunstgewerbeschule wurden nie institutionalisiert und blieben bis zum Schluss freiwillig. Ein wohlwollender Abteilungsleiter stellte sie jeweils für ein Semester an. «Auf kleiner Flamme lief das», sagt sie. Erst vier Jahre vor ihrer Pensionierung, 1994, erhielt Hanna Gagel eine feste Anstellung.

Eine prägende Arbeitserfahrung war für Hanna Gagel, dass sie eine Nische gefunden hatte, in der sie ihr Thema frei entwickeln und ein eigenes Netzwerk aufbauen konnte. Sie ist überzeugt, dass kontinuierliche Frauenforschung über Künstlerinnen auch an einer deutschen Hochschule nicht besser möglich gewesen wäre. Die schlechten Anstellungsbedingungen betrachtet sie rückblickend als Möglichkeit zur Freiheit in Lehre und Forschung, ohne bürokratische Belastungen. Sie ist zufrieden und auch stolz auf das, was sie in diesem Rahmen initiieren konnte. «Wenn ich alle meine Kräfte und Energien, meinen Widerspruchsgeist mobilisieren musste», bilanziert Hanna Gagel, «dann entwickelte ich mein kreatives Potenzial.»

Die Brückenbauerin
Germanistin und Erwachsenenbildnerin Reinhild Traitler

Reinhild Traitler sitzt an ihrem Schreibtisch im Dachzimmmer ihrer Wohnung. Die Aussicht auf den Zürichsee ist wunderschön, das hilft ihr, sich zu konzentrieren. Sie plant einen neuen Studiengang für interreligiöses Lernen – eine riesige, komplizierte Arbeit. Die 66-Jährige fragt sich manchmal, ob sie nicht «meschugge» sei, sich schon wieder auf ein so grosses Projekt einzulassen, mit klopfendem Herzen herumzurennen, Menschen zu überreden, Geld zu suchen. Aber sie ist von der Bedeutung des interreligiösen Dialogs zutiefst überzeugt. «Ausserdem», sagt sie, «möchte ich dem Gestalt geben, was ich an Kreativem in mir spüre.»

Im Spiegel deiner Augen hiess der Schlussbericht über den ersten zweijährigen Kurs des Vereins Europäisches Projekt für Interreligiöses Lernen (EPIL), der sich auf interreligiöses Lernen zwischen christlichen und muslimischen Frauen spezialisiert. Besonders gut gefiel Reinhild Traitler, dass auch die Gruppe der muslimischen Frauen – analog zu jener der christlichen Frauen – sehr durchmischt war: Schiitinnen, Drusinnen, Sunnitinnen aus diversen Schulen waren dabei. «Das gab manchmal Auseinandersetzungen und war sehr spannend.»

Das neu geplante interreligiöse Lernprojekt des EPIL, das Reinhild Traitler auf Trab hält, bietet Module in fünf verschienenen Städten: Boldern bei Zürich, Wien, Sarajewo, Köln und Beirut. Die brisanten Themen des interreligiösen Zusammenlebens an diesen Orten werden aufgegriffen und auch Lösungen lokal erarbeitet und vorgestellt.

«Dabei kann ich an meine über Jahrzehnte entstandenen beruflichen Netze anknüpfen», sagt Reinhild Traitler. Aber es entsteht auch Neues. Für das Modul in Wien

beispielsweise brachte sie die katholische und die evangelische Frauenbewegung sowie die Evangelische Akademie Wiens und das Forum muslimischer Frauenorganisationen Österreichs in eine Trägerschaft zusammen. «Mit Freude habe ich festgestellt, dass ich mich nach über dreissig Jahren in meiner Wahlheimat Schweiz auch in Österreich noch auskenne.»

Im Vorstand von EPIL sitzen drei prominente Männer des interreligiösen Dialogs. Das sei wichtig für die inhaltliche Unterstützung und die stabile Vernetzung eines so grossen Projekts, sagt Reinhild Traitler. Sie habe inzwischen gelernt, auch ein wenig strategisch zu denken. «Aber die Risiken sind immer noch gross – freie Wildbahn», wie sie sagt. Ein Ausstiegsszenario für den Notfall muss natürlich auch in der Schublade liegen.

Reinhild Traitler glaubt an das Konzept des gemeinschaftlichen Lernens. Aber die Gewohnheiten haben sich geändert. Auch die Vorstellung davon, was «Weiterbildung» bedeutet. «Wissensvermittlung muss schnell passieren, Lernen hingegen ist ein länger dauernder Prozess, der die ganze Person betrifft.» Trotzdem liegt es nicht unbedingt an Zeitmangel oder fehlenden Finanzen, wenn es dauert, bis sich Frauen für eine zweijährige Weiterbildung entscheiden, auch wenn dies eine Rolle spielt. Die Leute hätten schon Geld. «Aber bei Weiterbildungskursen erwarten viele, dass jemand anders für sie bezahlt. Auch gibt es kulturelle Unterschiede in einer internationalen Gruppe mit unterschiedlichen Einkommenssituationen. Schweizerinnen sind es gewohnt, etwas für ihre Weiterbildung zu bezahlen.»

Einige Monate später sind genug Anmeldungen eingetroffen, der Kurs wird zustande kommen. Reinhild Traitler will diesmal nicht mehr im Team mitarbeiten. Stattdessen wird sie zusammen mit ihrer Mitleiterin und langjährigen Freundin den Prozess begleiten und evaluieren, die verschiedenen Städteteams coachen und weiter das Fundraising betreuen. «Sozusagen das Projekt zusammenhalten!»

Seit kurzem ist Reinhild Traitler Mitglied der Iona-Community, einer Gemeinschaft, die innerhalb der schottischen reformierten Kirche entstanden ist. Die Mitglieder dieser Gemeinschaft verpflichten sich auf eine fünffache Regel, zu der auch konkretes materielles und spirituelles Engagement für Gerechtigkeit, Frieden und Bewahrung der Schöpfung gehört. Zwei Jahre lang hat Reinhild Traitler an einem vorbereitenden Training teilgenommen, zusammen mit anderen BewerberInnen, Menschen verschiedenster Herkunft. «Eine Art protestantisches Noviziat» lacht sie. In Zürich regte sie die Gründung einer Iona-Gruppe an, die mittlerweile fast zwanzig Mitglieder zählt. Alles engagierte Leute, darunter viele Pfarrerinnen und Pfarrer. Man trifft sich regelmässig und betet, isst und denkt miteinander. «Es geht um diese Atem- und Denkpause mitten im vollen beruflichen oder persönlichen Leben.»

Ums Mitdenken geht es auch beim Internet-Gesprächsforum «Gutes Leben». Da macht Reinhid Traitler mit, aus Freude am Witzigen und Überraschenden. «Was mich dabei fasziniert, sind nicht so sehr die Fragestellungen, sondern die Herangehensweisen. Wie Fragen heute gestellt werden, macht mir die Unterschiede zwischen den Generationen bewusst.» In einem Netzwerk zu diskutieren, heisst, dass ständig viele Meinungen aufeinanderprallen, sehr schnell, auf ganz unterschiedlichen Ebenen. «Schwer zu fassen», sagt Reinhild Traitler, «dieses Flüssige, das einem nicht durch die Finger, sondern durchs Gehirn rinnt, und anregt oder aufregt!»

Besondere Freude macht ihr augenblicklich ein Engagement in der Kirchgemeinde Zürich Fluntern, ihrem Wohnquartier. Da wird – auf ihre Anregung hin – eine

Lange Nacht der Religionen geplant. «Unglaublich, die religiöse Vielfalt auch auf dem Zürichberg und der Prozess der Verständigung und Annäherung, durch den die Vorbereitungsgruppe gegangen ist.»

Einmal im Jahr veranstaltet Reinhild Traitler eine Schreibwerkstatt, einmal eine Kulturreise. Sie geht an Orte, die sie gut kennt und liebt, oder an solche, die sie selber gerne kennenlernen möchte. Aber immer gebe es eine Beziehung zum Ort oder zu den Menschen, die dort leben.

Man reist gemütlich, mit Komfort und unter Frauen: «55 and over» hiess es in dem amerikanischen Reisebüro, für das Reinhild Traitler als Studentin manchmal arbeitete.

Die fünfjährige Reinhild kam nach Kriegsende gemeinsam mit ihrer Familie in einem Treck von Heimkehrern aus dem zerbombten Berlin zurück ins heimatliche Österreich. Obwohl es der Familie finanziell lange nicht gut ging, war immer klar, dass die ältere Schwester so wie die beiden Brüder studieren durfte. «Meine Mutter hat mich als Mädchen nie in eine Sonderrolle gedrängt.» Die Germanistin und Anglistin Reinhild Traitler doktorierte an der Universität Wien. Nebenbei hatte sie mehrere Semester an der theologischen Fakultät belegt – «aus grenzwissenschaftlichem Interesse» – und sich aktiv in der evangelischen Studentengemeinde engagiert. Nach dem Studium wurde sie zur Generalsekretärin der evangelischen Studentengemeinden Österreichs gewählt – ein Job, der viel Arbeit und Anregung bedeutete, aber wenig Geld brachte, wie sie sagt. «In den Ferien habe ich jeweils in einem amerikanischen Reisebüro einen rechten Zustupf zum Lebensunterhalt verdient.»

Reinhild Traitler erlebte ihre Studentinnenzeit im Wien der 60er-Jahre auch als Auseinandersetzung mit der Elterngeneration. Wie konnte es sein, dass die Menschen, sogar die eigenen Eltern, nichts gewusst hatten von den Verbrechen der Nazidiktatur?

Später machte sich der Verdacht der Jungen gegen die «Väter» im Protest gegen viele politische Entwicklungen der Nachkriegszeit Luft, besonders gegen die Wiederaufrüstung in Europa. Die junge Generalsekretärin beteiligte sich an Vietnam-Demonstrationen. Vor allem aber forderte sie das kirchliche Establishment heraus. Die evangelische Studententheatergruppe, in der sie sich stark engagierte, spielte Kabarett. Die Texte mit dem frechen Motto «Nur net aufreg'n» fand Reinhild Traitler kürzlich beim Räumen der mütterlichen Wohnung wieder. Sie weiss noch, wie sie das bekannte Kirchenlied «Ein feste Burg ist unser Gott» umdichtete. Die «Nationalhymne der Lutheraner» wurde ein Spottlied gegen eine Kirche, die sich möglichst ruhig verhalten und keine Privilegien verlieren wollte. Kritik aus den eigenen Reihe war schwer zu ertragen. Das hatte viel mit der Minderheitensituation der evangelischen Kirche in Österreich zu tun. Dem damaligen Bischof jedenfalls gefiel es nicht. «Ein Empfehlungsschreiben meiner Kirche für die spätere Stellensuche in Genf blieb aus.»

Die junge Generalsekretärin war lange Zeit überzeugt, ihr Weg werde sie zu einer Stelle am Theater führen, am liebsten gleich zum Wiener Burgtheater, wo sich ihre Interessen an Literatur und Dramaturgie verbinden lassen würden. Schliesslich war sie als 23-Jährige «entdeckt» worden: Mit einem halben Dutzend anderer junger Menschen gewann sie einen Literaturwettbewerb und erhielt die Chance, regelmässig in der renommierten Tageszeitung «Neues Österreich» zu publizieren. Einige Mitglieder dieser Gruppe machten später Karriere in der Literatur. Und so stand Reinhild Traitler jeweils vor dem Burgtheater, nicht weit von der Universität, und sagte sich: «Dorthin will ich!» Und zitierte Nietzsche: «Und ich traue mir fortan und meinem Griff.» Wie eine jugendliche Heldin. «Ich glaubte an mich selbst, wenigstens rhetorisch: Ich würde das schaffen. Aber wirklich etwas dafür getan habe ich nicht. Ich glaube, ich habe noch nicht so recht gewusst, was ich wirklich wollte. Als ein Angebot von Radio Saarland kam, habe ich es jedenfalls ausgeschlagen.»

«Auf alle Fälle war ich ziemlich naiv», setzt sie lachend hinzu. Ohne Beziehungen und Seilschaften ging eigentlich nichts im Österreich der späten 60er-Jahre. An der Universität verhielt es sich ähnlich, auch mit guten Noten. Ein Kollege wurde trotz schlechterer Qualifikationen als Assistent vorgezogen. «O Gott», habe sie gedacht, «bin ich jetzt schon in diesem Tanz drin, wo immer jemand anders die besseren Freunde hat. Dass ich vielleicht als Frau diskriminiert wurde, wäre mir damals nicht in den Sinn gekommen.»

Trotz fehlender bischöflicher Unterstützung gelang der 29-Jährigen der Wechsel nach Genf zum Ökumenischen Rat der Kirchen (ÖRK). Dort war sie bei der Kommission für kirchlichen Entwicklungsdienst verantwortlich für entwicklungspolitische Bildungsarbeit. Man arbeitete mit einem Konzept, bei dem es nicht einfach darum ging, Projekte zu überwachen und zu dirigieren, sondern Beziehungen zu Partnergruppen zu pflegen. Trainings und Inputs sollten Impulse in diese Netzwerke einspeisen und Entwicklungsprozesse in Gang setzen. Soziale Gerechtigkeit, «self-reliance» – eigenständige Entwicklung – und Partizipation der Bevölkerung waren die Visionen dieser Arbeit.

Neben der Verantwortung für Südostasien – die Philippinen, Indonesien, Sri Lanka – war Reinhild Traitler auch zuständig für die Karibik. Dorthin reiste sie am liebsten. «Diese ganze Region mit ihren kleinen Inseln, der Musik, dem Charme ihrer schönen Menschen und ihrer kolonialen Leidensgeschichte habe ich heiss geliebt. Wirklich eine grosse Liebe, ganz speziell.» Mit leuchtenden Augen erzählt sie, wie Toussaint L'Ouverture, der Sklavenführer aus Haiti, schon um 1790 gefordert habe, dass Menschenrechte auch für Schwarze gelten müssten. «Feministinnen wollten später nichts anderes, nämlich Menschenrechte für Frauen.» Toussaint hat sie später in ihrem Buch *Briefe an die Unglücklichen* ein Denkmal gesetzt.

In Genf kam Reinhild Traitler durch die Befreiungstheologie mit vielen Theologen aus aller Welt, vor allem aus Lateinamerika und Asien, in Kontakt. Besonders inspiriert hat sie der Brasilianer Paolo Freire, der Begründer der Befreiungspädagogik, der vor der Militärdiktatur in seinem Land geflüchtet war und sein Büro «gleich nebenan» hatte. «Seine ‹Pädagogik der Unterdrückten›», sagt Reinhild Traitler, «haben wir natürlich eingeschlürft.»

Schon seit 1967 war Reinhild Traitler eng befreundet mit einem verheirateten Mann aus den Philippinen. Dass es in diesem Land keine Scheidung gab, war eine bittere Pille gewesen, die sie, um der Liebe willen, geschluckt hatte. Geheiratet haben die beiden erst viel später, als nach der Marcos-Diktatur einiges möglich geworden war.

Mit 32 wurde sie alleinerziehende Mutter eines kleinen Sohnes. «Und da geriet ich zwischen Stuhl und Bank. Jahrelang bedeutete das einen 365-Tage-Job.» Während ihre Arbeitskollegen am Wochenende ihre Bücher schrieben, hatte Reinhild Traitler an den Wochenenden endlich Zeit für ihr Kind und erledigte alles, was während der Woche liegen geblieben war. «Ein Gfrett», wie sie formuliert, «ich war wirklich ständig am Organisieren.» Ihre beruflichen und intellektuellen Interessen gerieten in dieser Zeit ins Hintertreffen, und

Reinhild Traitler fühlte sich benachteiligt. Ein kleines pädagogisches Buch zu schreiben, das sei noch dringelegen. Zu diesem Büchlein mit dem Titel *Leaping over the Wall* bekomme sie heute noch positive Feedbacks. «Trotzdem war es eine gute Zeit», sagt sie, mit Kind und Hund und einer sehr engagierten Mitarbeit als Kirchenpflegerin und in der Schulpflege der Internationalen Schule in Genf.

Zum Feminismus gelangte Reinhild Traitler in der Genfer Zeit. Unvergesslich bleibt ihr die Episode, wie sie während einer Projektreise in Indien als «Ehrenmann» in einer Männerrunde aufgenommen wurde, während die Frauen hinter dem Vorhang standen und später die Reste des Männermahls verzehrten. «Das hat mich sehr schockiert und auch für Ungerechtigkeiten in Europa sensibilisiert.» Wie ein Spiegelbild sei ihr die strukturelle Unterdrückung dieser Frauen vorgekommen. Ihr wurde klar: Solange die Frauenfrage als «Nebenwiderspruch» behandelt wird – diese marxistische Analyse vertraten damals so manche ihrer Genfer Kollegen –, ändert sich nie etwas. «Da bin ich meinen Weg gegangen», sagt Reinhild Traitler.

Bezüglich feministischen Engagements befand sich Reinhild Traitler in Genf beim Ökumenischen Weltkirchenrat in anregendster Gesellschaft. Dort formierte sich schon 1979 die erste interne Frauengruppe, die feministische Standardwerke las und diskutierte, alles auf Englisch. «Erfolgreich brachten wir feministische Fragestellungen in die Weltkonferenzen ein.» Auf der Frauen-Vorkonferenz vor der ÖRK-Vollversammlung in Vancouver 1983 etwa spielten sie gemeinsam mit Männern ein Theaterstück und brachen die grossen Fragen der Vollversammlungen auf die Ebene einer Kirchenpflegesitzung herunter. «Das war erhellend», sagt Reinhild Traitler, «und auch unheimlich lustvoll.» Die damalige Leiterin der Frauenabteilung habe dies sehr klug organisiert und sämtliche weiblichen Angestellten zu einer solidarischen Gruppe zusammengebracht. «Das war keineswegs selbstverständlich in einem Umfeld, wo auch Frauen Teil der hierarchischen Strukturen waren.»

In diesem Prozess, sagt Reinhild Traitler, habe sie viel gelernt: sich zusammenzutun für konkrete gemeinsame Bestrebungen, Differenzen stehen zu lassen, kreative Experimente zu wagen, realisierbare Ziele und Strategien zu formulieren, sodass man sich auch einmal gemeinsam an einem Erfolg freuen könne.

Zu Schweizer Frauen hatte Reinhild Traitler in Genf wenig Kontakt. Lediglich die sehr gut ausgebildeten Sekretärinnen waren Schweizerinnen. Diese zogen die Ausländerinnen ein Stück weit in die schweizerischen Frauenbestrebungen hinein. Die Einführung des Frauenstimmrechts 1971 nahm sie kaum wahr – «das kam mir völlig exotisch vor». Aber sie weiss noch, wie alle Frauen am Radio «lauerten», als Liliane Uchtenhagen 1983 nicht in den Bundesrat gewählt wurde.

Im selben Jahr wurde die 43-jährige Reinhild Traitler als Studienleiterin ins Evangelische Tagungs- und Studienzentrum Boldern bei Zürich gewählt. Sie hat Boldern als kreativen Arbeitsort in Erinnerung. Der Kurserfolg sei zwar unausgesprochenes Kriterium gewesen. Daran sei man gemessen worden. «Aber ich erlebte kaum jemals, dass meine Vorschläge und Ideen nicht akzeptiert worden wären. Im Gegenteil, ich habe immer sehr viel Entgegenkommen gespürt.»

Die Resonanz auf das Boldern-Angebot war in den 90er-Jahren gross. «Aufbruchstimmung herrschte unter den Frauen, etwas Aufmüpfiges, eine gewisse Politisierung – vorbereitet durch eine lange Tradition der Frauenarbeit auf Boldern. Viele Frauen mit linken oder grünen Anliegen ressourcierten sich in Boldern. Sie waren bereit, sich zu verständigen, bevor sie dann politische Engagements eingingen.» Diese Frauen brachten selbst Ideen ein, waren interessiert. Und sie, sagt Reinhild Traitler, habe sich in der ermutigenden Lage befunden, eine pädagogische Arbeit zu machen, die auf fruchtbaren Boden fiel. Auch die Kurse in feministischer Theologie, die sie zusammen mit ihrer Kollegin Gina Schibler plante und durchführte, stiessen auf grosse Resonanz. Boldern bot jahrelang eine einjährige Ausbildung an, die eigentlich an die Universität gehört hätte, wie Reinhild Traitler betont: Ähnliches hat sie zum Beispiel im Rahmen eines Lehrauftrag an der Theologischen Fakultät in Heidelberg gemacht.

Reinhild Traitlers literarische und dramaturgische Fähigkeiten prägten ihre Kurse und Veranstaltungen. Oft wurde in Verarbeitungsphasen Theater gespielt, eine zentrale Aussage spontan szenisch verarbeitet. «Menschen sind kreativ», das fand sie immer wieder bestätigt. «Ich schuf lediglich die Atmosphäre, ein Gefäss, in dem konkretes solidarisches Handeln möglich wurde.»

Reinhild Traitler war viele Jahre lang Vorsitzende des Ständigen internationalen Ausschusses beim Deutschen Evangelischen Kirchentag. Eine prestigeträchtige, nicht sehr kreative Position, wie sie sagt, die ihr aber viele Türen zu interessanten Aufgaben geöffnet habe. Anfänglich genoss sie auch die Nähe zu den gesellschaftlichen und politischen Grössen. Doch mit der Zeit sei sie sensibler geworden für subtile Manipulationen, die auf Massenveranstaltungen wie einem Kirchentag fast unvermeidlich sind. «Trotzdem finde ich die Kirchentagsbewegung grossartig, eine demokratische Versammlung des Volkes Gottes!»

Bis 1994 war Reinhild Traitler über acht Jahre auch Vorsitzende des Ausschusses Frieden und Gerechtigkeit des Ökumenischen Forums Christlicher Frauen in Europa. Diese Impulse prägten auch das Programm auf Boldern: Gesamteuropäische Frauensommerakademie, European Women's College, interreligiöser Dialog mit jüdischen, christlichen und muslimischen Frauen – dies waren Initiativen, die sie in das Boldern-Programm einbrachte. Besonders nach dem Fall des Eisernen Vorhangs hätten solche Angebote einem wachsenden Bedürfnis entsprochen. Frauen aus Ost und West zusammenzubringen, die Kluft bezüglich demokratischer Rechte zu erkennen, zu überwinden und dabei auch im Westen für die eigene Demokratie noch etwas zu lernen – das seien zentrale Anliegen gewesen. Das hat sich bis heute nicht geändert, davon ist Reinhild Traitler überzeugt.

Als Präsidentin der Interreligiösen Arbeitsgemeinschaft Schweiz wollte Reinhild Traitler das interreligiöse Engagement gesellschaftlich und innenpolitisch zur Wirkung bringen. Die Auseinandersetzungen um diese Zielvorstellungen zwischen den verschiedenen Fraktionen der Arbeitsgemeinschaft waren massiv. Als Präsidentin habe sie vielleicht zu kompromisslos ihre Vorstellungen durchsetzen wollen. «Das habe ich nicht gut bestanden», sagt Reinhild Traitler, «das war einer meiner Misserfolge, vielleicht auch Ausdruck eines kulturellen Konflikts und leider auch eines Konflikts unter Frauen.»

Letzthin hat Reinhild Traitler in ihren alten Tagebüchern gelesen und ein «Arbeitsmuster» entdeckt, wie sie es nennt. «Ständig habe ich grosse Aufgaben übernommen und diese mit Klagen begleitet: Ich bin zu müde, habe zu viel zu tun. Was ich mache, ist schlecht, hat keinen roten Faden, ich kann das nicht. Bis ich jeweils zum Schluss gekommen bin: Na, jetzt stimmt es aber doch.»

Die Hartnäckige
Professorin für Frauen- und Geschlechtergeschichte Regina Wecker

Regina Wecker hört im Seminarraum dem Referat eines Studenten zu. Die zierliche Frau mit dem geraden Blick sitzt mitten unter den Studierenden, sie unterbricht, fragt kurz nach. Später formuliert sie eine These zur Diskussion in der ganzen Runde, fügt Literaturtipps an. Die Atmosphäre ist aufmerksam, unaufgeregt. Zum Schluss fragt die Professorin die Teilnehmenden, ob sie das Ganze zusammengebracht hätten. Allgemeines Schweigen. Darauf Regina Wecker: «Sagen Sie ja oder nein.» Ein leichtes Lachen, und das Bilanzieren kommt in Gang.

Regina Weckers Arbeitsort ist die Universität. Seit Jahrzehnten gehört die 63-Jährige zum DozentInnen-Team des Historischen Seminars der Universität Basel. Dort wird sie bleiben, bis sie pensioniert wird. Die letzten beiden Jahre amtete Regina Wecker als Geschäftsführerin. Während dieser Zeit hatte sie zwei «Baustellen»: die Umstellung des Universitätsbetriebs auf das Bachelor- und Masters-System, was zusätzliche Arbeit und Diskussionen mit sich brachte – und gleichzeitig wurde in den Gebäulichkeiten viel renoviert und umgebaut. Bei aller Hektik, betont Regina Wecker, habe diese Position gute Aspekte. Sie schätze es, ihren Spielraum zu gestalten. «Man muss eben etwas tun.» Allerdings freut sie sich, dass sie das Amt an ihre Kollegin weitergeben kann. Jetzt habe sie wieder mehr Zeit für andere Aufgaben.

Dazu gehört – neben der Unterrichtstätigkeit – die Schweizerische Gesellschaft für Geschichte, deren Präsidentin sie ist und die mit neuen Projekten und grossen Tagungen an Profil gewonnen hat. Weniger erfolgreich ist derzeit die Gesellschaft für Frauen- und Geschlech-

terforschung, die sie ebenfalls präsidiert. Momentan laufe da nicht viel, sagt sie, alle seien anderweitig engagiert. Sie fühlt sich fast schuldig, auf jeden Fall aber verantwortlich dafür, das Präsidium in gute Hände zu legen.

Die Universität Basel hat als einzige der Schweiz eine Professur für Frauen- und Geschlechterforschung sowie für Gender Studies geschaffen, und die Professorinnen-Dichte dort ist schweizweit einmalig. Darüber freut sich Regina Wecker. Das Lehrangebot ermögliche Studentinnen und Studenten, die Kategorie Geschlecht während des Studiums selbstverständlich einzubeziehen. Schliesslich arbeiten die meisten HistorikerInnen später in Schulen, im Journalismus oder in grossen Verwaltungen – und da sei dann die Bedeutung der Geschlechterordnung auch gesellschaftlich und politisch präsent.

Unter Regina Weckers Verantwortung läuft gegenwärtig ein grosses Forschungsprojekt des Schweizerischen Nationalfonds zur Eugenik in der Schweiz im 19. und 20. Jahrhundert. Die Fragestellung ist politisch fokussiert: Welche Bedeutung hatte die Eugenik, die gemeinhin als typisch nationalsozialistisch galt, in der Schweiz? Regina Wecker stellt fest, dass in der Psychiatrie Eugenik sehr stark mit spezifischen Bildern über weibliche Sexualität verknüpft wurde. Sozial ausgegrenzte Frauen hätten beispielsweise fast automatisch als erblich belastet und sexuell triebhaft gegolten. Solche Themen interessieren sie sehr. Neben der geplanten Dokumentensammlung zur Eugenik, neben dem Tagungsband *Wie nationalsozialistisch ist die Eugenik?*, will sie einen weiteren Sammelband herausgeben, wo sie gemeinsam mit den MitarbeiterInnen des Projekts ihre Forschungsresultate präsentieren kann. Die Forschungsarbeit für dieses Projekt ist inzwischen abgeschlossen, es werde aber noch um die Bedeutung von Sexualität im Untersuchungszeitraum ergänzt, bevor die Ergebnisse veröffentlicht werden.

Später, nach der Pensionierung, hat Regina Wecker vor, sozusagen als Summe ihres Forscherinnenlebens eine Geschlechtergeschichte der Schweiz zu schreiben. «Jawohl», sagt sie, «das werde ich noch machen.»

Die kleine Regina wuchs im Berlin der Nachkriegszeit in einem vaterlosen Haushalt auf. Ihre Mutter, gelernte Schneiderin, hatte nach dem Krieg nochmals eine pädagogische Ausbildung gemacht und verdiente als Gewerbelehrerin das Geld für die ganze Familie.

Wissen zu wollen, wie etwas ist und wie es sich entwickelt – das war die Antriebsfeder des Mädchens. Dank der Unterstützung durch einen Lehrer, der sich nicht irritieren liess durch Reginas freche Sprüche, absolvierte sie als Erste ihrer Familie nach dem Gymnasium ein Hochschulstudium. Für Bücher und Sport, sagt Regina Wecker, habe es in ihrer Familie keine finanziellen Limiten gegeben. Zwischen Mädchen- und Knabenförderung wurde erst recht nicht unterschieden. «Da war meine Mutter konsequent», sagt sie.

In den unruhigen 68er-Jahren Berlins engagierte sich die Geschichtsstudentin als Studentenvertreterin an ihrem Institut. Sie sah die Studentenbewegung vor allem als Auseinandersetzung zwischen Professoren, Universität und Studenten. Aber ihr sei klar gewesen, dass die Radikalisierung der Studentenbewegung teilweise mit der Nazivergangenheit der Elterngeneration zusammenhing.

Als ihr Doktorvater, ein Schweizer, eine Professur an der Universität Basel erhielt, wechselte die 26-Jährige ebenfalls von Berlin nach Basel. Dadurch musste sie sich beruflich noch nicht etwa auf den Lehrberuf festlegen: «Das kam mir sehr entgegen.» Diplomatie beispielsweise oder Journalismus hätten sie eben auch interessiert. Zudem wohnte ihr damaliger Freund in Karlsruhe, und da war Basel näher gelegen als Berlin – und die Schweiz habe zudem nach Skifahren getönt. «Da dachte ich, okay, dann versuche ich das mit Basel.»

An ihrer Au-pair-Stelle in Basel lernte die Doktorandin ihren späteren Ehemann kennen. Mit ihm verbrachte sie längere Zeit in England – ihre Dissertation war ein englisches Thema des 18. Jahrhunderts – und später in Berlin. Während der frühen 70er-Jahre trat sie in Berlin der SPD bei. Als Ausländerin hatte sie in Basel unterschreiben müssen, sich in der Schweiz nicht politisch zu betätigen. Und sie habe wirklich geglaubt, das sei so. «Ich bin ja auch gekommen, um nach Abschluss des Studiums wieder zu gehen.»

Dass sie sich in Basel niederlassen würde, wurde erst klar, als die 31-Jährige am Historischen Seminar nach der Promotion eine Stelle als Assistentin erhielt. Ein Jahr später wurde ihr die Aufenthaltsgenehmigung entzogen, angeblich aufgrund einer Veränderung im Ausländergesetz. Die Basler Fremdenpolizei drohte sie 1975 auszuweisen und bestellte sie mitsamt dem Verlobten auf den Polizeiposten. Da habe es diesen «verjagt»: Der Beamte wisse doch genau, dass er seine Verlobte heiraten und zur Schweizerin machen könne. Darauf der Polizist: «Drohen Sie doch nicht gleich mit dem Schlimmsten!» Regina Wecker lacht schallend. Jedenfalls wurde geheiratet.

Regina Wecker zog mit ihrem Mann in eine Wohngemeinschaft in Reinach, in eine ehemalige Arbeitersiedlung: sechs einfache Doppelfamilienhäuser, drei Zimmer, WC draussen, kein Bad, eine Küche wurde zum Bad «umfunktioniert». In Reinach begann Regina Wecker sich politisch zu engagieren und stärker für die kantonale Politik zu interessieren. Sie hatte schon vorher an der ETH Zürich, wo ihr späterer Mann Assistent war, Seminare zur Revision der Bundesverfassung besucht. Er habe immer behauptet, sie falle dort als Fremde nicht auf. «Die andern wissen auch nicht, wie die Schweiz funktioniert.» Um ein Seminar zur Verfassungsrevision des Kantons Baselland belegen zu können – das habe sie sehr interessiert, sei aber nur für KandidatInnen offen gewesen –, kandidierte Regina Wecker für den kantonalen Verfassungsrat und wurde tatsächlich gewählt. Insgesamt sechs Jahre dauerte diese Arbeit. Bald darauf sass sie auch als Sozialdemokratin im Einwohnerrat ihres Wohnorts Reinach. 17 Jahre war sie dort Mitglied und amtete auch als Einwohnerratspräsidentin.

Regina Wecker war die erste Frau, die am Historischen Seminar eine Stelle als Assistentin erhielt. «Lange Zeit habe ich das überhaupt nicht realisiert.» Damals begann sie sich erstmals für Frauengeschichte zu interessieren. Bei ihrer Ankunft in Basel konnte sie nicht recht glauben, dass Schweizerinnen tatsächlich kein Stimm- und Wahlrecht hatten. Sie begleitete 1971 ihren späteren Mann zur Abstimmung und fand das Ganze, wie sie sagt, «urkomisch». Und dann das Theater um ihren ledigen Namen! «Wenn wir uns in einer Gesellschaft mit zwei verschiedenen Namen vorstellten, konnte man über nichts anderes mehr reden – einfach mühsam.» Als Verheiratete durfte sie für den Verfassungsrat nicht mit ihrem Ledigennamen Regina Wecker kandidieren. «Erst an der Reaktion der Leute merkte ich: Da stichst du ins Zentrum des Patriarchats.» Fassungslos sei sie vor diesem Problem gestanden. In der Kantonshauptstadt Liestal gab dieser Streit sogar ein Fasnachtssujet ab. Sie behielt dann trotzdem ihren ledigen Namen, quasi als Künstlerinnen-Namen.

Regina Wecker war 48, als endlich nach intensiven Bemühungen mit Bundesgeldern eine Assistenzprofessur für Geschlechtergeschichte am Historischen Seminar geschaffen wurde. Sie ging dann nochmals als Gastdozentin an die Freie Universität Berlin, um internationale Kontakte zu knüpfen, aber auch, weil es in Basel Budgetprobleme gegeben hatte. Bei ihrer Rückkehr 1993 waren diese Probleme immer noch nicht behoben. «Ich war drauf und dran, auch diese miesen Bedingungen zu akzeptieren, weil mich die Arbeit interessierte und weil ich die Geschlechtergeschichte in Basel weiterführen wollte. Aber ich kam mir schon verschaukelt vor. Schliesslich hätte ich noch in Berlin bleiben können.» Für ihren Mann war es völlig unverständlich, wie sie sich bei ihrer Qualifikation und nach der ganzen Aufbauarbeit auf diese Stellenkürzung einlassen konnte: «Er wurde richtig wild.» Heute kann sie darüber lachen, aber damals war das eine heftige Auseinandersetzung. Er überzeugte sie, und da habe sie sich tatsächlich auf die Hinterbeine gesetzt, wie sie es formuliert, und sich zum ersten Mal für sich selber gewehrt. «Ich fand», sie betont Wort für Wort, «jetzt seid ihr nicht nur dem Fach, sondern auch mir etwas schuldig.» Damals liess sie sich auch von einer Unternehmensberaterin unterstützen.

Das Engagement hatte Erfolg. Nach einigen Umwegen wurde 1997 die Professur für Frauen- und Geschlechtergeschichte geschaffen. Das Historische Seminar unterstützte sie dabei sehr, wie sie betont. «Dass der Stellenausbau möglich war», sagt Regina Wecker, «dazu hat sicher auch der Basler Wissenschaftspreis beigetragen.» Sie wusste gar nicht, dass es diesen Preis gab. Und bei der Preisverleihung 1998, «da wollte und musste ich ein Signal setzen». Die Presse nahm die These ihrer Rede, augenzwinkernd gesagt und ernst gemeint, bereitwillig auf: Da das Prestige jeder beruflichen Tätigkeit mit dem Eindringen von Frauen sinke, bedeute die Verleihung dieses renommierten Wissenschaftspreises an eine Frau ein nicht geringes Risiko. Ihn an eine Frau mit dem Thema Frauenforschung zu verleihen, bedeute sozusagen ein doppeltes Risiko. Und für diese Risikobereitschaft verdiene die Kommission Dank.

Wie kam Regina Wecker zur Frauen- und Geschlechtergeschichte der Schweiz? Am Anfang stand die Behauptung, Schweizer Frauen seien «früher schon immer» nach der Eheschliessung nicht erwerbstätig gewesen. Das konnte sich die von Berlin zugezogene Assistentin nicht vorstellen; in Deutschland war das anders. «Das hat mich fachlich sehr interessiert.» War das Erwerbsverhalten von Schweizer Hausfrauen wirklich so anders gewesen als in anderen Ländern, und, wenn ja, welches waren die historischen Gründe?

In ihrer Habilitationsschrift ging Regina Wecker dieser, wie sie sagt, faszinierenden Frage nach. Als Assistentin für amerikanische Geschichte war sie mit dem von den USA ausgehenden Forschungsansatz der Women's History bekannt geworden; diesen wandte sie nun an. Sie kam zum Resultat, dass in Basel – wie auch anderswo in Europa – während der Industrialisierung vor hundert Jahren nicht so klar gewesen war, ob Frauen- und Männerarbeit weiterhin verschieden bewertet würde. Nicht die ökonomische Logik zementierte die Diskriminierung der weiblichen Lohnarbeit, so das Ergebnis. Es waren die gesellschaftlich propagierten Idealbilder bezüglich Weiblichkeit und Männlichkeit, die jenseits der Ökonomie die Rolle der Frauen als Mutter und Gattin auch gesetzlich festschrieben. In ihrer Untersuchung legt Regina Wecker grossen Wert auf die Tatsache, dass auch in Basel Frauen jener Zeit Hausarbeit durchaus nicht immer als ihre «eigentliche» Arbeit betrachteten. Viele hätten in der Alltagsrealität ihre Lohnarbeit als wichtiger betrachtet, sogar wenn der Mann genug verdiente, und ihren Haushalt trotz öffentlicher Missbilligung «nebenbei» geführt. Und – auch das eine inzwischen akzeptierte, aber damals neue Erkenntnis – die

Erwerbsquote der Frauen war in der Schweiz am Ende des 19. Jahrhunderts höher als in anderen Ländern. Regina Weckers Studie war ein Meilenstein in der Schweizer Frauengeschichtsforschung und regte viele Folgestudien an.

Regina Wecker war massgeblich beteiligt an der Etablierung von Forschung und Lehre der Frauen- und Geschlechtergeschichte in der Schweiz. Noch 1979 war ein Forschungsgesuch an den Schweizerischen Nationalfonds nicht bewilligt worden mit der expliziten Begründung, es gebe in der Schweiz niemanden, der ihr Gesuch fachlich beurteilen könne. Im Lauf der Zeit initiierte sie gemeinsam mit anderen Frauen des akademischen Mittelbaus und mit fortgeschrittenen Studentinnen die Schweizer Historikerinnen-Tagungen und gemeinsame Forschungsprojekte der verschiedenen Universitäten. Systematisch lud sie die internationale Crème de la Crème für Geschlechtergeschichte nach Basel ein. Immer in gemeinsamer Arbeit mit anderen, wie sie betont.

Seit fast zehn Jahren existieren auch in der Schweiz interdisziplinäre Graduiertenkollegs für DoktorandInnen im Bereich Gender Studies. Diese sind einerseits an den verschiedenen Universitäten beheimatet, enthalten anderseits ein nationales Modul. «So sind diese Kollegs einerseits an ihrer ‹eigenen› Universität verankert, profitieren aber zusätzlich von gemeinsamen Veranstaltungen, die sich eine einzelne Universität nicht leisten würde.» Dieses Modell, das sie konzipiert hat, berücksichtigt, dass sich jede Universität mehr engagiert, und profitiert vom gesamten Umfeld. Sie erinnert sich an eine Situation, als sie innerhalb dreier Tage eine Eingabe für ein Graduiertenkolleg verfassen musste, weil sie unvermutet auf eine «Geldquelle» aufmerksam gemacht wurde. Die anderen involvierten ProfessorInnen hätten sie moralisch unterstützt, selbstverständlich. Aber sie setzte sich hin, Tag und Nacht, und verfasste das Gesuch. Komplimente für solche Parforce-Leistungen zum richtigen Zeitpunkt überhört Regina Wecker – sie ist überhaupt schwach auf diesem Ohr. Sie bezeichnet sich als Frau, die gerne andere unterstütze und fördere, die wissenschaftspolitisch klar analysiere – «und dann kremple ich die Ärmel hoch, um am Ball zu bleiben».

Die Politische
Informatiklehrerin Alexa Lindner

Alexa Lindner liebt das Gefühl, sie habe viel zu tun. «Jeden Tag an mich herankommen lassen und schauen, was anfällt. Das tue ich dann jeweils, mit Lust und Liebe.» Einerseits sieht sie sich als Chaotin, sie könne nicht rechnen, und Unordnung, «ein Puff», gehöre einfach zu ihr. Damit die Papierhaufen in ihrem Büro nicht sofort bemerkt werden, hat sie sogar den Zugang vom Wohnungskorridor her versperrt. Anderseits sei sie auch eine Frau mit klaren Konturen, sagt Alexa Lindner. «Man könnte es auch Kontinuität nennen oder wie auch immer, aber es ist schlicht Sturheit.»

Was sie auch tut – der Computer ist dabei. Alexa Lindner sitzt praktisch jeden Tag sechs bis acht Stunden im Büro, einem hellen, grossen Raum ihrer Wohnung in St. Gallen, und arbeitet am Mac.

Für die Frauenbibliothek Wyborada richtete Alexa Lindner die Software für Buch- und Mitgliederverwaltung ein. Sie ist stolz, dass alles auch für Benützerinnen funktioniert, die keine Ahnung von EDV haben. Sie nennt das «praxisbewährt». Wenn beispielsweise Frauen ihre Mitgliederbeiträge zweimal bezahlen, sei das ja wunderbar, aber computermässig sehr schwierig zu bewältigen. «Aber umso schöner, wenn es dann klappt und die Mitarbeiterinnen der Wyborada damit zurechtkommen.» Momentan arbeitet Alexa Lindner regelmässig für das Archiv für Frauen- und Geschlechtergeschichte. Sie hilft beim Newsletter und leistet Software-Unterstützung. «Tauchen dort Computerprobleme auf, bin ich zur Stelle.» Das mache sie gerne.

Einen Tag pro Woche arbeitet Alexa Lindner bei zwei Unternehmerinnen, die Biofutter für Hunde und Katzen produzieren. Biotierfutter sei eine geniale Markt-

lücke. In der Firma dieser Frauen – «gute Weiber, alle beide», sagt Alexa Lindner – arbeiten heute sechs Personen. Alexa Lindner war von Anfang an dabei. Sie leistet Filemaker-Unterstützung, layoutet Texte – darin sei sie sehr stark – oder instruiert MitarbeiterInnen. Nie wisse sie, was sie erwarte, alles sei so «allround». Das findet sie toll.

Ein bis zwei Tage pro Woche gestaltet Alexa Lindner das Layout der Zeitschrift «Der Stenograf». Stenografie ist neben dem Macintosh ihre zweite grosse Liebe. Der Stenografenverband St. Gallen ist der älteste der Schweiz, «und wir werden auch als Letzte aufhören.» Das hätten sie und ihre Ex-Schülerin, die mit ihr die Zeitschrift herausgibt, beschlossen. «Der Stenograf» erscheint teilweise in Stenoschrift. Jede Seite wird eingescannt und sorgfältig gelayoutet. «Das kommt alles aus meinem Mac», sagt sie. Jeden zweiten Monat eine Ausgabe – das sei eine «Riesenbüez», die sie eine Woche lang beschäftige. «Aber das liebe ich heiss.» Die männliche Bezeichnung «Der Stenograf» sei natürlich ein alter Zopf. «Aber wenn wir den ändern wollten, dann gäbe es Theater. Warum sollen wir uns wegen der paar Jahre noch herumärgern.»

In der Schweiz existiert immer noch ein kleines Steno-Kurswesen, an dem auch Männer und Junge mitmachen. Alexa Lindner leitet jeden Monat Erwachsenentrainings in St. Gallen. Ihre Kollegin, die Ex-Schülerin, schreibt Steno in acht Sprachen und ist Schweizer Meisterin, darauf ist Alexa Lindner stolz. «Vor dieser Frau habe ich einen solchen Respekt, dass ich die versprochenen Redaktionstermine immer einhalte – nirgends sonst!»

Regelmässig finden Steno-Wettschreiben statt. Für diese entwirft Alexa Lindner Schnellschreibetexte, erstellt die Ranglisten, designt schöne Zeugnisse und druckt sie aus. «Gestaltung liegt mir», sagt sie. Sie könne kein Bild zeichnen, aber der Computer ermögliche ihr, ein wenig kreativ zu sein. Aus ihrem Mac stammt auch ihr neuestes Produkt, der *Struwwelpeter* mit den alten schönen Bildern und stenografierten Texten. Auch Alexa Lindners private Couverts tragen das Signet: «Rationeller mit Steno!», daneben das vielfarbige Tourismus-Logo der Stadt St. Gallen.

Kürzlich hat Alexa Lindner ihr Arbeitspensum um einige Jobs reduziert – sie habe Urlaub bekommen, sagt sie –, denn 2006 sind eine grosse Ausstellung und ein Textband über die St. Galler Schriftstellerin Elisabeth Gerter entstanden. Seit Jahren hatte sie sich zusammen mit sechs anderen Engagierten intensiv darauf vorbereitet. Für die Ausstellung trieb Alexa Lindner im privaten Schreibmaschinenmuseum von Stefan Beck sogar eine «dreireihige Erika» auf. Das war die Schreibmaschine, die Elisabeth Gerter gemäss einer Fotografie benützt hatte – eine richtige Rarität! Im Gerter-Buch *Nicht die Welt, die ich gemeint* korrigierte sie die Texte typografisch und verfasste ein kommentiertes Werkverzeichnis. Mit dem Layout des Textbandes beauftragten die Herausgeberinnen einen professionellen Grafiker. Dass dieser die typografischen Regeln zu wenig ernst genommen habe, ist in Alexa Lindners Augen ein Verbrechen. Sie selber zucke bei Fehlern zusammen, für die sie verantwortlich sei. «Typografische Unschönheiten» – sie wird laut – «sind für mich undiskutabel.» Jedenfalls ist der Band pünktlich erschienen, und die St. Galler Ausstellung «Elisabeth Gerter» war in den letzten Wochen sehr gut besucht. Alexa Lindner schrieb und gestaltete einen kleinen Ausstellungsführer und machte selbst viele Führungen. Sie entwickelte auch einen speziellen Gerter-Rundgang durch die Stadt St. Gallen, gestaltete dazu eine Broschüre für die TeilnehmerInnen.

Alexa Lindner layoutete bis vor kurzem anspruchsvolle Gedichtbändchen für den Verlag eines befreundeten

Berufskollegen. Eine Freude sei das gewesen, sorgfältigste typografische Gestaltungen vorzunehmen, die längste Zeit am Durchschuss herumzumachen, wie sie es formuliert. Für die Rückseite der Bändchen suchte sie jeweils einige Gedichtzeilen aus – Zeilen, die sie auch persönlich berührten.

Mit einer ehemaligen Kollegin gab Alexa Lindner 2005 ein Lehrbuch heraus: *Präsentation ist (fast) alles. Textverarbeitung und Gestaltung für Schule und Wirtschaft.* Sie kennt einige Unterrichtende, die gerne mit dem neuen Lehrmittel arbeiten. Auch die SchülerInnen seien interessiert. Das Buch sollte «ausgeflippt» daherkommen; sie habe sich mit der Gestaltung und der Farbgebung grosse Mühe gegeben. Aber den grossen Durchbruch habe das Lehrmittel nicht erlebt. Textgestaltung sei an den Schulen immer weniger ein Thema, leider.

Lesen ist für Alexa Lindner die wichtigste Entspannung von ihrem Arbeitsprogramm. Dann sitzt sie nicht im Büro, sondern in ihrem bequemen Sessel in der Stube, die Beine hochgelagert. «Dann vergesse ich die Zeit.» Gerade letzthin, unter ungeheurem Termindruck, habe es ihr ausgehängt. Sie habe sich gesagt: «An diesem Wochenende lese ich nur Thriller. Ich tue nichts anderes.» Natürlich sei sie nachher noch mehr in Stress geraten. «Aber das musste ich mir einfach gönnen.» Solange sie könne, sagt Alexa Lindner, wolle sie noch etwas tun und bewirken. Sie sei lieber über- als unterbelastet. «Einfach ‹go blööterle›, dazu habe ich keine Lust.»

Der Vater der kleinen Alexa war Polizist, und ihre Mutter, gelernte Telefonistin, hütete während seiner Abwesenheiten das Telefon des Polizeipostens. Sie erhielt dafür sogar eine kleine Vergütung. «Mit grosser Selbstverständlichkeit ist die Mutter neben dem Vater aufgetreten und hat ihn vertreten.» Eigentlich wollte Alexa

Polizistin werden. Aber Mädchen konnten damals nur Polizeiassistentin lernen, eine Art Sozialarbeiterin. Da schien die kaufmännische Lehre in einer Rechtsanwaltspraxis doch naheliegender.

Die junge Lehrtochter hatte in ihrer Klasse einen der schlechtesten Lehrverträge, obwohl im Entree der Anwaltskanzlei das Bild von Karl Marx prangte und linke satirische Wochenzeitschriften im Wartezimmer auflagen. Das habe sie in der Schule sofort gemerkt. «Ich habe es registriert, aber nicht gewagt, mich zu wehren.» Schon bald ersetzte sie eine Angestellte und fühlte sich überfordert. Häufig arbeitete sie die zwei Stunden über Mittag gratis durch. «Aber ich konnte auch rechnen», sagt Alexa Lindner. «Ich wusste, was die Kanzlei zusätzlich kassierte durch meinen Einsatz.» Die Abende verbrachte sie häufig im Theater. Die Lehrtochter kaufte regelmässig Theaterlose – die waren mit einem Gratiseintritt verbunden – und genoss jede Aufführung. Wenn möglich las sie vorher die Texte. Während der knappen Freizeit schlief die chronisch übermüdete junge Frau.

Als junge Sekretärin bei einer grossen Versicherung erlebte Alexa Lindner, wie sich die Firma ums Bezahlen zu drücken versuchte, sobald die Rechtslage ein wenig unklar war. Bei den Spitalabrechnungen zog man einen Teil der Kosten fürs Essen und Rasieren ab, da der Patient diese Auslagen zu Hause auch gehabt hätte. Diese Kleinlichkeit habe sie gehasst, sagt sie. Sie könne das Knausern bis heute nicht ertragen.

Die 26-jährige Sekretärin wurde als Lehrerin für Stenografie und Maschinenschreiben an die damalige Mädchen- und Töchterschule Talhof in St. Gallen gewählt. «Maschinenschreiben nahm ich einfach in Kauf, aber Stenografie habe ich geliebt.» Fast dreissig Jahre lang, bis zu ihrer Pensionierung, blieb sie dem Lehrerinnenberuf treu. Sie schätzte das Unterrichten und den Kontakt mit den Jungen. Sobald es in der Schule um Ämter ging, fiel immer wieder Alexa Lindners Name. «Eigentlich weiss ich nicht, wieso. Ich habe diese Aufgaben nicht gesucht, aber immer gern gemacht.»

Die Umstellung auf Computer und das Verschwinden des Fachs Stenografie empfand Alexa Lindner als extreme berufliche Herausforderung. «Ich wusste, dass ich meine Basis verbreitern musste, wenn ich nicht als Sozialfall enden wollte.» Wütend und frustriert habe sie die vom Erziehungsdepartement organisierten Informatikkurse besucht. Sie erinnert sich an das Schreiben des zuständigen Kollegen: «‹Ich wünsche Euch einen interessanten Einstieg in die faszinierende Computerwelt.› Wääähhh», schaubt sie, das habe ihr so gestunken. «Zum Glück konnte ich später für die Kurse unserer Fachgruppe die besten Informatiklehrer der Schweiz engagieren», war sie damals doch Präsidentin der Schreibfachlehrer des Kantons St. Gallen. Und da habe es bei ihr «klick» gemacht. «Die Umschulung entpuppte sich als Chance», sagt Alexa Lindner. «Ohne Textgestaltung mit dem Mac könnte ich mir mein Leben nicht mehr vorstellen.»

Sich für Frauenrechte einzusetzen, war für Alexa Lindner seit ihrer Jugendzeit selbstverständlich. Neben dem vollen Pensum in der Schule betrug ihr politisches Engagement jahrzehntelang gegen 100 Prozent. Wenn man sie gefragt habe, was sie in der Freizeit tue, lacht Alexa Lindner, habe sie jeweils geantwortet: «Arbeiten selbstverständlich, auch übers Wochenende.»

Schon während der Lehrzeit trat Alexa Lindner der Sozialdemokratischen Frauengruppe St. Gallen bei. Sie sei als Nesthäkchen hochwillkommen gewesen und habe von den alten Sozialdemokratinnen viel profitiert. Einige von ihnen porträtierte sie später im Band *blütenweiss bis rabenschwarz*, der 2003 zum 200-Jahr-Jubiläum des Kantons St. Gallen erschien. Alexa Lindner strebte keine Parteikarriere an – vor der Einführung des Frauenstimmrechts 1971 war dies ja kaum sinnvoll. Aber die junge kaufmännische Angestellte führte schon bald das Sekretariat der Kantonalpartei. Sie fand, das habe sie ja schliesslich gelernt. Sie nahm stenografisch Diktate auf, tippte sie ab und verteilte Zirkulare und Argumentarien. Selbstverständlich gratis – sie weiss noch, wie sie sich freute, als sie 50 Franken Honorar bekam für Beiträge, die in der «Volksstimme» veröffentlicht wurden. «Aber das Interessante an der Arbeit war, dass ich mich dort weiterbilden konnte.» Trotz fehlenden Frauenstimmrechts wusste sie über Politik und das Funktionieren der Demokratie genau Bescheid.

1972, das Frauenstimmrecht war gerade eingeführt, wurde die 36-Jährige zur Präsidentin der SP-Kantonalpartei gewählt. Das ging nicht lange gut. Sie geriet in den Strudel des damals gärenden Machtkampfs zwischen der Sozialdemokratischen Partei und dem Gewerkschaftsbund und musste zurücktreten. «Der Parteivorstand liess mich fallen wie eine heisse Kartoffel.» Gleichzeitig war sie gerade als St. Galler Gemeinderätin zurückgetreten, um nach der Heirat zu ihrem Mann nach Flawil zu ziehen – «eine schwierige, schwere Situation». Die SP-Frauengruppe diskutierte damals ihre Integration in die SP St. Gallen und bot ihr keine politische Heimat. Zum ersten Mal, sagt Alexa Lindner, habe sie sich verloren gefühlt.

Zum ihrem Glück waren es die Jahre der auch in St. Gallen aufblühenden autonomen Frauenbewegung, der Frauenbefreiungsbewegung (FBB). Dorthin wandte sie sich und leckte, wie sie sagt, ihre Wunden. Frech seien diese Frauen gewesen, das habe ihr sehr imponiert. «Ich selbst hätte mich niemals getraut, mit so viel Power aufzutreten.» In der Bewegung dieser jungen wilden Frauen habe sie sich aber nie ganz heimisch gefühlt, sagt

Alexa Lindner. «Die Selbsterfahrungstrips waren mir zu direkt und zu privat, die Gefühlsausbrüche erschreckten mich.» Und zudem, Alexa Lindner wird immer lauter, hätten sich diese Frauen manchmal aufgeführt, als ob sie den Feminismus erfunden hätten. «Aber ich wusste das alles schon längst.» Mit den lesbischen Frauen fühlte sie sich noch am ehesten verbunden; die seien auch in einer Minderheitenposition gewesen. Eine dieser Frauen gehört bis heute zu ihren engsten Freundinnen.

Alexa Lindner bevorzugte konkrete politische Aktionen und Projekte. Von Anfang an beteiligte sie sich am Kampf für die Fristenlösung und gehörte zu den Mitarbeiterinnen der Informationsstelle von, für und mit Frauen, der Infra St. Gallen. Bei einer konkreten Institution wie der Infra, mit einer konkreten Tätigkeit – da sei sie voll in ihrem Element gewesen. Die Frauen führten in den 70er-Jahren die Beratungsstelle, pfiffen zur Walpurgisnacht weiss geschminkt, unübersehbar und unüberhörbar in St. Gallens Gassen und schwenkten Transparente zugunsten des Frauenhauses.

In den 80er-Jahren färbte das feministische Engagement auf die linken Parteien ab. Auch bei den SP-Frauen St. Gallen dominierte nun die klare feministische Ausrichtung. Mit Freuden, sagt Alexa Lindner, sei sie in ihre alte Heimat zurückgekehrt. Die feministische SP-Frauengruppe provozierte mit Infra-bewährten Methoden. Die Kabarettgruppe erntete grossen Beifall mit umgedichteten Machotexten und -liedern bürgerlicher und sozialistischer Provenienz. Als «Störefriedas» irritierten sie mit frechen Einschüben am gesamtschweizerischen Parteitag der SP 1984 das männliche Establishment. «Da war man jeweils sofort miteinander im Gespräch.»

Auch politisch war die SP jetzt auf feministischem Kurs. Frauen kandidierten auf speziell geförderten Frauenlisten. Ein erfolgreicher Höhenflug sei das gewesen, sagt

Alexa Lindner. Im Kampf gegen häusliche Gewalt und für ein Frauenhaus, für die Fristenlösung oder für die Mutterschaftsversicherung – Alexa Lindner ist überzeugt, dass die SP-Frauen die gleiche Politik durchgezogen haben wie die FBB. «Die Zusammenarbeit war problemlos.» Bei allen Vorstössen war Alexa Lindner dabei, aus welcher Ecke sie auch immer kamen. «Das habe ich geliebt», sagt sie, «das Volk zu überzeugen und für Gleichstellungsanliegen zu gewinnen.»

Die Berufsfeministin
Handwerkerin Liliane Späth

Liliane Späths Pult ist immer aufgeräumt. Auch in der Werkstatt für Polsterei und Schreinerei herrscht Ordnung. «Alle Werkzeuge am richtigen Platz», sagt sie, «so findet man sie sofort wieder.» Von der Werkstatt bis zur Wohnung sind es nur einige Schritte die Treppe hinauf. Die 68-Jährige wohnt zusammen mit ihrer Arbeits- und Lebenspartnerin Rosmarie Baumgartner im ersten Stock des grossen Hauses in Birmensdorf. Vom geräumigen Wohnungsflur aus geht es rechts zu den Räumen für die Bemusterung und zu einem grossen Büro mit zwei Arbeitsplätzen. Unter dem Dach erstreckt sich ein Ausstellungsraum, selbst ausgebaut und isoliert, mit antiken, renovierten Möbeln aller Art: Esszimmermöbel, Paravents, Sofas, Betten und so weiter. Prominent funkeln zwei riesige Kronleuchter, kostbare Teppiche liegen in mehreren Schichten.

Mindestens zwei Tage pro Woche arbeitet die gelernte Innendekorateurin – früher hiess das Tapezierer-Dekorateurin – Liliane Späth in der Schreinerei. Zudem hat sie die Aufsicht über die Polsterei, wo eine Angestellte arbeitet. In der übrigen Zeit sitzt sie im Büro am Laptop. Als vor einigen Jahren eine schwierige Knieoperation anstand, versuchte die damals 65-Jährige, ihr Arbeitspensum zu reduzieren. Sie fand, das sei eine gute Gelegenheit, ins zweite Glied zurückzutreten. Aber das habe nicht funktioniert. Besonders das Akquirieren neuer Aufträge und das harte Aushandeln der Preise seien zu kurz gekommen. «Ich musste mich einfach wieder einklinken und mehr arbeiten.»

Die Auftragslage sei nicht mehr so problemlos wie vor einigen Jahren, sagt Liliane Späth. Sie hätten zwar immer Arbeit, aber heute müsse man den KundInnen richtig

nachlaufen. Letzthin ging ihr eine Telefonnotiz «unters Eis», sie fand sie erst einige Tage später wieder. Da sei der Auftrag bereits vergeben gewesen. «Das ist unangenehm», sagt Liliane Späth. Sie beobachtet, dass auch vermögende Leute für Aufträge wie eine Neupolsterung oder Antikenrenovation nicht mehr so schnell ihre Reserven angreifen. Dann könne es eben dauern.

Der KundInnenkreis des Handwerkerinnenladens besteht teilweise aus Leuten, mit denen sie und ihre Partnerin seit Jahrzehnten in Kontakt stehen – und ist ein Abendessen mit einer Kundin und Freundin nun privat oder beruflich oder beides? Eine geschäftliche Anfrage könne auch am Samstag oder Sonntag hereinschneien, bei einer Besichtigung oder Auktion treffe sie Bekannte. «Es ist verrückt», sagt Liliane Späth. «Ich bin in Geschäftshaushalten aufgewachsen und hatte als Mädchen die Nase gestrichen voll von einem Leben ohne Freizeit und Privatsphäre.» Und jetzt mache sie dasselbe, sei mit dem Betrieb verheiratet und rede mit der Partnerin häufig schon beim Morgenessen über Geschäftliches.

Seit kurzem hat Liliane Späth einen Diplomabschluss als Web-Publisherin in der Tasche. Der Internetauftritt des Handwerkerinnenladens stammt von ihr. Ständig ist sie am Verbessern, aber die Grundidee, sagt Liliane Späth, sei gut. Sie ist auch Mitglied der Zürcher Arbeitsgruppe «fembit», die gemeinsame Web-Auftritte des Zürcher Frauenzentrums, des Restaurants Pudding-Palace, der Frauenbibliothek, der Disco Tanzleila und so weiter organisiert und installiert. Diese Internetseite gefällt ihr. Ohne Schnickschnack informiere sie über das Wesentliche. Ziel von «fembit» ist die Vernetzung und gemeinsame Plattform verschiedenster Frauenbetriebe in der gesamten deutschen Schweiz.

Früher sammelte Liliane Späth Kindermöbel. Wenn sie dann alt sei und nicht mehr so schwer tragen könne, so die Idee, dann werde sie diese Kindersachen restaurieren und verkaufen. «Das Verkaufen kann ich beim gegenwärtigen Zusammenbruch des Handels vergessen.» Sie akquiriert stattdessen vermehrt Aufträge als Web-Publisherin und schafft sich so ein eigenes finanzielles Standbein.

Die kleine Liliane wuchs in Bern auf und lebte zehn Jahre bei Pflegeltern, bis ihre Mutter sich verheiratete. Die Pflegeltern führten ein Getränkedepot, und ganz in der Nähe führte ihr Stiefvater eine Polsterei mit Antiquitätenladen. So sei sie sogar in zwei Geschäftshaushalten aufgewachsen, sagt Liliane Späth.

Das Mädchen fühlte sich zu Tätigkeiten hingezogen, die sich nicht ziemten. In der Schule fragte sie den Lehrer, ob sie mit den Knaben «handwerkern» dürfe, da sie Handarbeiten, vor allem das Stricken, schrecklich finde. Naiv sei sie gewesen, sagt Liliane Späth. Der schockierte Lehrer bestellte ihre Mutter zu sich und riet zu einer psychologischen Abklärung: Mit dem Mädchen stimme etwas nicht. «Das versetzte der Mutter einen richtigen Knacks.» Zum Glück fanden Liliane Späths Pflegeltern das normal. «Die handwerkten alle, Frauen wie Männer.» Sie erinnert sich auch an eine Frau in der Nachbarschaft, die Ehefrau eines Trämlers. Diese arbeitete während des Krieges anstelle ihres Mannes als Billetteuse. Ihre grosse Seitentasche imponierte dem Mädchen. Nach dem Krieg wurde die Frau nach Hause geschickt und hatte keine Tasche mehr – ihr Mann war ja wieder da. Liliane Späth weiss noch, wie sie immer und immer wieder nachfragte und nicht begriff, dass Frauen einen solchen Beruf nicht ausüben dürften.

Ihr Traumberuf war Automechanikerin, zum Entsetzen der Mutter. Der Stiefvater wünschte sich eine Nachfolgerin für sein Antiquitätengeschäft. Ihm und seinen

Beziehungen verdankte sie die Lehrstelle als Tapezierer-Dekorateurin. Auf die Genehmigung des Lehrvertrags durch den Verband wartete sie ein halbes Jahr – «die fanden das exotisch», sagt Liliane Späth. Sie war das einzige Mädchen in der Gewerbeschulklasse, wahrscheinlich im ganzen Kanton Bern. So lernte sie, sich allein durchzusetzen und sich zu wehren, erfuhr aber auch grosse Unterstützung durch einen Lehrer.

Nach einer Weiterbildung als Innenarchitektin – sie entwarf Möbel, plante und leitete Umbauten – erhielt Liliane Späth eine interessante Stelle nicht, weil sich der Betriebsleiter nicht vorstellen konnte, mit einer Frau zusammenzuarbeiten. Diese Erfahrung, von Männern einerseits beruflich gefördert zu werden, anderseits bei der Arbeit als Frau von Männern Ablehnung und Diskriminierung zu erfahren, hat Liliane Späth geprägt.

Mit 30 wollte Liliane Späth weg von Bern. In Zürich entfaltete die Frauenbefreiungsbewegung (FBB) 1969 ihre ersten Aktivitäten, und dort lernte sie Rosmarie Baumgartner kennen. «In den folgenden Jahren waren wir beide vollamtliche FBB-Frauen», sagt Liliane Späth. Sie hätten «Frauensachen» gemacht und daneben gejobbt.

Sämtliche Jobs in diesen bewegten Jahren hätten Liliane Späth eigentlich interessiert. Einige Arbeitgeber wollten sie fest einstellen, «aber ich hatte einfach keine Zeit». Sie lernte viele Arbeitsmilieus kennen, beim Borddienst der Swissair, in der Zolldeklaration für Import-Export am Flughafen und beim frühmorgendlichen Verteilen von ausländischen Zeitungen in der ganzen Zentralschweiz. Dieser Job gefiel Liliane Späth besonders gut. «Mittags um zwei Uhr war ich schon fertig und ich hatte erst noch ein Auto.»

Sechs Jahre dauerte die Zeit ihres vollamtlichen FBB-Engagements mit Gelegenheitsjobs. In den 70er-Jahren wurde das Anwaltskollektiv, eine Gemeinschaftspraxis linker AnwältInnen, stark verwurzelt in Zürichs linker Szene, zu einem der ersten ständigen Auftraggeber von Liliane Späth und Rosmarie Baumgartner. Dort verlegten sie Teppiche, strichen Wände und transportierten Möbel. In jener Zeit realisierte ihre Partnerin erstmals, dass Liliane Späth professionell polstern konnte. Von ihrem Beruf, schmunzelt sie, sei bis dahin einfach nie die Rede gewesen. Die Mitglieder des Anwaltskollektivs überzeugten die beiden, ein Geschäft zu gründen. Liliane Späth, ihre Kindheitserfahrungen vor Augen, wollte davon nichts wissen. Sie wurde belehrt, die heutigen Handwerkerkollektive seien etwas ganz anderes, in Amerika sei das schon lange üblich. Und das, sagt Liliane Späth, habe sie dann geglaubt. Gemeinsam mit ihrer Partnerin baute sie 1978 das «Dienstleistungskollektiv», den heutigen Handwerkerinnenladen, auf.

Liliane Späth erinnert sich, dass gerade zur Zeit der Betriebsgründung die Broschüre «Züri fürs Volk» erschien. Die Herausgeberinnen hätten noch während der Layoutphase einen Artikel über das neue Kollektiv eingeschoben. Eine «Riesenstarthilfe» sei das gewesen. Anfänglich stammten fast zwei Drittel der Aufträge aus dem LeserInnenkreis dieses populären Leitfadens.

Vor dem Schritt in die Selbstständigkeit hatte Liliane Späth praktisch nur mit Männern zusammengearbeitet, und früher oder später wurde sie von ihren Chefs und Kollegen immer akzeptiert. Sie erinnert sich an eine Aushilfsstelle, wo sie mit dem Auto für eine Grossmetzgerei Fleisch austrug. Bei der Bewerbung musste sie beweisen, dass sie als Frau die schweren Fleischkörbe tragen konnte. Heute, sagt sie, würde sie das nicht mehr mitmachen. «Aber damals wollte ich diesen Job, erst recht weil sich der Chef so zickig aufführte.» Liliane Späth arbeitete schneller und speditiver als ihre Kollegen, was ihr den

Respekt des Chefs eintrug. Gleichzeitig vertrauten ihr die anderen Chauffeure nach einer Weile so weit, dass sie ihr zeigten, wo sie, die Autos gut versteckt, ihre heimlichen langen Kaffeepausen zubrachten und auf den Feierabend warteten. «Die reine Mafia», sie lacht, «ich habe mich immer gut verstanden mit solchen Typen.»

Gemäss Liliane Späths jahrzehntelanger Erfahrung arbeiten Frauen zuverlässiger und schneller als Männer. Es sei einfach mühsam, eine erste Frau in einen Männerberuf hineinzubringen. Zuerst komme immer die «alte Platte» von den fehlenden WCs und den rauen Männerwitzen. Aber jeder Chef, der einmal Erfahrungen mit Frauen als Angestellten gemacht habe, greife später wieder auf Frauen zurück. In ihrem eigenen Betrieb würde Liliane Späth keine Männer einstellen. Ausserhalb mit ihnen zusammenzuarbeiten, das sei okay. Da habe sie immer gute Erfahrungen gemacht. «Aber in der eigenen Werkstatt herumzustreiten und Grundsatzdiskussionen zu führen, dazu habe ich keine Lust.»

Aus der Lektüre ihres Verbandsblatts «Interieur» – sie sagt noch immer «Der Innendekorateur» – weiss Liliane Späth, dass ihr Beruf heute mehrheitlich von Frauen gewählt wird. Trotzdem heisst es im Kommentar zum Bild einer Abschlussklasse mit lediglich zwei jungen Männern «die Absolventen». Solche diskriminierenden Bezeichnungen stören Liliane Späth ungemein. Man sollte jedesmal reklamieren und sich wehren, aber sie lasse es bleiben. Wegen des frauenfeindlichen Klimas ist der Handwerkerinnenladen auch nicht im Berufsverband. Früher, als sie noch mit den Verbandskollegen und deren Ehefrauen auf Besichtigungen mitging, habe sich keine dieser Frauen je gegen die üblichen Witzeleien auf Kosten der Frauen gewehrt. «Sie fanden das jeweils lustig. Oder sie gaben vor, das Ganze nicht ernst zu nehmen.»

Bei solchen Gelegenheiten merkt Liliane Späth, wie sehr sie sich während der FBB-Jahre verändert hat. «Ich bin ja von meinem familiären Umfeld her an solche Töne gewöhnt. Aber zunehmend macht es mir mehr aus, wenn Frauen bei dummen Witzen mitlachen.» Hellhörig und empfindsam sei sie geworden; hie und da trauere sie sogar den alten, dickfelligen Zeiten nach.

Liliane Späth, inzwischen um die 50 Jahre alt, engagierte sich in in der Arbeitsgruppe Aussersihl und im Vorstand des alternativen Kulturzentrums Kanzlei. «Ich bin ja immer in Sachen hineingerutscht, die ich gar nicht wollte», schmunzelt sie. Bis zum bitteren Ende habe sie dort mitgemacht. Als das Kanzlei 1990 auf Druck der SVP schliessen musste und wieder in ein Schulhaus umfunktioniert wurde, habe sie das Vergnügen gehabt, dort als Schulpflegerin Schulbesuche zu machen. «Das war hart», sagt sie, «fast tragisch.» Vier Jahre lang, bis 1994, sass Liliane Späth für die Gruppe Frauen macht Politik! (FraP!) in der Schulpflege. Damals hatte die FraP! in der Stadt Zürich fünf Gemeinderätinnen und neun Schulpflegerinnen; das habe sie sehr genossen, sagt Liliane Späth.

In speziellen Handwerkerinnenkursen lernten Dutzende von Hausfrauen bei Liliane Späth Befestigungstechnik – Nageln, Dübeln, Verleimen – und das Reparieren von defekten elektrischen Schaltern. Sie weiss noch, wie sie in den 80er-Jahren anfänglich befürchtete, sie könne nicht unterrichten. Und ausgerechnet an der Goldküste des Zürichsees bot sie jahrelang Kurse an für Frauen, die sich jederzeit Handwerker hätten leisten können. «Diese Frauen», sagt Liliane Späth, «gewannen dadurch an Selbstvertrauen. Es war eine schöne Zeit und in jeder Beziehung eine positive Erfahrung, die auch mir gut getan hat.»

In den späten 80er-Jahren stiegen die Mietpreise im Zürcher Kreis 4 laufend an, und das Sexgewerbe setzte sich langsam durch. Liliane Späth erlebte, wie sich auf der Bank vor ihrem Schaufenster Prostituierte niederliessen und potenzielle KundInnen vor dem Betreten des Ladens zurückschreckten. Aber die Frauen fortjagen, das hätten sie auch nicht gekonnt. «Es war wirklich eine blöde Situation.»

In der Folge machte sich Liliane Späth auf die Suche nach einer Bleibe für die Schreinerei in der Umgebung von Zürich. Im Auftrag einer Kundin kam sie 1989 nach Birmensdorf. Sie sei in dieses unbekannte Dorf gekommen, sagt sie, vor das breit gelagerte Haus gefahren und habe gewusst: «Hier muss ich wohnen; das ist meine Schreinerei.» Etwas ganz Verrücktes, aber sie habe es vor sich gesehen, hier müsse sie hin. Ganz klar.

Als Liliane Späth 60 wurde, geriet ihre 52-jährige Partnerin in eine Krise. «Glatte Existenzängste», sagt Liliane Späth. Was würde mit dem Betrieb geschehen, wenn die gelernte Berufsfrau ausfiele? Zwar hatte Rosmarie Baumgartner schon seit Jahren sämtliche Arbeiten von der Buchhaltung über die Montage bis zum Antikschreinern erledigt, war die Fachfrau für Bodenbeläge und Vorhänge – davon hat Liliane Späth inzwischen keine Ahnung mehr. Aber eben, gerade in der Polsterei sei es schwierig, Angestellte zu führen, wenn man selbst nicht vom Fach sei. Polstern könne man nicht anlernen wie Antikschreinern, davon ist Liliane Späth überzeugt.

Selbst wenn ihre Partnerin die betriebliche Situation schwärzer gesehen habe als nötig, sagt Liliane Späth, sei das für sie ein eigenartiges Gefühl gewesen, sehr happig. Seit 1997 hat Rosmarie Baumgartner nun ein sicheres finanzielles «Standbein»: Als technische Hauswartin einiger Liegenschaften in Zürich organisiert sie bei Umzügen Reinigung, Reparaturen oder Renovationen.

In derselben Zeit stellte Liliane Späth den Betrieb auf Computer um. «Anfänglich wehrte ich mich mit Händen und Füssen dagegen; ich scheue den Aufwand.» Als Schulpflegerin kam sie 1998 mit einer Lehrerin in Kontakt. Sie sei fast in Ohnmacht gefallen, als Liliane Späth ihr erzählte, sie hätten im Handwerkerinnenladen keinen Computer. Von dieser Lehrerin erhielt die 59-Jährige einen ausrangierten privaten Mac. Sie liess sich alles erklären und begann, selbst zu pröbeln. «Und innerhalb kurzer Zeit kapierte ich das Ganze einfach – ganz eigenartig.» Ihr erster kleiner Mac steht in der Antiquitätenausstellung unter dem Dach separat in einer Nische. «Ich kann ihn einfach nicht wegwerfen.»

Ein Jahr später, zum 60. Geburtstag, erhielt Liliane Späth von ihrer Partnerin einen i-Mac. Mit diesem stellte sie die gesamte Buchhaltung und Administration des Handwerkerinnenladens auf EDV um. Für Administration und Rechnungswesen ist Rosmarie Baumgartner verantwortlich. Sie sei vor deren Schrank mit den Ordnern gestanden, erzählt Liliane Späth, und habe sich vorgenommen, alles genau so zu programmieren, alle Konten so zu übernehmen, wie ihre Partnerin sie eingerichtet hatte. In einem Vertiefungskurs entwarf Liliane Späth dann sämtliche Formulare und Arbeitsrapporte. Die Arbeitsersparnis war gross, Schluss mit dem Zusammenzählen und der Nachkalkulation mit der Rechnungsmaschine – welche Erleichterung! Der elegante silberblaue i-Mac steht heute ausrangiert in einem kleinen Bemusterungsraum – «den kann ich auch nicht wegwerfen!».

Ein für Mac-Fans fast unvorstellbarer Stilbruch war dann die Umstellung der gesamten Administration auf PC. Jahrelang habe ihre Partnerin gedrängt, bis sie es übers Herz gebracht habe, sich auf den PC einzulassen. Zu ihrem Erstaunen habe sie die Umstellung problemlos bewältigt. «Das Switchen zwischen Mac und PC bereitet mir inzwischen sogar Vergnügen», sagt Liliane Späth.

Die Mutterfigur
Psychologin, Schulgründerin und Autorin Julia Onken

Julia Onken unterhält sich im breiten Gang des Frauenseminars Bodensee mit Schülerinnen. Dozentinnen kommen vorbei, diskutieren mit. Im Sekretariat läutet ständig das Telefon, Julia Onken wird verlangt. Es herrscht ein Kommen und Gehen, Reden und Gelächter – und Julia Onken findet diese Atmosphäre kreativ. Wenn es jeweils «wimmle und wusle» von Frauen, wenn man noch sitzen bleibe und miteinander rede – «dann macht Lernen Spass».

Julia Onken ist Gründerin und Leiterin des Frauenseminars Bodensee (FSB), das seit 2004 als GmbH organisiert ist. Sie hat die Mehrheit der Anteile, der Rest verteilt sich auf ihre Tochter Maya Onken und ihren Lebenspartner. Das Frauenseminar bietet verschiedene Aus- und Weiterbildungen für Frauen an. Im zweiten Stock eines grossen Geschäftshauses in Romanshorn befinden sich die Seminarräume und seit neuestem das Sekretariat. Im Dachgeschoss sind im Rahmen einer baulichen Erweiterung unlängst Gästezimmer für auswärtige Studentinnen eingerichtet worden, dazu Aufenthaltsräume, Sitzecken und eine Küche. Über eine grosse, lauschig möblierte Dachterrasse gelangt man in einen anderen Gebäudeflügel mit weiteren Büroräumen. Im Büro der Schulleitung teilen sich die drei Partnerinnen Julia Onken, Maya Onken und Heike Reschenhofer einen antiken Tisch mit edlen Stühlen. Kein Computer ist zu sehen – alle bringen ihren Laptop mit –, der Raum wirkt einladend wie eine Stube. Im Aufenthaltsraum der Mitarbeiterinnen steht der grosse Sitzungstisch, nebenan befindet sich die Küche. Seit dem Umbau kochen Dozentinnen und Sekretärinnen oft selbst und essen gemeinsam am Sitzungstisch.

Für Julia Onken bestätigt sich, dass die Pflege der Gesprächskultur Bedingung ist für professionelles Lernen und Arbeiten. Das Frauenseminar Bodensee ermögliche und fördere auf diese Weise autonome Lernprozesse – bei den Schülerinnen wie bei den Lehrenden. Auch für sich selbst nimmt Julia Onken diese Autonomie des Lernens ausdrücklich in Anspruch. Sie sieht es als ihre Stärke an, dass sie auch «danebenlangen» könne. Wie aus einer Wurzel heraus, sagt sie. Da wachse und gedeihe es, und manchmal gehe halt ein Spross daneben, das gehöre dazu. «Wenn ich perfekt sein muss», sagt Julia Onken, «fühle ich mich eingeengt und nicht im Saft.» Beim Arbeiten lehne sie auch alles ab, was ihr keine festliche, sinnliche Atmosphäre zugestehe. Die Fülle – jawohl, die Fülle wolle sie haben, gerade in der Schule.

Julia Onken weiss, dass die Schülerinnen sie gerne im Status einer unfehlbaren Übermutter sähen. Aber gegen solche Wünsche sei sie absolut immun. «Jede Guru-Verehrung», sagt sie, «kommt für mich überhaupt nicht in Frage. Darüber muss ich nicht lange nachdenken.» Sobald eine Situation nur auf sie fixiert bleibe, wisse sie, dass sie es nicht gut gemacht habe. «Ich will Gedanken und Reflexionen in Bewegung bringen», sagt sie. «Und an den Reaktionen spüre ich dann: Jetzt habe ich meine Aufgabe erfüllt.»

Die Kursteilnehmerinnen des Frauenseminars kommen aus der Schweiz, aus Deutschland und Österreich. Julia Onken beobachtet seit langem, dass sich die deutschen Frauen bezüglich Anspruchshaltung von den Schweizerinnen fundamental unterscheiden; die Österreicherinnen lägen so in der Mitte. «Die Deutschen mussten noch nie für Weiterbildung bezahlen, und das hat sie geprägt. Zahlen sie selbst, dann erwarten sie Service, mindestens gratis Gipfel und frischen Kaffee auf dem Tisch.» Da seien die Schweizerinnen mit ihrer ge-

genteiligen Tradition viel wohlgesinnter und würden zusammen mit den Österreicherinnen die Kursatmosphäre wieder ausgleichen. Solche Phänomene, beobachtet Julia Onken, haben sich in den letzten Jahren verschärft.

Seit der Konsolidierung des Frauensminars und in der momentanen Phase der Expansion versteht sich Julia Onken als Teil eines Teams. Alle seien herzlich willkommen mit ihren Anregungen und Vorschlägen – im Gegensatz zu früher. In der Pionierinnen-Etappe habe sie die Führung absolut für sich behalten und sich nicht dreinreden lassen wollen.

Das Frauenseminar Bodensee wurde 2004 eduQua-zertifiziert. Julia Onken, die nie gelernt hat, wie man eine Schule führt, hat diesen Prozess als besondere Herausforderung erlebt. Sie bezeichnet die Restrukturierung der Schule nach den eduQua-Kriterien als «Waschmaschinendurchgang», bei dem sie viel gelernt und wichtige Verbesserungen vorgenommen habe. Die Prüfung durch den Experten, einen Professor der Hochschule St. Gallen, erlebte sie als einen Akt von unerwarteter Wertschätzung, wie sie es formuliert. Habe sie sich doch in Lehre und Leitung eher als chaotisch, zusammengeschustert empfunden. «Dass ich nicht als kleine Autodidaktin angesehen wurde, hat mein Selbstbild enorm korrigiert.» Alle drei Jahre melden sich die ExpertInnen wieder für Weiterzertifizierungen. «Das ist jedesmal eine Chance», sagt Julia Onken. Der Zwang zu Qualitätsüberprüfungen und ständiger Nachevaluation sei doch super, das interessiere sie sehr.

Julia Onkens Tochter Maya Onken trat 2005 in die Schulleitung ein und ist seither auch als Dozentin tätig. Julia Onken bleibt vorläufig auf ihrem Posten als Geschäftsleiterin. Sie warte, sagt sie, bis die beiden Kinder ihrer Tochter ein wenig älter seien.

Seit einigen Jahren gehört Julia Onken zu den Veranstalterinnen der Ostschweizer Frauenvernetzungs-Werkstatt. Sie ist verantwortlich für deren inhaltliche Ausrichtung. Die jährlichen Kongresse bieten den Hunderten von Teilnehmerinnen verschiedenster politischer Ausrichtung prominente Referate und eine breite Palette von Workshops zu einem aktuellen Thema. Darüber hinaus bildet die Frauenvernetzungs-Werkstatt eine eigentliche Vernetzungsplattform für über 70 Organisationen und Institutionen – sie ist die grösste der Schweiz. Organisatorisch ist sie eng vernetzt mit Institutionen in Süddeutschland und Vorarlberg. Seit einigen Jahren existiert auch eine eigene Website (www.ostschweizerinnen.ch).

Julia Onken ist eine erfolgreiche Schriftstellerin. Seit 2001 ist praktisch jedes Jahr ein neues Buch von ihr erschienen. Mit einer Gesamtauflage von weit über einer Million gehört sie zu den meistgelesenen Autorinnen im deutschsprachigen Raum. Damit verdient Julia Onken viel Geld, das sie jahrelang in ihre Schule investierte. Ohne diese Anschubfinanzierung hätte sie die Schule niemals so professionell aufziehen können. Und natürlich gibt es Wechselwirkungen. Jede Fernsehsendung, jedes Referat oder Interview zu den Themen ihrer Bücher, sagt sie, machten auch das Frauenseminar Bodensee bekannt. Und seit der Zertifizierung sei das Weiterbildungsangebot für Frauen auch bei der Planung ihrer Berufskarrieren attraktiv. Heute ist das Frauenseminar Bodensee finanziell selbsttragend, und darauf ist Julia Onken stolz.

Seit sie älter wird, spürt Julia Onken, dass sich ihre Schreibmotivation ändert. «Bei meinen letzten Büchern sind die Gefühle von Dankbarkeit und Versöhnung immer stärker geworden.» Sie will beispielsweise beim Buchtitel *Eigentlich ist alles schief gelaufen* den Untertitel betont wissen: «Mein Weg zum Glück». Als ältere Frau realisiere sie, dass in den Brüchen des Lebens ein Kapital liege, dass dort eine Schicksalskorrektur möglich sei. Was man in Krisenzeiten lerne, stehe einem nachher zur Verfügung. «Mein Hirn funktioniert immer besser», sagt Julia Onken, «ich sehe mehr Zusammenhänge, Ursachen und Wirkungen, und ich dringe tiefer in die Themen ein. Und ich traue mir mehr zu.»

Beim Schreiben fühlt sich Julia Onken als Pionierin, die ihre Gedanken für sich behalten muss. «Dann ist meine Fantasiewelt offen, und die Freude am Formulieren kommt bei mir zum Klingen.» Lasse sie Fremde dazu, dann zerfleddere alles. Wie während der Pionierphase ihrer Schule müsse sie alle Fäden in der Hand behalten.

Julia Onken hat vor kurzem einen Kurs über Drehbuchschreiben besucht und sitzt an einem Drehbuch. Zudem hat sie 2007 ihren ersten Roman veröffentlicht. Im Gegensatz zu Sachbüchern, sagt Julia Onken, sei ein Roman mehrdimensional. «Abends im Bett lasse ich jedes Geschehen zu und dann schaue ich mir vor meinem geistigen Auge die Videos, die entstehenden Bilder an. Und dann beginnen die Figuren zu leben, kommen zu Wort und treten miteinander in einen Dialog.» Ein Prozess komme in Gang, den sie als Autorin nicht vorausgesehen habe. Die so entstandenen Romanhandlungen seien auch psychologisch schlüssiger als die ursprünglich geplanten. «Diese Form des Schreibens wirkt auf mich wie ein Quellenbad.» Julia Onken denkt, dass sogar die schwierigen Konflikte während der Neustrukturierung der Schulleitung Stoff für eine Geschichte sein könnten; vielleicht entwickelt sich daraus auch einmal ein Roman.

Hie und da tritt Julia Onken in Fernsehsendungen auf, mit denen sie nachträglich nicht immer glücklich ist. Das Komödiantische jucke sie halt, das habe sie einfach im Blut. «Wäge ich nachher den Spass an der Sache gegen den Aufwand und das Resultat ab, dann hält sich meine Begeisterung in Grenzen. Aber ich muss mit mir selbst leben», sagt sie, «hadern bringt da nichts.»

2008 feiert das Frauenseminar Bodensee sein 20-Jahr-Jubiläum. Die Festivitäten beginnen fliessend schon im Herbst davor. Als vorläufiges Juwel ist ein Lehrangebot über Philosophie und Philosophieren von Frauen geplant. «Daraus ergibt sich noch Weiteres», sagt Julia Onken, «das weiss ich schon jetzt.»

Die kleine Julia wuchs in einer Familie auf, wo «alles anders war als bei anderen Leuten». Ihre Mutter, 30 Jahre jünger als ihr Mann und auch jünger als ihre Stieftöchter, verdiente als ungelernte Arbeiterin das Geld für die ganze Familie. Einen grossen Fleiss habe die Mutter gehabt, nie Ferien gekannt, einen sauberen Haushalt geführt und schon im Sommer für die dringend notwendigen Winterschuhe gespart. «Meine Mutter hatte eine hohe ökonomische und auch emotionale Kompetenz», sagt Julia Onken. Sie erinnert sich an eine Erzählung der Mutter, wie diese als junge Hilfskraft in der Psychiatrischen Klinik Münsterlingen Kranke betreut und mit ihnen zu arbeiten begonnen habe. Statt den ganzen Tag herumzusitzen, hätten die Frauen gestrickt und die Männer Holzarbeiten gemacht. Das habe den Kranken geholfen. Solche Erzählungen führten bei ihr schon als Mädchen zur Überzeugung, das Wichtigste im Arbeitsleben seien, neben Fleiss, menschliche Kompetenz und Einfühlungsvermögen.

Julia erhielt eine Lehrstelle in einer altehrwürdigen Kreuzlinger Papeterie. «Dort fühlte ich mich wie in einer Familie.» Die damalige Besitzerin, eine 80-jährige weisshaarige Frau mit violetten Blusen und schwarzen Plisseeröcken, sei jeweils in der Papeterie erschienen, wunderschön anzusehen, um ihren Angestellten die Ehre zu erweisen. Bei Problemen stand sie im Hintergrund sozusagen als Instanz bereit, auch wenn sie fachlich nichts mehr beitragen konnte. «Da fühlte ich mich wunderbar», sagt Julia Onken. Mit der Ersten Papeteristin, ihrer früheren Lehrmeisterin, steht sie heute noch in Kontakt. Mit 22 Jahren wurde sie Leiterin des sechsköpfigen Frauenteams. «Ich wäre gar nicht auf die Idee gekommen, aber als man mich fragte, sagte ich sofort zu.» Die Führungsgrundsätze der jungen Chefin waren die Leitsätze ihrer Mutter. Neben organisatorischen Änderungen führte sie regelmässige Gesprächsrunden ein. Bereinigungsrituale, sagt Julia Onken, die sie schon als kleines Mädchen von der Mutter gelernt habe. Ganz simpel, man spreche darüber, was gut und was schlecht verlaufen sei; man frage nach, was die andere bei einem Konflikt gemeint habe – einfach eine Gesprächskultur, die den Boden für eine gute Zusammenarbeit bilde. «Noch heute», sagt Julia Onken, «würde ich nie in einem Team mitarbeiten, das den Boden nicht legen kann für ein gutes Miteinandersein.»

Nach der Heirat und der Geburt der ersten Tochter gab die 26-Jährige ihre Berufstätigkeit auf; drei Jahre später wurde die zweite Tochter geboren. Julia Onken empfand die Tätigkeit als Hausfrau und Mutter als Belastung. «Ich konnte und wollte ihr nicht gerecht werden», sagt sie. Die Ehe verlief schlecht und wurde geschieden. Als 32-jährige alleinerziehende Mutter von zwei halbwüchsigen Kindern begann sie 1974 ein Psychologiestudium an der Akademie für Angewandte Psychologie (AAP). «Zum ersten Mal in meinem Leben habe ich erlebt, was es bedeutet, intellektuell gefordert und akzeptiert zu werden. Da war ich jemand. Man hörte auf mich, kritisierte mich auch. Da habe ich gelernt, dass ich eine kompetente Frau bin.» Julia Onken schloss ihr Studium mit grossem Erfolg ab. Nie vergisst sie ihr Praktikum in der Strafanstalt Saxerriet, wo sie zusammen mit dem Therapeutenteam Neuerungen einführte, wie früher ihre Mutter in der Psychiatrischen Anstalt Münsterlingen. Familienwochenenden ermöglichten den Gefangenen und ihren Familien kontinuierlichen Kontakt. Saxerriet führte auch als erste Strafanstalt Ehepaar-Therapien ein.

Später begann Julia Onken, Bücher zu schreiben. Aber nicht so bewusst. Sie müsse einen ganz blöden Vergleich anführen, sagt sie. Ihre Hündin habe nach der Geburt alles intuitiv gemacht, sei zwischen dem Säugen der Jungen aufgestanden, habe einige Runden gedreht und sich dann wieder hingelegt. Genau so intuitiv, sagt Julia Onken, sei ihr Vorgehen damals in der Papeterie gewesen, ohne Reflexion. Und bei den Büchern ebenso. «Ich ging davon aus», sagt Julia Onken, «dass das, was ich erlebe, auch für andere wichtig ist. Also schrieb ich es auf.» Die Themen ihrer Bücher folgten ihrem eigenen Lebensmuster: Innehalten in der Menopause – *Die Feuerzeichenfrau* machte sie 1988 auf einen Schlag berühmt und wurde 400 000-mal verkauft –, Partnerschaft, Liebe und Treue, immer wieder Themen um die Selbstvergewisserung als Frau, heute auch um die Selbstvergewisserung als älter werdende Frau. Was Julia Onken zunehmend beunruhigt, ist der Einfluss frauenfeindlicher Strömungen in unserer Gesellschaft. «Auf keinen Fall darf ein Klima überhandnehmen, in dem kleine Knaben sich schon im Kindergarten weigern, sich neben ein Mädchen zu setzen, oder Väter das Gespräch mit einer Lehrerin verweigern, weil sie eine Frau ist. Da stehen wir radikal in der Pflicht», sagt sie.

JULIA ONKEN

Die Selbstständige
Historikerin, Romanistin und Journalistin
Verena E. Müller

Verena E. Müller abonniert keine Tageszeitungen mehr. Sie liest sämtliche Zeitungen im Lesesaal der Museumsgesellschaft Zürich, den sie einmal pro Woche für drei Stunden aufsucht. «So kann ich mich am Morgen nicht vor dem Arbeiten drücken», sagt sie. Dann sitze sie zufrieden hinter ihrem Schreibtisch, umgeben von Stapeln mit Büchern und Artikeln, und arbeite.

Die Arbeitstage der 67-jährigen Redaktorin und Buchautorin verlaufen ganz verschieden. Seit vielen Jahren schreibt sie an einer Biografie über die erste Schweizer Ärztin, Marie Heim-Vögtlin. Sie liebe diese Phase der Recherchen vom Hundertsten ins Tausendste, und wieder zurück. Sie beschreibt dieses Vorgehen anhand von Helene Hanffs Buch *Charing Cross Road 84*. Dort liest eine Frau zehn Jahre lang in einem Buch, geht den interessanten Fragen in immer neuen Büchern nach, kreuz und quer. Und immer wieder kehrt sie zum ursprünglichen Buch zurück, bis sie es fertig gelesen hat.

Regelmässig übernimmt Verena E. Müller Führungen im Medizinhistorischen Institut der Universität Zürich. Wegen Recherchen über Marie Heim-Vögtlin war sie dort hingegangen und hatte sich bekannt gemacht. Schon bald übernahm die Vielsprachige englische und französische Führungen durch die Wechselausstellungen. Heute wird sie von der zuständigen Sekretärin regelmässig eingesetzt. Diese Führungen seien für sie etwas ganz Spannendes, sagt Verena E. Müller. Da treffe sie Leute «querbeet», Berufswahlklassen, Gesundheitspersonal, medizinische Assistentinnen und so weiter. «Ich bin beispielsweise ein absoluter Fan von Polizisten, das ist einfach eine lustige Sorte Männer.»

Seit einigen Jahren ist Verena E. Müller auch Vizepräsidentin der Aufsichtskommission der Kantonsschule Zürich-Wiedikon. Dieses Amt interessiert die ehemalige Französisch- und Geschichtslehrerin sehr. Sie sieht sich als «Oma», die mit Leuten, die eine halbe Generation jünger sind als sie, über die echten Probleme der Schule im Austausch steht. Sie seien ein gutes Team. Vielleicht, denkt Verena E. Müller, werde sie nicht nur wegen ihres Altersbonus ernst genommen, sondern auch, weil sie, bei aller kämpferischen Energie, auf Problemlösungen hinarbeite. «Ich bewirke sehr viel mehr als vor zehn oder fünfzehn Jahren.» Einen Teil ihrer Akzeptanz verdanke sie auch ihrem «bösen Maul». Wenn sie eine Kritik anbringe, stehe sie auch vor der Obrigkeit dazu. «Da habe ich gar keine Hemmungen.» Sie sei insofern ein wenig altersmilde geworden, als sie gelassener reagiere – «ich zähle zuerst Fakten auf, bevor ich andere als Hornochsen bezeichne».

Verena E. Müller empört sich beispielsweise darüber, dass an den Zürcher Kantonsschulen Geschichte auf Englisch unterrichtet wird, ohne dass ein einziges Lehrmittel zur Schweizer Geschichte in englischer Sprache existiert. «Einfach schluderig ist das, wie das Ganze begonnen hat und jetzt immer wieder verlauert wird.» Verena E. Müller kämpft an allen Fronten wenigstens für eine historische Quellensammlung auf Englisch. Sie komme sich vor wie eine «Schallplatte mit Sprung». «Ich frage immer und überall, wann jetzt endlich das Geschichtslehrbuch kommt. Wenn am Ende meiner Amtsdauer in einigen Jahren das Lehrbuch da ist, dann hat sich der Kampf gelohnt.»

Daneben nimmt Verena E. Müller laufend kleine bezahlte Aufträge an. Für eine ihrer ehemaligen Schülerinnen, die inzwischen als Psychologin Diplomarbeiten betreut, schreibt sie diese Arbeiten in «anständiges Deutsch» um. Heute sei das offensichtlich notwendig. Sie unterrichtet PrivatschülerInnen in Französisch, schreibt für Kunden Protokolle auf Englisch oder hilft ihnen beim Formulieren von Leitbildern für ihre Firmen. Eigentlich tue sie sich schwer mit Leitbildern, wie sie betont. Aber sich zehn kurze und prägnante Fomulierungen auszudenken, das mache ihr Spass. Und immer wieder kommen neue kleine Aufträge herein – «Kleinvieh macht auch Mist». Sie wolle nicht nur am Schreibtisch sitzen, sagt Verena E. Müller, sondern auch beruflich unter die Leute kommen. «Ich geniesse es, selbst Prioritäten setzen zu können und Kontakt zu verschiedensten Bevölkerungsgruppen und Tätigkeiten zu halten.»

Verena E. Müller fühlt sich umgetrieben von der Befürchtung, sie verpasse etwas – trotz aller Disziplin und Arbeitsvielfalt. Schon als Kind beschäftigte sie die Vorstellung, dass man nur an einem Ort sein könne, entweder in London oder in Paris. Nie wisse man genau, welche Stadt man mehr liebe, weil man eben jeweils nur in einer sein könne. «Ich sehe das als Bild für mein Leben», sagt sie. Einerseits habe sie viele Optionen nicht wahrnehmen können, was sie stets bedauert habe. Anderseits werde ihr in den letzten Jahren bewusst, dass jede Tätigkeit, die sie vielleicht als uninteressant empfunden hatte, auch eine Chance gewesen sei. «Wenn man das so sieht», sagt sie, «dann nützt einem alles etwas.»

Schon als Dreijährige, sagt Verena E. Müller, habe sie gewusst, dass Haushalten ihr nicht liegt. Und als der zehnjährigen Tochter einer Apothekerin und eines Arztes aus Luzern ein Geschichtsbuch in die Hände fiel, sei ihr Entscheid gefallen, Historikerin zu werden. Die junge Frau finanzierte ihr Studium – Geschichte und Französisch – weitgehend selbst, mit Au-pair-Stellen und als Hilfslehrerin. «Au-pair-Stellen waren für mich eine wichtige Lebens- und Arbeitserfahrung. Sie gehörten zu den positivsten meiner Ausbildung.»

Verena E. Müller hätte ihr Leben lang weiterstudieren können. «Ich war und bin an allem und jedem interessiert.» Nach dem Studienabschluss empfand sie es als bitter, dass sie als Frau ohne sehr guten Abschluss keine Chance auf eine Stelle gehabt hätte. «Obwohl ich nie, nie als Lehrerin arbeiten wollte, rutschte ich in eine Mittelschule hinein. Dort stimmte wengistens die Bezahlung.» Schliesslich unterrichtete Verena E. Müller während elf Jahren Französisch und Geschichte an der Kantonsschule Frauenfeld und ein Jahr lang Deutsch am Collège Calvin in Genf.

Als sie 1978 zur Weiterbildung die London School of Economics besuchte, habe sie schon am ersten Tag gewusst, dass sie nicht mehr zurück in die Mittelschule gehen würde. «Das war genau die Welt, die mir gefiel. Endlich hatte ich Zeit, Geld und eine adäquate Umgebung.» Als das Geldverdienen wieder dringlich wurde, kehrte die 39-Jährige in die Schweiz zurück.

Sieben Jahre arbeitete sie als angestellte Redaktorin beim Verlag AKAD, einem Institut, das Maturitätsabschlüsse und andere Lehrgänge im Fernstudium anbietet. Die Lehrmittel mussten laufend aktualisiert werden. Verena E. Müller stellte dafür geeignete Autorinnen und Autoren an, betreute sie und arbeitete die Inhalte lehrmittelgerecht auf. «Bei einem Fernstudium muss jede Frage so formuliert werden, dass es nur eine einzige richtige Antwort gibt. Und das ging mir mit der Zeit unglaublich auf den Geist», sagt sie. «Für mich sind genau diejenigen Fragen interessant, wo Grauzonen bestehen bleiben.» Ein einengendes Korsett sei das gewesen, eine Stelle ohne Entwicklungschancen. «Simplified short stories» – ihr schaudert. Als dann 1986 einer der Gründer der AKAD unerwartet starb und sein Kompagnon das

Geschäft übernahm, gab Verena E. Müller sich selbst und der Firma ein Jahr Zeit, um sich über ihre berufliche Zukunft klar zu werden.

Verena E. Müller fand in dieser Zeit heraus, dass sie als Redaktorin bei der AKAD monatlich 1000 Franken weniger verdiente als ein Kollege. Das empört sie als Kämpferin für Frauenrechte bis heute. Schon ihr alter Patron, den sie sehr geschätzt hatte, war 1981 offen gegen die Initiative «Gleiche Rechte für Mann und Frau» aufgetreten und hatte den Frauen weniger bezahlt als den Männern. «Aber das war wenigstens ein richtiger traditioneller Patron», sagt sie, «der auch die unangenehmen Konsequenzen seiner Einstellung auf sich genommen hat. Er schleppte beispielsweise Leute mit, die er eigentlich schon längst hätte entlassen müssen.» Beim Abschied von der AKAD informierte Verena E. Müller die Setzerinnen darüber, dass auch sie weniger verdienten als ihre Kollegen.

Die Frauenrechtlerin Verena E. Müller war fichiert. In der Schlussfolgerung ihrer Fiche habe es geheissen: «Es soll sich um eine überzeugte Frauenstimmrechtlerin handeln, sonst ist nichts Nachteiliges bekannt.» Sie lacht schallend.

In den 80er-Jahren machte Verena E. Müller in einer feministischen Frauengruppe mit, die sich um geschlechtergerechte Lehrmittel bemühte. Zuerst hätten sie ganz einfach ausgezählt, wievielmal und in welchen Rollen in Lehrbüchern Frauen und Männer erwähnt wurden. Die Resultate mündeten dann in die Förderung neuer Lehrmittel. Die Gruppe traf sich auch weiterhin, als dann die Gleichstellungsbüros diese Aufgabe übernahmen.

Verena E. Müller war auch Mitglied im Stiftungsrat der Gosteli-Stiftung. Lange Jahre arbeitete sie mit Marthe Gosteli zusammen und gab 2002 den Jubiläumsband *Bewegte Vergangenheit. 20 Jahre Archiv zur Geschichte der schweizerischen Frauenbewegung* heraus. Ein Buch über die Evangelische Frauenhilfe entstand anlässlich der Archivierung der ganzen Bestände dieser Institution im Gosteli-Archiv. Ende 2005 trat Verena E. Müller gemeinsam mit den übrigen Mitgliedern aus dem Stiftungsrat des Gosteli-Archivs zurück. Die Vorstellungen über die Zukunft des Archivs seien auseinandergegangen. «Aber», das betont Verena E. Müller, «ich habe höchsten Respekt vor den Leistungen der Pionierin Marthe Gosteli.»

Verena E. Müller machte sich 1988 selbstständig. Unter keinen Umständen hätte die 48-Jährige weiterhin einen Chef ertragen, das sei ihr damals bewusst geworden. 15 Jahre lang, bis zum AHV-Alter von 63, war dann die Redaktion der Zeitschrift «Gymnasium Helveticum» Verena E. Müllers fester Auftrag und sichere Einnahmequelle. Diese Redaktionsarbeit, sechs Ausgaben im Jahr, sei viel angenehmer gewesen als ihr früherer Job bei der AKAD. Dass sie wieder mit einer Druckerei zu tun hatte, freute sie besonders. Das Handwerkliche, sagt Verena E. Müller, habe sie immer fasziniert.

Lange Zeit fand sie es anregend, ständig eingespannt zu sein. Als Chefredaktorin habe sie ständig den AutorInnen nachrennen, Korrekturen lesen, den Umbruch vorbereiten müssen. Ständig erforderte irgendetwas ihre Präsenz. Die einzige wirklich freie Zeit war zwischen Weihnachten und Neujahr. Erst mit der Zeit wuchs ihr Drang nach mehr planbarer Freizeit.

«Mich selbstständig zu machen, war eine der ganz gescheiten Entscheidungen meines Lebens», sagt Verena E. Müller. Auch eine Untersuchung der Universität Zürich komme zum Ergebnis, dass selbstständig zu arbeiten glücklicher mache, als angestellt zu sein. Das entspreche absolut ihren Erfahrungen. «Man hat zwar Ärger, kann aber notfalls einen Kunden hinauswerfen.» Wobei Verena E. Müller weiss, was sich gehört. In solchen Fällen verabschiede sie sich mit aller Freundlichkeit. «Die Selbstständigkeit entspricht mir», sagt sie, «ich hätte das schon früher machen sollen.»

Die Pensionierung und die Jahre des Übergangs:
Zwischen Loslassen und Festklammern, von
Altersdepressionen oder der Krise als Chance und
von der Verlagerung des Lebenszentrums

Die Organisationsberaterin und Theologin **Eva Renate Schmidt** entschloss sich zu einem radikalen Schnitt. Sie liess sich mit 63 vorzeitig pensionieren und verabschiedete sich bewusst von ihrem langjährigen Wohn- und Arbeitsort in der Nähe von Frankfurt. «Ich war ziemlich bekannt», sagt sie, «und hatte keine Lust auf eine Art ‹Maria Hilf›-Position.» Ende April 1992 hörte sie in Frankfurt auf, Anfang Mai zog sie um in den Schwarzwald. Schon zwei Jahre zuvor hatte sie im dörflichen Wittnau ein Grundstück gekauft und ein Haus bauen lassen. Sie kannte dort keinen Menschen. «Ich freute mich, nun Zeit zu haben für alles, was ich schon lange gerne gemacht hätte.»

Völlig verblüfft sei sie gewesen, sagt Eva Renate Schmidt, wie viele Anfragen für Beratungen und Seminare dann «hereinschneiten». Und welche Kaliber sich da meldeten: die Deutsche Bank, Hewlett-Packard, Ely Lilly Deutschland oder die SAP, mit denen sie sporadisch schon zu tun gehabt hatte, holten sie in die Liga der Top-Beraterinnen. Sie war zuständig für die Beratung der obersten Kader und auch für die Frauenförderung. «Damit hatte ich überhaupt nicht gerechnet.»

Die pensionierte Eva Renate Schmidt arbeitete als Organisationsberaterin – aber alle wussten, dass sie gleichzeitig Theologin war. «Dadurch genoss ich einen besonderen Status.» In den Gesprächen mit Managern an der Bartheke seien Fragen nach dem Sinn des Lebens aufgetaucht, auch Verletzungen durch die Kirche in der eigenen Vergangenheit seien zur Sprache gekommen. «Oft habe ich mich in einem Rollenkonflikt befunden, wenn ich, die Organisationsberaterin, bei einem plötzlichen Todesfall in der Firma die seelsorgerliche Begleitung übernehmen oder Abdankungsgottesdienste halten sollte.»

Nach ihrer Pensionierung arbeitete Eva Renate Schmidt freiberuflich genauso viel wie vorher in ihrer

Anstellung. Die Beratungen fanden teilweise in Spanien, in England, Italien und Frankreich statt oder in der Schweiz – «immer mehr war ich unterwegs und flog in der Weltgeschichte herum». Erstmals in ihrem Leben verdiente Eva Renate Schmidt sehr viel Geld. «Ich hatte zwar klare Vorstellungen von meinen Fähigkeiten gehabt, aber ich wusste nicht, was ich wert war.» Nicht im Traum hätte sie je solche Honorare verlangt oder erwartet, wie sie nun verdiente. So etwas passiere einem in der Kirche natürlich nicht, sie schmunzelt. Dort gebe es dann eher einen Blumenstrauss. «Das war eine sehr interessante Zeit», sagt Eva Renate Schmidt, «mit mehr Freiheit und Selbstbestimmung als früher.» Aber ihr Leben wurde immer ungeregelter und unberechenbarer.

Trotz oder gerade aufgrund all dieser Aktivitäten, die sie von ihrem neuen Heim fernhielten, fühlte sich Eva Renate Schmidt zum ersten Mal in ihrem Leben einsam, sozusagen beraubt. «Ich war furchtbar allein», sagt sie, «und ich habe sehr mit einer Depression gekämpft.» An ihrem früheren Arbeitsplatz waren die Türen offen gestanden, man sah sich ständig und konnte fragen oder etwas besprechen – das alles war weg. Als Selbstständige konnte Eva Renate Schmidt kein ähnliches Arbeitsumfeld mehr aufbauen.

Im Jahr ihrer Pensionierung zog Eva Renate Schmidt nicht nur südwärts in ihr Haus in Wittnau. Sie mietete auch gemeinsam mit einer Freundin ein Ferien-Rustico oberhalb von Locarno. Während der folgenden arbeitsüberhäuften Jahre habe sie sich in den Lago Maggiore verliebt. «Ich fand, eigentlich hätte ich gern ein eigenes Haus in dieser lieblichen Gegend.» Die Schweiz war zu teuer, und als sie in der Nähe des italienischen Ghiffa ihr heutiges Haus fand, griff sie 1997 zu. Dank ihres hohen Verdienstes in jener Zeit konnte sie sich mit 68 den Kauf und später den Ausbau dieser schönen Villa leisten.

117

Zu der hohen Arbeitsbelastung kam nun noch die jahrelange Pendelei zwischen ihren beiden Wohnorten hinzu. Autofahren strenge sie nicht an, im Gegenteil – das betont Eva Renate Schmidt immer wieder. «Aber mein Körper sagte etwas anderes und schlug Alarm.» Nach einer akuten Thrombose reduzierte die damals 72-Jährige notgedrungen ihr Arbeitspensum. Mit der Zeit realisierte Eva Renate Schmidt, dass «fröhliches Arbeiten» auch Tätigkeiten umfasste, auf die sie sich ja eigentlich nach der Pensionierung gefreut hatte. 2006 hat sie ihr Haus in Wittnau verkauft und wohnt seither definitiv in Ghiffa – Schluss mit der Hundert-Kilometer-Pendelei. Erst jetzt gönnt sie sich viel Zeit zu Hause – sie wird im eigentlichen Wortsinn endlich sesshaft. Jetzt, findet sie, seien die Jahre des Übergangs vorbei.

Die Kunsthistorikerin **Hanna Gagel** hätte gerne noch länger an der Hochschule für Gestaltung in Zürich unterrichtet. «Es war mir gar nicht recht, dass ich mit 63 gehen musste, ich fühlte mich total fit.» Aber für Frauen war der Rücktritt mit 63 Jahren obligatorisch. Sie versuchte, den Übergang aktiv zu gestalten, und übernahm noch für zwei Jahre einen Lehrauftrag zu einem Thema, das ihr sehr zusagte: Sie organisierte eine Ringvorlesung mit Designerinnen und Gestalterinnen aus Zürich. Einige Jahre nach ihrem Weggang wurden die Vor- und Abendkurse abgeschafft. «Das Thema Künstlerinnen fiel flach.»

«Es kommt niemand nach der Pensionierung ohne Krise weg», sagt Hanna Gagel, «wenn man so berufsorientiert war und noch bei Kräften ist.» Nachträglich denkt sie, vielleicht sei eine Krise notwendig, um die Chancen der neuen Freiheit richtig erkennen zu können.

Wegen leichter Wahrnehmungsstörungen liess sich Hanna Gagel in dieser Zeit untersuchen – ohne Befund.

Sie erzählte dem behandelnden Arzt, sie sei daran, ein Buch zu schreiben. Und dieser Experte, ein ausgewiesener Fachmann und freundlicher, interessierter Mann, riet ihr, das Buchprojekt zu vergessen. Ohne Vernetzung im Berufszusammenhang werde das nicht gelingen. «Und das machte mich dann depressiv», sagt Hanna Gagel. Nachträglich stellte sie jedoch fest, dass der Zwang, sich gegen die ärztliche Expertenmeinung durchzusetzen, bei ihr enorme Kräfte mobilisierte.

Schon vor der Pensionsierung machte Hanna Gagel die Beobachtung, dass viele Künstlerinnen ihre wichtigsten Werke ab 50 schufen. Nach einem ausgedehnten Besuch in amerikanischen Museen – gedacht auch als Ablenkung und Umorientierung – wurde sie von diesem Thema gepackt. Sie baute sich ihren Alltag wieder verbindlich als Arbeitsalltag auf, sozusagen in eigenem Auftrag. «Langsam habe ich mich so aus dem Sumpf der Altersdepression herausgezogen.» Zwei Jahre dauerte diese unsichere Zeit des Übergangs.

Reinhild Traitler hatte in den letzten Jahren vor der Pensionierung gesundheitliche Probleme. Als Leiterin des Bildungsbereichs von Boldern stand sie unter starkem Druck. Im ersten Jahr nach ihrer Pensionierung spürte die 63-Jährige keinen Bruch. Sie freute sich an der neuen Freiheit und führte auch noch einige Aufgaben zu Ende. Erst im zweiten Jahr ihrer Pensionierung wurde ihr klar, dass sie etwas vermisste. «Mir geht der ständige Kontakt mit meinen Kollegen ab», sagt sie, «obwohl wir uns auch ziemlich viel gerieben oder geärgert haben.» Während des aktiven Arbeitslebens habe sie sich immer nach Harmonie gesehnt – und nach der Pensionierung gemerkt, dass das gar nicht stimmte. «Ich brauche den Widerspruch, sonst ruhe ich mich auf etwas aus. Und das will ich auf keinen Fall.»

Dass sie nicht mehr die gleiche Wertschätzung erlebt habe, sagt Reinhild Traitler, sei für sie ein weiterer Schock gewesen. «Da merkte ich, dass man etwas wert ist durch die Arbeit, die man tut, durch das Beziehungsnetz, die Position und vielleicht auch durch das Geld.» Ihre Bekanntheit in Deutschland beispielsweise sei heute verschwunden. «Aber es waren viele gute Jahre», sagt sie.

Reinhild Traitler will tätig sein und bleiben für ihre lebenslangen Engagements. Sie will nicht weise werden, nicht ausruhen, sondern sich aufregen über Ungerechtigkeiten. «Ich möchte mich eher noch mehr beunruhigen als früher», sagt sie. «Mein Kampfgeist holt mich nämlich immer wieder aus irgendwelchen Löchern.» Der momentane Arbeitsrhythmus ist ihr bekömmlich, das merkt Reinhild Traitler ganz deutlich. «Er tut mir seelisch und körperlich gut.»

Gegen Ende ihrer Berufslaufbahn, sagt die Informatiklehrerin **Alexa Lindner,** habe sie zunehmend Klassen unterrichtet, die sich nicht zu einer ernsthaften Arbeitshaltung motivieren liessen. «Ich konnte mir das nicht erklären, ich hatte jahrzehntelang gerne unterrichtet und ein gutes Verhältnis zu meinen Klassen gepflegt.» So gestaltete sie ihre Arbeitsblätter noch besser, ihre Lektionen noch aktueller. «Eines Tages musste ich mir sagen: Alexa, es liegt wirklich nicht an dir. Da sitzen ein paar Alphatiere und verbreiten Nullbockstimmung bis zum Gehtnichtmehr.»

Die Perspektive, diese Klassen bis zur Diplomierung zu unterrichten, mit dieser Missachtung zu leben, habe sie richtig «geschlissen», habe sie niedergedrückt bis zur Depression. «Das wollte ich mir nicht antun.» Gegen den Willen des Rektors liess sie sich mit 61 frühzeitig pensionieren – und sofort ging es ihr seelisch wesentlich besser. «Ich fühlte mich befreit.»

Früher wunderte sich Alexa Lindner darüber, dass Leute nach der Pensionierung ihr Interesse am Arbeitsplatz verloren, wo sie zuvor über Jahrzehnte zu Hause waren. Und dann sei es ihr genau gleich gegangen. Zur Diplomfeier einer Klasse, die sie noch unterrichtet hatte, ging sie hin, gratulierte, fragte, wie es gehe. Schon im folgenden Jahr aber hatte sie kein Interesse mehr. Jetzt versteht sie diese Distanzierung. «Das Lebenszentrum verlagert sich an einen anderen Ort – es ist einfach nicht mehr in der Schule.»

Zu ihrem 70. Geburtstag hat Alexa Lindner von einer Freundin einen riesigen Schöpflöffel aus Holz erhalten. Dieser sei in Afrika das Symbol für Frauen, die aus dem Vollen schöpfen und weitergeben könnten. Dieses Bild stimmt für Alexa Lindner ganz genau. Sie habe keine Zeit des Übergangs erlebt, sondern eine Zeit der Fülle. «Ich konnte alles tun, was ich gerne wollte.»

Geld und Vermögen: Von der minimalen AHV bis zur grosszügigen Pension, von Erbschaften und Gewinnen, von kleinen und grösseren Ansprüchen – und vom Unverzichtbaren

GELD

Reinhild Traitler gibt finanzielle Sorgen offen zu. Ihr Einkommen halbierte sich nach der Pensionierung; sie hat Lücken in der AHV, und die Pension «ist den Lebenskosten einfach nicht angepasst». Für die Arbeitsjahre in Wien erhält sie heute 45 Euro pro Monat – «nett», sagt sie. Gelegentliche Honorare halten sich in Grenzen – «sie machen den Kohl nicht fett». Dazu findet sie die Krankenkassenprämie unverschämt hoch. «Preiserhöhungen liegen nicht mehr drin. Ich bin eben eine Fixkostenproletarierin» – sagt Reinhild Traitler und lacht schallend.

Reinhild Traitler hat von ihrem verstorbenen Mann etwas Vermögen geerbt. Bis es aufgebraucht ist, finanziert sie daraus ihre Sonderausgaben. Sie leistet sich gelegentlich Reisen zu internationalen Konferenzen, wo sie Austausch und Anregungen erhält. In ihrem Ferienhaus in Mallorca, das sie allein finanziert, traf sie sich jahrelang mit ihrer Mutter, mit den Brüdern und mit Arbeitsfreundinnen; ihre Enkelin erlebte dort ihr Kindheitsparadies und kommt noch immer gerne mit einer Freundin oder mit der jüngsten ihrer Patentöchter in das Ferienhaus. «Alle lieben es», sagt sie, «darum brauchen wir es.»

Julia Onkens finanzielles Polster ist trotz der Millionenauflage ihrer Bücher begrenzt, da sie viel Geld ins Frauenseminar Bodensee investiert hat. «Meine Geschäftsdevisen waren und sind: einer integren Linie folgen, keine krummen Geschäfte und sich gleichzeitig Sinnlichkeit erlauben – dann klappt es.» Sie rechne selbstverständlich, sagt Julia Onken. «Aber ich analysiere nie, was lukrativ wäre – das kommt erst an fünfter Stelle. Ich richte mich nach dem, was mir unter den Nägeln brennt.» Sie würde nie einen Lehrgang anbieten, zu dem sie keinen Bezug hätte, und wäre er noch so rentabel.

Julia Onken verrechnet der Schule keine Arbeitszeit und lebt von den Bucheinnahmen. Für sich selbst hat sie ein Grundvertrauen: Auch wenn sie einmal nicht mehr schreibt, wird das schon weitergehen. Vermögensbildung habe sie nie besonders interessiert.

Letzthin erhielt sie von der Hochschule St. Gallen eine Anfrage für ein Referat zum Thema Geld. Spontan formulierte sie den Titel: «Anatomie des Geldes». Sie denkt, unser Verhältnis zum Geld, zum eigenen wie auch zu dem der anderen, sei stark emotional geprägt. Es gibt viele Bilder rund um Gelderwerb und -vermehrung oder Mangel an Geld. «Wenn Geld im Unbewussten negativ konnotiert ist, wie die Bezeichnung ‹stinkreich› anzeigt, bringt uns das mit der Lust am Geldverdienen in Konflikt.» Solche Analysen locken Julia Onken.

Alexa Lindner hat keine finanziellen Sorgen. Das Ehepaar lebt von der AHV und ihrer Lehrerinnenpension. Ihr Mann hat keine Rente. Der passionierte Sammler von Alltagskunst verkauft seine Kollektionen, wenn sie repräsentativ sind, und fängt mit dem Erlös etwas Neues an. Das sei allein seine Sache, sagt Alexa Lindner, damit habe sie nichts zu tun.

Hanna Gagel hat eine kleine AHV und eine kleine Pension. Da sie lange Zeit nur befristet angestellt war, kümmerte sie sich auf den Rat einer Freundin hin beizeiten um ihre 3. Säule, also um eigenes Erspartes. Sie kann heute gut davon leben. «Ich habe alles», sie lacht, «was in der Schweiz für die Alterssicherung vorgesehen ist. Ich brauche nicht viel.» Sie hat kein Auto, lebt bescheiden. «Ich brauche keinen Superkomfort.» Sie kann sich sogar die Miete für zwei Wohnungen leisten, eine in Zürich, eine in Berlin. Da ist sie, wie sie sagt, sehr zufrieden.

Ihr Leben lang erweckte **Eva Renate Schmidt** den Eindruck, sie habe sehr viel Geld – «auch als ich überhaupt keines hatte und jeden Pfennig umdrehen musste». Erst seit wenigen Jahren, dank ihrer Rente, dem guten Verdienst nach der Pensionierung und dem Gewinn bei den verschiedenen Hausverkäufen, hat Eva Renate Schmidt genug Geld, um ihr Haus im italienischen Ghiffa grosszügig auszubauen und zu unterhalten. In Finanzfragen lässt sie sich heute noch beraten, sie sei da ein wenig «innocent», wie sie sagt.

Schon in den 70er-Jahren baute Eva Renate Schmidt dank eines Bausparvertrags mit sehr wenig Geld ihr erstes Haus in Gelnhausen bei Frankfurt. Zur Finanzierung ihrer zahlreichen Ausbildungen nahm sie regelmässig Darlehen auf, die sie jeweils innerhalb von vier Jahren wieder zurückzahlte. «Ich habe mich jahrzehntelang sehr krummgelegt, das muss ich schon sagen.» Die Feldenkrais-Ausbildung nach ihrer Pensionierung war die erste, die sie aus ihren Ersparnissen berappte. «Aber ich bereue keine Mark», sagt Eva Renate Schmidt mehrmals, «die ich in meine Ausbildung gesteckt habe. Es war für mich immer unheimlich wichtig, viele verschiedene Dinge zu lernen.»

Verena E. Müller, die selbstständig erwerbende Historikerin und Redaktorin, gab mit 63 die Redaktion des «Gynmasium Helveticum» auf, die ihre wichtigste kontinuierliche Geldeinnahme gewesen war. Damals kam die AHV, und insofern sei alles nahtlos ineinander übergegangen. Ihr Erspartes investierte sie in eine kleine Eigentumswohnung in Zürich, die sie heute vermietet. Klein und schattig sei sie, aber rollstuhlgängig – für alle Fälle. Teilweise aus der Erbschaft ihrer Eltern finanzierte sich Verena E. Müller eine weitere, grosse Eigentumswohnung in Zürich, in der sie gegenwärtig wohnt. «Ich lege mein Vermögen sehr konservativ an», betont Verena E. Müller, «bei meinem ‹Rentlein› darf möglichst nichts verschwinden. Aber ich habe genug zum Leben.» Das aktuelle Einkommen aus ihren diversen Aufträgen dient dem Besonderen, Unverzichtbaren: den Reisen und Studienaufenthalten.

Liliane Späth erlebte einen «positiven Kick», als sie mit der AHV ein fixes Einkommen bezog. Sie habe keine grosse AHV, das betont sie. «Aber es ist immerhin Stutz, der regelmässig kommt und den ich laufend ausgeben kann.» Der Handwerkerinnen-Laden, den sie gemeinsam mit ihrer Partnerin besitzt und betreibt, sicherte zwar jederzeit den Lebensunterhalt. Aber es gab schwierige Zeiten, in denen sie genau rechnen mussten.

Die nächste Etappe kommt 2009, wenn auch ihre Partnerin die AHV vorzeitig beziehen wird. «Dann können wir kürzertreten und machen, was wir wollen.» Sie lacht übers ganze Gesicht: «Wir haben es ja feudal in der Schweiz, die AHV ist doch super.» Wenn sie dann alt und gebrechlich seien, so die Vorstellung, bräuchten sie ja auch weniger Geld «zum Schwanzen». «Und wenn es gar nicht anders geht, muss man eben noch Altersbeihilfe beziehen. Nein, da habe ich gar keine Bedenken.»

Aline Boccardo lebte nur wenige Jahre ihres Lebens vom eigenen Verdienst. Sie hat eine minimale AHV, da sie eine Weile für ein Übersetzungsbüro arbeitete. Dieses Geld reiche gerade für die Krankenkassenprämie. Nach ihrer Scheidung verzichtete Aline Boccardo auf sämtliche finanziellen Ansprüche: «Ich wollte frei sein.» Sie bezieht trotz ihrer vielen Gebrechen keine Invalidenrente. Ohne das Geld, das ihr die Eltern hinterliessen, könnte sie nicht leben.

Gesundheit und Krankheit: Von kleinen Zipperlein und grossen Beschwerden, vom bewussten Wahrnehmen des Körpers und von der Suche nach dem richtigen Lebensrhythmus, von sportlicher Betätigung, gesunder Ernährung und dem Umgang mit ärztlichem Rat

GESUNDHEIT

Die 90-jährige **Marthe Gosteli** fühlt sich körperlich und geistig «zwäg». Sie geht zwar nicht mehr ohne zwei Walking Sticks aus dem Haus, da sie schon hingefallen ist. Aber sie fährt immer noch Auto. «Das lasse ich mir nicht nehmen», sagt sie, auch wenn sie nur noch kurze Strecken fahre, zum Einkaufen oder zum Spazieren mit den Hunden. Sie hat noch relativ viel Kraft, dank einer regelmässigen Rückenmassage seit 25 Jahren – davon ist Marthe Gosteli überzeugt. Gelegentlich spüre sie allerdings fürchterliche Schmerzen in den Schultern. Letzthin musste sie sich die Knie röntgen lassen. «Ich habe Knie wie eine Zwangzigjährige!» – das habe der Arzt ihr gesagt; keine Ablagerungen, nichts. Sie lacht laut. Marthe Gosteli spürt, dass ihre Leistungsfähigkeit abnimmt, und sie weiss, dass sie hie und da vergesslich ist. Aber sie kann noch regelmässig im Archiv arbeiten. «Das ist mein Ansporn und regt mich jeden Tag an.»

Die Zweitälteste, die Friedensfrau **Aline Boccardo**, ist sehr gebrechlich. Als 63-Jährige wurde sie in der Nähe von Genf von einem Auto angefahren und erlitt kurz darauf, während des Rehabiliationsaufenthalts in Leukerbad, einen weiteren Unfall – Ereignisse, die bis heute ungeklärt geblieben sind und bei Aline Boccardo grosse Fragezeichen hinterlassen haben. Aber sie beschäftigt sich nicht mehr mit dem Warum. Seit diesen Unfällen musste sie sich zehn schweren Operationen unterziehen, sie hat ein künstlich versteiftes Rückgrat und zwei künstliche Kniegelenke, sie ist gehbehindert und kann schlecht sitzen. Zudem hat sie viele Schmerzen. Letzthin hat sie unter sehr starken Rückenschmerzen gelitten, und ärztliche Abklärungen haben ergeben, dass Operationen nun nicht mehr möglich sind. Sie sei zu alt. Seit einigen Jahren leidet Aline Boccardo an einer Augenschwäche und ist aufs Diktieren angewiesen.

24 Jahre körperlicher Behinderungen sind eine lange Zeit. Aline Boccardo hat gelernt, diese Herausforderungen aktiv anzunehmen. Sie gestaltet ihren Alltag so anregend, wie sie kann. Sie kennt sich und weiss, was ihr körperlich und seelisch gut tut. Sie verspürt zum Beispiel Abscheu gegen zu viele Medikamente; sie hat schon die Narkosemittel immer schlecht vertragen. «Wenn man zu viele Medikamente nimmt», sagt sie, «dann leidet die Leber, man hat keinen Appetit mehr. Und das will ich mir nicht auch noch antun.» Also hält sie sich entgegen ärztlichem Rat mit den Medikamenten sehr zurück.

Aline Boccardo hat auch die Erfahrung gemacht, dass ihr körperliche und geistige Übungen helfen – «doppelt gross» solle das geschrieben werden, das betont sie sehr. Seien es die Rückenübungen mit dem Medizinball, die Meditationen von Coué oder auch Zen-Meditationen – «es geht mir jeden Tag und in jeder Beziehung immer besser und besser». Jedes Training ist für sie eine grosse Stütze.

Regelmässige aktive Betätigung für ihre Lebensthemen Frieden und Sprachunterricht sind für Aline Boccardo zentral. Wenn sie Dokumente ordnet, mit Hilfe der Lupe aktuelle Artikel liest und Aufrufe schreibt, Sprachschülerinnen empfängt und ihre Lehrbücher verfeinert – dann lebt Aline Boccardo auf und spürt weder Schmerzen noch Behinderungen.

Verena E. Müller kannte schon als junge Frau Rheumaschübe, das liege in der Familie. Daraus entsteht jetzt im Alter Arthrose. «Ich bin an diese Schmerzen gewöhnt, die kommen und gehen.» Letzten Sommer war es im Knie so schlimm, dass sie nicht mehr schwimmen konnte – das kam sie hart an. Aber momentan gehe es wieder besser. Wie ihre Mutter, die Apothekerin, schluckt Verena E. Müller gegen ihre Schmerzen «Chemie». Wenn man sich wegen der Schmerzen nicht mehr richtig bewegen könne, habe das gesundheitlich ernste Konsequenzen. Mit Kollegen, die einem falschen Heroismus huldigten, wie sie das nennt, hat Verena E. Müller schon heftige Auseinandersetzungen geführt. An ein künstliches Gelenk denkt sie erst, wenn sie muss. «Aber ich will da nichts verdrängen. Wenn nötig, unternehme ich eine Exkursion in die Klinik, Punkt.»

Natürlich spürt Verena E. Müller mit zunehmendem Alter einige «Zipperlein», aber die nehme sie kaum zur Kenntnis. Sie denkt, dass sie von ihrer genetischen Disposition her ein langes und relativ gesundes Alter vor sich hat. Einiges gehe sogar besser: Dank der Altersweitsicht braucht sie keine Brille mehr. Allerdings sei ihr letzthin ein Erlebnis sehr eingefahren. Eine ihrer Bekannten mit einem äusserst gesunden Lebenswandel – das würde sie von sich nicht behaupten – erlitt ganz unerwartet einen Schlaganfall. Sie wurde drei oder vier Tage nicht gefunden, und die Schädigungen blieben irreparabel. Diese Frau liegt jetzt kaum ansprechbar in einer Klinik. Dass dies einer so gesunden Frau passieren konnte, das habe sie wirklich erschüttert. Das sei dann schon ganz bitter. «Gegen solche Schicksalsschläge gibt es keinen Schutz.»

Eva Renate Schmidt, eine schwere, stattliche Frau, war schon viele Jahre vor der Pensionierung durch eine beidseitige Gonarthrose behindert und brauchte zum Gehen einen Stock. Das störte sie aber nie ernsthaft. Im Gegenteil – aufgrund ihrer Gehbehinderung sei sie von ihren Arbeitgebern immer zuvorkommend behandelt worden. So blieb die medizinische Betreuung sporadisch – bis es dann sehr dringlich wurde. Bei ihrem hohen Arbeitstempo nach der Pensionierung realisierte Eva Renate Schmidt nicht, dass ihr Husten mehr bedeutete als eine hartnäckige Erkältung. «Die Thrombose kroch schon sechs Wochen lang durch meinen Körper, als ich einen Spezialisten aufsuchte.» Eva Renate Schmidt lacht nicht, als sie schildert, wie sie beim Arzt noch darauf bestand, sie müsse am folgenden Tag in Zürich beim Kaufmännischen Verband ein Seminar halten – und wie der Arzt einen Krankenwagen bestellte und sie nicht einmal mehr die Treppe hinuntersteigen liess. Die Thrombose hätte sie fast umgebracht. Da endlich akzeptierte die 72-Jährige den «Schuss vor den Bug», wie sie es formuliert.

Eva Renate Schmidt hatte schon immer Mühe, ihren Körper wahrzunehmen. Eine Physiotherpeutin sagte ihr einmal, ihr würden die Rezeptoren fehlen. Andere Menschen würden bereits schreien vor Schmerzen, während sie sich immer noch zu irgendeiner Beratung aufmache. Seit dem «Schuss vor den Bug» bemüht sich Eva Renate Schmidt darum, ihren Körper nicht als ein Instrument zu betrachten, das funktionieren soll. Sie hat in ihrem Haus ein Schwimmbad einbauen lassen, wo sie regelmässig ihre Runden dreht. Sie schwitzt viel und gern in der kleinen Sauna und benützt den Hometrainer. Das Schwimmen empfindet sie inzwischen sogar als ruhevoll und meditativ. Wenn sie in der Schweiz Ausbildungen leite, dann fehle ihr das Schwimmen sehr.

«Es ist schon auch eine kognitive Entscheidung», sagt Eva Renate Schmidt, «und eine grundsätzliche Einstellung, dass man sich mit allem arrangieren kann.» Dass es ihr dank der Trainings besser gehe, halte ihren Willen zur Disziplin ziemlich am Leben. Ihr rationaler Umgang mit der Gebrechlichkeit, sagt Eva Renate Schmidt, habe natürlich auch etwas damit zu tun, dass sie ihr Leben lang ein sehr unabhängiger Mensch sei. «Wenn das eine nicht mehr funktioniert, dann funktioniert etwas anderes – wie bei Feldenkrais.» Zudem könne sie sich helfen lassen. Dann machen eben andere ihren Garten, putzen oder tragen das Gepäck hinauf und hinunter. Kürzlich hat sie einen Lift einbauen lassen, einen stilvollen Glaskasten mit spektakulärem Blick auf den See, der senkrecht vom Parkplatz direkt zum tiefer gelegenen Hauseingang führt. Eva Renate Schmidts Sicherheitsnetz ist gut organisiert – so sehr, dass sie immer wieder vergisst, sich ihr Notfall-Handy genau erklären zu lassen.

Seit sich Eva Renate Schmidt intensiver mit ihrer Gesundheit befasst, hat sie auch das Vertrauen in die Apparatemedizin verloren. Einzig die Augenlider, die ihr über die Augen fielen und das Sehfeld empfindlich einschränkten, hat sie von einem Schönheitschirurgen liften lassen. Eva Renate Schidt empfängt bei sich zu Hause regelmässig eine homöopathische Ärztin, die mit ihr Übungen macht und ihre Lymphen massiert. Sie probiert auch selbst aus, ob ihr etwas bekommt oder nicht: «Ich lasse mich nicht von ärztlichen Verboten abschrecken.» So kommt es, dass Eva Renate Schmidt sich körperlich besser fühlt als in früheren Jahren, obwohl sie am Stock geht und häufig Schmerzen hat. Ihr Blutdruck beispielsweise ist deutlich gesunken, sie braucht das Medikament nicht mehr. Auch die quälenden Trigeminus-Schmerzen sind weg – «ich habe sie vergessen», sagt Eva Renate Schmidt. Neuerdings hat sie eine Ernährungsweise entdeckt, die ihr sehr zusagt – Fasten sei nämlich gar nicht ihr Ding. Aber seit die «Fressattacken» verschwunden sind, spürt Eva Renate Schmidt deutlich ihr vermindertes Gewicht. Sie bewegt sich leichter die vielen Treppen hinauf zur Strasse und wird weniger müde. «Und das geniesse ich sehr.»

Reinhild Traitler hatte stets eine etwas labile Gesundheit und hat in ihrem Leben einige schwere Krankheiten durchgemacht. «Aber ich bin auch zäh», sagt sie lachend. In ihren mittleren Jahren erkrankte sie an Krebs, der inzwischen wieder geheilt ist. Einige Jahre vor der Pensionierung kämpfte sie mit Herzrhythmusstörungen. Reinhild Traitler wurde mit einer Jodtherapie behandelt, die zwar das Herz beruhigte, aber nach einigen Jahren ihren ganzen chemischen Haushalt durcheinanderbrachte. Reinhild Traitler erinnert sich, dass sie während des EPIL-Kurses in Beirut 2004 ein Fax ihrer Ärztin erhielt: Sie leide an einer massiven Überproduktion der Schilddrüse. «Im Frauenraum einer Moschee beriet ich mich per Handy mit meiner Züricher Ärztin.» Daraufhin setzte Reinhild Traitler das Medikament von einem Tag auf den anderen ab. Sie schlug alle Warnungen in den Wind, die Herzrhythmusstörungen würden wieder auftreten – und siehe da, seit jener Zeit fühlt sie sich wieder gut und gesund. Das leuchtet ihr auch ein. Ihr Lebensrhythmus ist trotz aller Tätigkeiten ausgeglichener geworden.

Regina Wecker ist eine schlanke, sportliche Frau, die sich zeitlebens viel und gern bewegte. Skifahren, Badminton und Tennis, sagt sie, seien eine wirkliche Liebe von ihr. Sie fühlte sich eigentlich immer gesund. Es war für sie ein Schock, als sie realisierte, dass sie um eine Hüftoperation nicht herumkommen würde. Regina Wecker überstand diese sehr gut. Vor kurzem hat sie sogar wieder Badminton gespielt. 30 Jahre lang hatte sie keinen Schläger mehr in der Hand gehabt, und sie fühlte sich völlig sicher. «Das ist mir eingeschrieben», sagt sie, «das finde ich enorm.» Wie das Skifahren, das sie nie ganz aufgegeben hat – da vermeint sie zu fliegen.

Der Rücken ist allerdings eine «Problemzone», sie hatte nie einen sehr guten Rücken. Das sei kein Muskelkater, sagt Regina Wecker, «vielleicht ist das wirklich eine Alterserscheinung».

Liliane Späth litt lange an den Spätfolgen einer Knieverletzung, die sie sich als junge Frau beim Gokartfahren zugezogen hatte. Daraus entwickelte sich eine schmerzhafte Arthrose. Jahrelang konnte sie nur mit Schmerzen gehen, wurde mehrfach operiert, «und mit der Zeit tat es einfach rund um die Uhr weh». Liliane Späth, die generell Medikamente nicht «verputzen» kann, gewöhnte sich mit der Zeit an den Schmerz, der immer schlimmer wurde. Sie konnte sich kaum mehr bewegen. Den Anstoss zur Operation gab ihre Partnerin, die in den Ferien die Geduld verlor. Man könne ja gar nichts mehr unternehmen miteinander. Nachher, mit dem künstlichen Knie, «fand ich es einfach super». Die Schmerzen waren schon nach ein paar Tagen einfach weg – Liliane Späth konnte es kaum glauben. Auch wurden die starken Medikamente nicht mehr verwendet, die sie bei früheren Operationen fürchten gelernt hatte. Sie habe sie selbst dosieren können – da seien in den Spitälern gewaltige Forschritte gemacht worden. Heute geht Liliane Späth immer noch ins Muskeltraining, und jeden Freitagmorgen walkt sie mit einigen Frauen aus Birmensdorf. Gesundheitlich fühlt sie sich so gut wie seit vielen Jahren nicht mehr.

Gelegentlich mag Liliane Späth nicht mehr so schwer heben in der Werkstatt, und nach vier Stunden körperlicher Arbeit ist sie müde – nicht dass sie zusammenbreche, aber sie sei dann müde. Jetzt verstehe sie die älteren Frauen, die zeitweise bei ihr gearbeitet hatten und nach drei Stunden Arbeit «wie tot» waren. Aber eben – insgesamt fühlt sie sich fit. Zum ersten Mal seit jungen Jahren tanzte sie letzthin – schmerzfrei! – an einem grossen Fest.

Hanna Gagel spürt seit der Pensionierung, dass sich ihr Körper deutlicher meldet – «im Gegensatz zu früher, wo ich mich oft völlig auspowerte und nicht auf meine

Gesundheit achtete». Arbeitet sie zu viel, bekommt sie heute Kopfschmerzen, kann wegen des steigenden Blutdrucks nicht mehr schlafen, oder die Galle funktioniert nicht mehr so richtig. Auf vieles muss sie mehr achten als früher: genug schlafen, nicht zu fett essen, das Körpersystem in der Balance zu halten versuchen. Keine Alterserscheinung sind ihre kalten Füsse; das hat sie von ihrer Mutter geerbt. Die warme Bettflasche auf dem Boden ist ihre ständige Begleiterin, auch am Schreibtisch. Was Hanna Gagel sehr erfrischt, sind regelmässigen Qi-Gong-Übungen. In einem kleinen Park unweit von ihrer Wohnung stehen alte, knorrige Bäume. Wenn sie dort übt, fühlt sie sich voller Energie. Ausserdem wandert sie gerne, geht schwimmen und tanzt im Dynamo, einem Freizeitzentrum in Zürich.

«Ich verfüge über mehr geistige als körperliche Energie», sagt Hanna Gagel. «Wenn ich Lust habe, intensiv loszulegen mit Arbeiten, dann muss ich mich sehr beherrschen. Bloss nicht zu viele Kräfte verausgaben, sonst bin ich nachher völlig ausgelaugt.» Dies zu spüren, sieht Hanna Gagel als neue, schöne Erfahrung: «Zum ersten Mal nehme ich meinen Körper wirklich wahr und kann die gesundheitliche Balance selbst regulieren, indem ich achtsam mit ihm umgehe.» Jetzt, seit sie sich erholt hat von den Strapazen des letzten Buchs, kann sie jeweils höchstens zwei, drei Stunden am Vormittag und am Nachmittag intensiv arbeiten.

Julia Onken spürt die körperlichen Folgen ihres hohen Gewichts, «nicht anders als früher». Sie habe keine Lust, sagt sie, sich auch nur eine Minute mit Diäten herumzuschlagen. Im Gegenteil. «Sich wohl fühlen in Hülle und Fülle» war ein Workshop, den sie kürzlich gemeinsam mit ihrer Tochter Maya und einer Modedesignerin an der Frauenvernetzungs-Werkstatt in St. Gallen angeboten hat. Seit einigen Jahren blendet Julia Onken zunehmend eine andere Perspektive ein, wie sie es formuliert: Die körperliche Energie, die sich aus dem alternden Körper zurückzieht, transformiert sich in geistige Energie. Wenn sie sich für diese Sichtweise entscheiden könne, werde die Krittelei am Körper nebensächlich. Sie könne sich zureden, ohne sich fertigzumachen: «Komm, mach jetzt kein Büro auf, jetzt nimmst du halt einen Anlauf, und dann kommst du auch den Berg hinauf.»

Alexa Lindner, eine schwere, stattliche Frau, erlitt vor einigen Jahren wegen ihres hohen Blutdrucks eine Streifung und stürzte zu Hause in ihrem Büro schwer von der Bücherleiter. «Ich hatte wahnsinniges Glück», sagt sie, «dass ich nicht plemplem wurde.» Ab einem gewissen Alter sollte man einfach nicht mehr auf Leitern steigen, vor denen habe sie jetzt einen «Heidenrespekt». «Aber jetzt muss ich ständig die blöden Tabletten schlucken – es bleibt mir nichts anderes übrig.» Alexa Lindner raucht mindestens ein Päcklein Zigaretten pro Tag. Sie weiss selbstverständlich, dass sie aufhören sollte. «Aber das will und werde ich nicht tun.» Vorläufig keucht sie weiterhin die vielen Treppen zu ihrer Wohnung hinauf und findet, das sei genug Training.

Die Beziehungen

Beziehungserfahrungen, die bis ins Alter nachwirken:
Von Freundinnen und Freunden, Bekannten und
Verwandten, von beruflichen Kontakten, Ehemännern und anderen Liebschaften, Frauen- und
Männerlinien – und von den Ursprungsfamilien

Die Gesamtkunstwerkerin
Psychologin, Schulgründerin und Buchautorin
Julia Onken

Musik, Toasts und Ansprachen, Essen und Trinken, Tanzen und Lachen auf einem eleganten Schiff, die Maisonne schien, und der Bodensee glitzerte: ein Gesamtkunstwerk. Über hundert Personen feierten mit – Familie, Verwandte, Dozentinnen und Schülerinnen des Frauenseminars, Arbeitsfreundinnen aus verschiedensten Zusammenhängen, Verlagsangehörige und RezensentInnen. Julia Onkens 60. Geburtstagsfest am 1. Mai 2002 war gleichzeitig auch die Vernissage ihres Buches *Altweibersommer. Ein Bericht über die Zeit nach den Wechseljahren* – eine Bilanz ihres bisherigen Lebens. Der Verlag hatte ein Bodenseeschiff gechartert. Alles selbst zu bezahlen, wäre unverhältnismässig gewesen, sagt Julia Onken. Und sie hatte ein «saugutes» Gefühl, wie sie in ihrer Festansprache betonte.

Im Frauenseminar Bodensee, wo sie ihre Tage verbringt, lebt die 65-Jährige inmitten einer «Wohlfühlhorde». Immer wieder falle Frauen an Schnuppertagen auf, wie schnell sie einbezogen und aufgenommen würden, wie sehr sie sich wertgeschätzt fühlten. Das sei eben Frauentradition, Frauenkultur, Frauenlernen – die Kultur des Mutterhauses. «Manchmal kommt es mir vor, als gingen wir geschwisterlich miteinander um», sagt sie. «In dieser Atmosphäre fühle ich mich wie im Paradies.»

Selbstverständlich, sagt Julia Onken, gebe es auch Konflikte, beispielsweise beim Prozess zur Erweiterung des Leitungsteams. Sie und ihre Kollegin waren viele Jahre zu zweit gewesen, bis ihre Tochter Maya Onken 2006 dazustiess. Fast ein Jahr habe die Durststrecke gedauert, voller Spannungen und ungelöster, unaussprechbarer Konflikte. «In dieser Zeit», sagt Julia Onken, «habe

ich sehr viel auch über mich selbst gelernt, bis die Situation mit meiner Kollegin emotional bereinigt war.»

Julia Onken denkt daran, wieder mehr psychologische Einzelberatungen zu machen. Kürzlich holte sie das amtliche Dokument mit der kantonalen Bewilligung aus der Schublade und hängte es sorgfältig gerahmt an die Wand. Unter Einzelberatungen versteht Julia Onken nicht nur Teilnahme und Unterstützung seelischer Prozesse, sondern auch handfeste Interventionen.

Sie hat das Schicksal einer älteren Frau vor Augen, die dreimal auf betrügerische Männer hereingefallen war, vor den Steuerschulden ins Ausland flüchtete und dort jetzt einsam und verlassen dahinvegetiere. Diese Frau möchte Julia Onken nach der Rückkehr therapeutisch begleiten. Gleichzeitig wolle sie mit der Steuerkommission reden, einen Deal aushandeln und die Sache in Ordnung bringen. «Auf diese Weise kann ich anderen etwas von dem weitergeben, was ich selbst empfangen habe.»

Treu und verlässlich: So sieht sich Julia Onken auch innerhalb ihrer Familie und Verwandtschaft. Sie kümmere sich um alte Beziehungen, auch wenn die PartnerInnen jahrelang passiv blieben. Ihre ältere Schwester war viele Jahre auf Distanz gewesen. Als 2004 Julias Buch *Eigentlich ist alles schief gelaufen* herauskam, rief die Schwester aus Frankreich an: Sie habe bei der Lektüre weinen müssen und fühle sich so berührt, dass sie das Buch gleich nochmals lesen werde. Das findet Julia Onken grossartig. «Das ist ein Schritt», sagt sie, «und jetzt wachsen wir wieder ein bisschen näher zusammen. Jetzt ist eine Würdigung da.»

Auf ihre beiden erwachsenen Töchter ist Julia Onken stolz. Sie sieht sie in der Tradition der Beziehungspflege, die sie schätze: offen, beständig und konfliktfähig – und nicht korrumpierbar durch Geld.

Zu Hause lebt Julia Onken mit ihrem elf Jahre jüngeren Partner zusammen – keine einfache Beziehung, aber eine über Jahrzehnte krisenerprobte, wie Julia Onken betont und auch in ihren Büchern immer wieder beschreibt. Von ihm habe sie jederzeit Bestätigung erfahren.

«Beim Vater gab es für uns keinen Platz in der Familie» – das war die prägende Erfahrung der kleinen Julia. Ihr Vater, dreissig Jahre älter als die Mutter und bereits pensioniert, habe seiner Frau den Status einer «geschwängerten Magd» zugewiesen. Und diese habe sich demütig und gehorsam verhalten. «Mein Platz war neben der Magd – dort aber bombensicher und wunderbar.» In den «Feststündchen» am Küchentisch habe sie absolute Verlässlichkeit erfahren, Güte und bei aller Strenge auch Liebe. «Das, was wir miteinander haben, vermittelte die Mutter, das ist Reichtum. Wenn die Mutter Geschichten aus ihrem Leben erzählte, fühlte ich mich wertvoll wie ein Königskind.»

Die Macht der Worte, sagt Julia Onken, habe sie am Leib der Mutter erfahren. «Ein böses Wort vom Vater, und sie war am Boden zerstört. Einige liebe Worte von mir, und es ging ihr gleich wieder besser.» Betonte die Mutter einige Worte auf eine bestimmte Art, sei es ihr nicht gut gegangen. «Noch heute höre ich das Gras wachsen zwischen den Worten von Frauen», sagt sie. Diese Sensibilität habe sie nicht lernen müssen, sie sei seit ihrer Kindheit hoch entwickelt.

Julia Onken betont, dass sie aus dieser herausfordernden Konstellation ein grosses Kapital gezogen habe: Kam die Tochter zur Türe herein, sei auf dem Gesicht der Mutter die Sonne aufgegangen. «Das steckt bis heute in meinen Zellen: Wenn ich irgendwo hinkomme, gehe ich davon aus, dass die Sonne aufgeht.» Während

eines Vortrags richte sie ihre Antennen sofort auf die
«Sonnen» im Publikum. Und über Probleme, die sie
selbst interessierten, schreibe sie ein Buch in der sicheren Überzeugung, es sei auch für andere Frauen interessant.

Am Kreuzlinger Familientisch sassen nach Kriegsende
einmal pro Woche zwei Knaben aus einer Schauspielerfamilie des Stadttheaters Konstanz, um sich satt zu essen.
Zu dieser Familie entstanden freundschaftliche Kontakte – und dem jungen Mädchen öffnete sich eine neue
Welt. Sie und ihre Schwester erhielten Freibillette fürs
Theater, zur Weihnachtszeit durften sie jeweils dreimal
ins «Dornröschen». Das Konstanzer Theater war Julias
Tor zur hochdeutschen Sprache. Beim Theaterspielen
mit den beiden Knaben, immer in «astreinem» Hochdeutsch, wie sie betont, kamen noch vielfältige Inszenierungsideen dazu. Und nicht zuletzt wuchs im Kontakt mit jener Familie die Einsicht des jungen Mädchens,
dass auch andere Familien so unbürgerlich lebten wie
sie. «Hier hatte jemand kein Geld, stand auf der Strasse
und musste irgendwo untergebracht werden. Dort fing
jemand eine verbotene Liebschaft an, die unter dem
Tisch bleiben musste – das Leben halt», sagt Julia Onken, «ich hatte Kontakt mit dem Leben.»

Ihre sieben Jahre ältere Schwester habe von der jüngeren nichts wissen wollen und das Kinderhüten als lästig empfunden. Später probierten Schwester und Mutter
gemeinsam neue Menüs und Backrezepte aus – alles Tätigkeiten, die Julia verabscheute. «Ich hatte keine Chancen neben den beiden», die Interessen seien diametral
auseinandergegangen. Als Julia Onken 1988 ihr erstes
Buch, *Feuerzeichenfrau*, herausbrachte, sei es ihr nicht in
den Sinn gekommen, ihrer Schwester eines zu schenken. So sehr habe sie sich daneben gefühlt, als Versagerin, von der man nie genau wisse, was sie eigentlich tue.

Julia Onken heiratete mit 26 in einen Familienclan ein, der sich von ihrer Herkunftsfamilie radikal unterschied: gepflegte Geselligkeit, perfektes Hochdeutsch als Umgangssprache, kulturelle Anregungen im wohlhabenden Rahmen eines grossen Schlosses. Mit Wärme sei sie aufgenommen worden – sie habe sich gefühlt wie im Märchen.

«Ohne väterliche Zuwendung aufgewachsen, bekam ich einen Schwiegervater, grandios, hoch gebildet, mit Manieren und gut aussehend.» Er habe sich immer eine Tochter gewünscht, und nun stehe sie vor ihm – mit diesen Worten sei sie empfangen worden. Dazu kam eine liebevolle Schwiegermutter, die Julia auch unterstützte, als diese sich allmählich von ihrer eigenen Mutter distanzierte und deren demütige Haltung kaum mehr ertrug.

Der lange Prozess der Abwendung von der früher so geliebten Mutter erschreckte Julia Onken zutiefst. Sie habe sich zunehmend irritiert gefühlt, wütend und abgestossen – und sich selbst nicht mehr verstanden. «Ich hatte einen Kreuzstich im Gehirn», sagt sie, «ich habe mir die grössten Vorwürfe gemacht – vergeblich.» Wenn Julia Onken in ihren Frauenkursen von diesem Loslösungsprozess erzählt, seien die Reaktionen sofort: «Das kenne ich auch, hätte aber niemals gewagt, es auszusprechen.»

Ihren Schwiegervater habe sie bedingungslos geliebt, sagt Julia Onken. Endlich ein Mensch, der ihre drängenden Fragen ernst genommen, ihr Literatur empfohlen und nachher mit ihr darüber diskutiert habe. Sie organisierten gemeinsame Rilke-Abende, wo sie Gedichte vortrugen, begleitet von Gitarrenklängen. Da habe alles zusammengepasst, von der Kerze über die Vorhänge bis zum «Pochettli» des Hausherrn. So übte sich Julia Onken weiter in der Kunst der Gesamtinszenierung.

Die hohe Akzeptanz hatte einen Preis: «Ich wurde abhängig», sagt Julia Onken, «ich konnte und durfte nicht mehr eigenständig denken.» Eigenes Denken war ihr früher, mit ihrer autodidaktischen Bildung, ohne Förderung durch Familie oder Schule, selbstverständlich gewesen. Um der verehrten Vaterfigur zu gefallen, habe sie mit dreissig wie ein junges Mädchen ihr Denken um ihn herum «drapiert». Julia Onken ist es unvergesslich, wie ihr Schwiegervater sie einmal aufforderte, auch nur eine einzige Frau zu nennen, die es in der Literatur zu etwas Beachtlichem gebracht habe. Und wie sie keine Antwort fand. Dieses Erlebnis beschäftigte sie noch jahrelang. Heute könnte sie sagen: «Schau nur kurz über den Bodensee nach Meersburg, dann fällt dir vielleicht die Annette von Droste-Hülshoff ein.» Dazu sei die uneingestandene Kränkung gekommen, dass sie von so genannten Männerthemen ausgeschlossen wurde. Die heftigen politischen Auseinandersetzungen zwischen ihrem Ehemann, einem linken Freak, und dem etablierten Schwiegervater hätten sie sehr interessiert. Aber da herrschten klare Regeln: Während dieser Diskussionen sass sie bei den Frauen und redete über Kleider oder Kindererziehung.

Auch realisierte Julia Onken mit der Zeit, dass sie durch eine ganz andere Gesprächskultur geprägt worden war. «Es fiel mir auf, dass man nicht aufeinander hörte oder Argumente sarkastisch vom Tisch fegte, ungeklärte Situationen einfach stehen liess.» Das habe sie zunehmend abgestossen. Diese Gesprächskultur, sagt Julia Onken, sei natürlich weit unter derjenigen gestanden, die sie von ihrer Mutter gelernt habe.

Julia Onken erlebte das Hausfrauendasein als «Leiden pur», wie sie es formuliert. Kurz nach ihrer Heirat kam die erste Tochter zur Welt, drei Jahre später die zweite. Da habe sie nun mit zwei Kleinkindern in ihrer Abbruchvilla gesessen. Sie erinnert sich an eine Szene, als sie die Schwiegereltern zum ersten Mal im eigenen Heim empfing. An einem improvisierten Tisch, bestehend aus einer Holzplatte über zwei Bockleitern, servierte sie ihnen Toasts. Ihre Mutter sei fast in Ohnmacht gefallen, als sie das hörte, sagt Julia Onken. «Aber ich selbst kam keine Sekunde auf die Idee, das könnte die beiden irritieren: *Ich* bin ja da.» Auch ihr Mann, in offener Rebellion gegen seine Herkunftsfamilie, habe von ihr in keiner Weise eine perfekte Haushaltführung erwartet. Oft assen sie mit den Kindern im Coop zu Mittag.

Aber Julia Onken kam mit der Mutterrolle nicht zurecht. Ihr Hirn habe gebrannt vor Wissensdurst, den sie nicht habe stillen können. «Immer wieder versuchte ich, dieses Leiden zu thematisieren», woraufhin ihre Schwiegermutter sie mit Geschenken überschüttet habe. Sie sei nicht verstanden worden, sagt Julia Onken. Hinzu kamen die Verletzungen durch ihren untreuen Ehemann. Sie trennte sich, als die Töchter 12 und 9 Jahre alt waren; die Scheidung erfolgte zwei Jahre später. Julia Onken weiss bis heute nicht, was sie ihren Töchtern bezüglich Mütterlichkeit und Muttersein weitergegeben hat – da sei sie nicht nur stolz.

Schon während der Trennungszeit begann Julia Onken mit ausdrücklicher Unterstützung ihres Mannes eine Ausbildung an der Akademie für Angewandte Psychologie (AAP). Psychologie hatte sie schon lange fasziniert. Mit ihrem Mann, der im Zweitstudium ebenfalls Psychologie studierte, hatte sie während der Ehejahre immer «alles durchdiskutiert». Und nun lernte sie die Theorien hinter ihren altbekannten Verhaltensmustern kennen. Julia Onken lebte auf – und realisierte, dass sich zwei Welten trennten. Zu Hause habe sich niemand dafür interessiert, was sie beruflich machte. Im Gegenteil – der Schwiegervater habe ihr erklärt, was Psychoanalyse sei. «Er hatte natürlich keine Ahnung», sagt Julia Onken, «und ich wusste es.» Nach der Scheidung wurde das Tischtuch zerschnitten, wie sie sagt. Der Schwiegervater habe sie als Abtrünnige aus dem Clan ausgeschlossen. «Ich landete in einer Position, die ich von früher gut kannte: nicht dazuzugehören.»

Lange Jahre konnte Julia Onken diesen Bruch nicht verstehen, auch nicht verwinden. Sie, die nie Kontakte abbrechen oder jemanden abschreiben würde, bleibe einer Beziehung immer treu. Sie wolle Beziehungen klären und nicht verstossen werden. Zur Schwiegermutter blieb der Kontakt heimlich bestehen. Ihr seien Konventionen «scheissegal» gewesen, sagt Julia Onken. Als die Schwiegermutter starb, durfte auch die Ausgestossene von ihr Abschied nehmen – ein Akt von hoher Symbolik in einer Familie, wo vom Neujahrsempfang über Geburtstagsfeiern bis zum Weihnachtsfest jedes Ritual und jede Präsenz dramaturgisch festgelegt war.

In der Nacht, als ihre Schwiegermutter starb, hatte die 51-jährige Julia Onken einen Traum: Der König hielt um ihre Hand an. Als ihr der Schwiegervater am Totenbett anbot, sie dürfe zusammen mit der Familie noch dortbleiben, da habe sie sich an diesen Traum erinnert und gesagt: «Nein, in diese Falle gehe ich nicht mehr, der König bittet vergeblich um meine Hand. Ich gehe jetzt.» Dieses Erlebnis war für sie ein wichtiger Markstein. Erst damals sei ihr klar geworden, dass sie innerhalb des Clans eine Rolle als Statistin in einem festgelegten Drama gespielt hatte. Als Statistin habe sie sich nicht entfalten können. «Ich musste hinaus, mein Drama selbst entwerfen, selbst die Hauptrolle spielen.»

Julia Onken baute ab 1988 eine eigene Schule auf. Sie sieht durchaus Parallelen zum damals bekannten «Institut Onken» des Clans. Ohne väterlichen Segen, formuliert sie, sei sie gezwungen gewesen, das Väterliche aus sich selbst herauszuholen. Im Frauenseminar Bodensee schuf Julia Onken eine Schule, geprägt von ihrer eigenen Beziehungskultur. «Die Kultur des Mutterhauses – meine eigene Welt.»

Heute hält Julia Onken mit allen wieder Kontakt: mit dem Ex-Mann, dem Ex-Schwager und sogar mit dem Ex-Schwiegervater. Julia Onken ist froh, dass ihre Töchter während der ganzen Zeit der Spannungen den Kontakt zum Grossvater pflegten. «Sie haben sich nicht beeinflussen lassen durch die Funkstille zwischen den Alten, aber sie sind ihm auch nicht auf den Leim gekrochen.» Kurz vor dem Tod des Ex-Schwiegervaters kam eine zufällige Begegnung zustande, die Julia Onken als Bereinigung erlebte. «Wunderschön war das.» Julia Onken, die auf der offiziellen Todesanzeige nicht figurierte, setzte eine eigene in die Zeitung. «Dieses Zeichen war mir sehr wichtig», sagt sie.

Die Unabhängige
Organisationsberaterin und Theologin
Eva Renate Schmidt

Eva Renate Schmidt hat täglich Termine: Die Italienischlehrerin, die Klavierlehrerin, die Physiotherapeutin, die Ärztin, eine der Putzfrauen oder ein Gärtner kommen regelmässig zu ihr. Sie alle wohnen in der Gegend, verrichten bei ihr bezahlte Arbeit – und gehören samt ihren Familien gleichzeitig zu ihrem Freundeskreis. Sie besuchen gemeinsam Weindegustationen und kaufen «prodotti casalinghi» ein. Keinem Bauern würde es einfallen, der Gruppe eine zweitklassige Salami oder fabrikmässig produzierte Pasta anzudrehen. Davon profitiere sie ganz enorm, sagt Eva Renate Schmidt.

«Zum ersten Mal in meinem Leben», sagt sie, «entstehen Freundschaften unabhängig von meinem Beruf. Das ist für mich eine Offenbarung und Freude, eine viel weitere Welt.» Ihre Italienischlehrerin habe ihr letzthin eröffnet, wenn sie müde nach acht Stunden Unterricht oder voller Spannungen bei ihr ankomme, erfülle sie schon beim Eintreten ins Wohnzimmer ein vollkommener Friede. Eva Renate Schmidt strahle einfach eine Ruhe aus. «Das habe ich vorher nie erlebt», sagt sie. Zu Weihnachten bereitet sie jeder und jedem aus ihrem neuen Freundeskreis ein ausgesuchtes Geschenk.

Letzten Sommer organisierte Eva Renate Schmidt mit Frauen aus der Umgebung im Kirchlein San Giovanni oben auf dem Berg eine Liturgiefeier. Sie ist befreundet mit literarisch und spirituell interessierten Frauen verschiedener Religionen, vom Christentum über Judentum und Islam bis zum Buddhismus. Die Frauen hatten Texte zu bestimmten Themen ausgewählt, die Klavierlehrerin umrahmte die Lesungen mit entsprechender Musik, und am Schluss diskutierte man draussen bei

Käse und Wein. Eine stilvolle, fröhliche und zugleich inhaltlich gehaltvolle Feier sei das gewesen, im Rahmen der traditionellen Verehrung für San Giovanni.

Auch freie Zeit hat Eva Renate Schmidt nun. Eine Plauderei mit der Nachbarin, ein Ausstellungsbesuch im nahen Städtchen Pallanza – leider kann sie zu wenig gut gehen, um ohne Auto all die Nischen und Plätzchen zu entdecken, aber immerhin –, auch Kino- und Theaterbesuche, «alles hat Platz».

Seit der baulichen Vergrösserung ihres Wohnzimmers steht dort neben dem Steinway-Flügel ein weiteres Klavier, «ein wunderbarer Schimmel», wie sie sagt. Die Stunden am Klavier werden immer zahlreicher. Vor kurzem lud sie einige Freundinnen und Freunde zu einer «Serata musicale» ein und spielte den Satz eines Orchesterkonzerts von Bach, gesetzt für zwei Klaviere; ihre Klavierlehrerin übernahm den zweiten Part. Sie habe mit einem ausgesprochenen Glücksgefühl gespielt, sagt sie.

Eva Renate Schmidt empfindet das Lebensgefühl in Italien viel positiver als dasjenige im Norden. Bei Luise Rinser, die lange in Rom gelebt hatte, fand sie die Unterscheidung zwischen biophilem und nekrophilem Lebensgefühl, welches in Italien eine andere Mentalität geprägt habe als in Deutschland. Eva Renate Schmidt sieht das genauso. Sie wolle nicht streiten über den Begriff «nekrophil», der sei ja wirklich sehr negativ. «Aber dieser Pessimismus zu Hause in Deutschland hat mich schon früher zur Weissglut getrieben. Das Jammern darüber, man könne überhaupt nicht leben, wenn der Staat einen nicht besser versorge.» Und im Süden die «biophile», wörtlich: lebensliebende Art der Leute. Eva Renate Schmidt lebte noch kein halbes Jahr in Ghiffa, als sie vom Gärtner und von seiner Frau zur Taufe eines Enkels eingeladen wurde. Als wäre sie eine alte Bekannte, sass «la dottoressa» unter den 150 Gästen und feierte mit. Will sie in den Zug steigen mit ihren kranken Beinen, findet Eva Renate Schmidt jederzeit starke Frauenhände, die sie am Hintern hochheben und die Treppenstufen hinaufbefördern. Sie wolle ja nicht ins Schwärmen kommen, sagt sie. «Aber wenn ich im Supermarkt eine junge Verkäuferin in meinem gebrochenen Italienisch etwas frage, ernte ich zur Antwort noch ein freundliches Lächeln dazu. Es braucht hier so wenig, um Offenheit und Freundlichkeit zu erfahren.» Eva Renate Schmidt gerät trotz ihrer Vorsätze ins Schwärmen.

Was die italienischen Männer betrifft, liebe sie das erotische Funkeln noch immer. Mit dem Geometer von Ghiffa, einem gut angezogenen und gut aussehenden Mann, habe sie ständig Auseinandersetzungen um die Bewilligungen für den Hausumbau. Letzthin sei er mit seinem zögerlich-ausgreifenden Schritt vorbeigekommen und habe ihr mit einem strahlenden Lächeln eine Focaccia überreicht. «Also das geniesse ich schon», sagt Eva Renate Schmidt, «wenn da noch etwas anderes herüberkommt.»

Eva Renate Schmidt hatte auch früher nie Mühe, Kontakt mit Menschen verschiedenster Herkunft zu knüpfen. Aber das seien niemals Freunde geworden, die sie in ihrem Leben nicht mehr hätte missen wollen. «Das liess sich mit meinen beruflichen Prioritäten einfach nicht vereinbaren.» Rückblickend sieht sie das als Einschränkung. Eva Renate Schmidt akzeptiert diese Bilanz aber, der Preis habe für sie gestimmt. Trotzdem fühle sie hie und da eine gewisse Trauer, nicht in der Fülle gelebt zu haben. Überfluss, «abondance» wie heute – sie frage sich, warum sie früher eigentlich solche Einschränkungen zugelassen habe. Wenn diese Fragen hochkommen, kann sie häufig nicht schlafen. Doch zunehmend fühle sie eine Art Versöhnung. Kürzlich las Eva Renate Schmidt in einer Zeitschrift einen Artikel übers Altwerden mit der Überschrift: «Das Leben neu erfinden». «Und so ist es», sagt sie. An ihrem 70. Geburtstag sang La Lupa «Grazie alla vita» aus dem Sonnengesang des Franziskus von Assisi. «Grazie alla vita» – da kommen ihr heute die Tränen.

Eva Renate Schmidt hat häufig Besuch von ihren Verwandten. Sie lädt sie ein, diskutiert mit allen, organisiert Einkäufe auf dem Markt oder Ausflüge ins piemontesische Hinterland. Ein Neffe besorgt für sie die Administration und Vermietung ihrer beiden Ferienwohnungen. Vor allem ihre nächste Schwester und deren Mann, Kinder und Kindeskinder gehören zu ihrem engsten Familienkreis. Diese Kontakte haben für Eva Renate Schmidt Vorrang. Vor einiger Zeit hätte die Gelegenheit gehabt, die Lyrikerin Hilde Domin kennenzulernen, deren Gedichte sie sehr liebt. Aber sie hatte das Haus voll von Verwandten und ging nicht zu der Veranstaltung. Kurz darauf starb Hilde Domin – diese verpasste Gelegenheit bedaure sie sehr. Und doch sei die Familie wichtiger gewesen.

Eva Renate Schmidts Ferienwohnungen sind fast ständig belegt durch Verwandte, regelmässig verbringen auch FreundInnen und Bekannte dort einige Ferientage. In der schönen Jahreszeit oder über Festtage sind die Wohnungen schon Monate im Voraus reserviert.

Der Bekanntenkreis aus der Berufszeit existiert nur noch begrenzt. Eva Renate Schmidt nennt nur gerade eine Freundin, mit der sie seit den Mannheimer Zeiten zusammengearbeitet hatte. «Diese Beziehung würde auch nicht mehr bestehen», sagt sie, «wenn diese Freundin nicht die Treue aufgebracht hätte, sich immer wieder zu melden.» Mit ihr und deren Familie feierte Eva Renate Schmidt Silvester in Budapest, besuchte Theater und Konzerte. Auch mit ihrem früheren Mitarbeiter aus der Zeit der Gemeindeberatungen hat sie weiterhin Kontakt. Ein kluger Mann, hervorragend angezogen wie früher. Wenn sie in den Ausbildungskursen der Schweizer Vikare Unterstützung braucht, empfindet sie die Zusammenarbeit mit ihm als lustvoll wie eh und je. Andere Beziehungen aus der Arbeitszeit existieren kaum mehr. «Ich habe keine Lust», sagt sie, die Initiative zu ergreifen und aktiv zu werden. Irgendwie ist dieses Kapitel für mich abgeschlossen.»

Im Umgang mit anderen Menschen legt Eva Renate Schmidt Wert auf Stil, Respekt und Würde. Gleich mit der Türe ins Haus zu fallen, sei nicht ihr Ding. Das gefällt ihr auch an ihren italienischen FreundInnen. Bei aller Freundlichkeit und Frohmut, eben der biophilen Lebenseinstellung, seien sie sehr dezent und zurückhaltend. Sie könne es kaum noch «verputzen», sagt Eva Renate Schmidt, wenn frühere Bekannte bei ihr Rat und Hilfe suchten und sich während ihres Besuchs nachlässig und schlampig aufführten. «Bei aller Hilfsbereitschaft – ich beginne mich zu schützen und lasse den Kontakt mit solchen Leuten einschlafen.»

Während der Winterzeit erlebt Eva Renate Schmidt Tage, wo viele Nachbarn weg sind; die Siedlung in Ghiffa besteht mehrheitlich aus Zweitwohnungen. Nach verschiedenen Einbruchversuchen hat sie in ihrem Haus schweren Herzens eine Alarmanlage einbauen lassen. Aber eigentlich, sagt sie, habe sie keine Angst. Sie stellt auch in dunklen Winternächten Lichter auf den Balkon. Sie markiere einfach Präsenz: Ich bin hier. Zunehmend vermietet sie ihre Ferienwohnungen auch im Winter, sie wolle Leute um sich haben.

Vor einiger Zeit hat sich Eva Renate Schmidt verliebt – «total, wie ein Blitz aus heiterem Himmel». Gebildet sei der Mann gewesen, gut gekleidet, mit südlichem Charme und fantastischem Aussehen. Die 78-Jährige verspürte Herzrasen, der Blutdruck stieg auf 100. Wie ein Teenager sei sie sich vorgekommen. Darüber habe sie sich gefreut, sich aber auch ein wenig geniert. Nach einer verrückten, ekstatischen Zeit habe sie realisiert, dass er leider ein ein Macho war. «Das kam für mich überhaupt nicht in Frage.» Der Entschluss zur Trennung habe ihr Schmerzen und Herzweh bereitet. Aber im Gegensatz zur Teenager-Zeit habe sie sich fähig gefühlt, Unzumutbares sofort zu erkennen und zurückzuweisen und innerlich wie äusserlich gut für sich zu sorgen.

Das Mädchen Eva Renate, in der Mitte einer achtköpfigen Kinderschar, wuchs behütet in einer Pfarrfamilie im Schwarzwald auf. Gemeinsame Rituale prägten den Alltag. Jeden Abend versammelte sich die Familie um das Klavier und sang das Lied «Breit aus die Flügel beide». Noch heute spielt und singt Eva Renate Schmidt dieses Lied häufig vor dem Schlafengehen. In der Familie herrschten klare Regeln. Während der Nazizeit verfügte der Vater, keines seiner Kinder gehe am Sonntagmorgen zu einer Hitlerjugend-Veranstaltung. Das sei selbstverständlich durchgesetzt worden. Der Vater hielt seine politischen Aktivitäten vor den Kindern geheim. Gemeinsam mit der Oberin einer nahegelegenen Heil- und Pflegeanstalt rettete er beispielsweise möglichst viele PatientInnen vor den Euthanasietransporten, indem sie diesen Arbeitskleider anzogen. Erst viel später – der Vater starb während ihres Studiums – erfuhr Eva Renate Schmidt davon. Sie findet es noch heute bemerkenswert, dass er selbst sich mutig den Nazi-Aktivitäten widersetzte, jedoch seine Tochter als Rebellin nicht akzeptierte. Mehr als peinlich sei es dem Vater gewesen, als die junge Gymnasiastin einen Schulstreik angezettelt hatte. «Ich bin mit allen möglichen Widersprüchen aufgewachsen.»

Unter den Geschwistern galt sie immer als starke Persönlichkeit. «Ja, ja», pflegte der Vater zu sagen, «die Renate ist wieder die Führerin.» Sie galt als die Eckige, Bockige, während ihre um einige Jahre ältere Schwester die sorgende Hausmutter verkörperte, sehr liebevoll und zugewendet. Mit dieser Schwester fühlt sich Eva Renate Schmidt noch heute sehr verbunden.

Eva Renate Schmidts Mutter hatte Mühe, den Lebensweg ihrer Tochter zu akzeptieren. Oberin eines Diakonissenheims, eine weibliche, mütterliche Position, das habe ihr für sie vorgeschwebt. Oft sei die Tochter nach einem Besuch im Elternhaus unter Tränen weggefahren, mit dem Eindruck, niemand interessiere sich für ihre berufliche Tätigkeit. «Aber wenn eine meiner Schwestern ein Kind bekam, war die Mutter ständig auf Achse.» Wie eine Aussenseiterin sei sie sich vorgekommen. Dies änderte sich, als sie in prominente Positionen aufstieg. Die feierliche Einführung als Direktorin des Burckhardthauses habe die Familie beeindruckt. Eva Renate Schmidt emanzipierte sich in den folgenden Jahren von den Massstäben ihrer Familie. Und da sei sie sicher auch mit einer anderen Einstellung und auch mit anderen Erwartungen zu Hause aufgetaucht. «Zunehmend galt ich als interessante Tochter, als interessante Schwester oder Tante – na ja.»

Dass sie wählen musste zwischen Familie und Beruf, war der jungen Theologin klar. «Ich wurde umschwärmt, war auch ständig verliebt und schlug mehrere so genannte gute Partien aus.» Sie hätte einen Professor heiraten, ihm den Rücken freihalten und die Kinder erziehen können. «Das hätte ich bestimmt nicht ausgehalten», sagt sie dezidiert. In ihrer Generation habe man mit den Männern nicht verhandeln können über eine alternative Aufteilung von Beruf und Familienarbeit. «Ich habe meine Wahl nie bereut.» Aber lange Jahre habe sie den Verzicht auf eigene Kinder bedauert. Das habe sie sehr geschmerzt.

Eva Renate Schmidt hatte immer wieder Liebesbeziehungen mit Männern. Viele Jahre dauerte eine Beziehung zu einem Mann, der ihr viel bedeutet habe. Aber mit ihm zusammenzuleben, das habe ihr widerstrebt. «Liebe Leute», sie lacht, «jeden Abend denselben Mann vorzufinden, der auf mich wartet – das war nicht meine Vorstellung.» Als dieser Mann einige Jahre nach der Trennung ganz unerwartet starb, merkte sie an ihrer grossen Trauer, wie sehr er doch Teil ihres Lebens gewesen war. Auch in Amerika ging Eva Renate Schmidt Liebesbeziehungen ein. Belebt habe sie sich gefühlt, blühend. «Spitze attraktiv» sei sie damals gewesen. Sie trug exotische lange Kleider oder ganz enge lange Jupes, die in Amerika noch nicht Mode waren. Einige Männer wären sogar mit ihr nach Europa gezogen. Bei der Trennung habe sie jeweils Liebeskummer gefühlt, aber immer gewusst: «Das geht nicht mit mir.»

Heute sieht Eva Renate Schmidt einige Gründe für diesen Unabhängigkeitsdrang. In der langen Geschwisterreihe musste und wollte sie schon als Kind so schnell wie möglich unabhängig werden. Weg von der Grossfamilie, vom Tisch mit zwölf Personen, eigene vier Wände – das sei ein konstantes Bestreben geblieben. Unabhängigkeit habe für sie Sicherheit bedeutet. «Sobald ein Mann gebunden war oder sich anderweitig band, fühlte ich mich sicher – safe», sagt sie, fast gerettet.

Unabhängigkeit in Beziehungen, aber auch räumlich und intellektuell – nach diesem Bedürfnis organisierte sich Eva Renate Schmidt. Seit sie Direktorin des Burckhardthauses war, wohnte sie immer extern und verbat sich jegliche Einmischung in ihr Privatleben. Um nicht in einer mickrigen Dienstwohnung leben zu müssen, wie sie es formuliert, baute sich die 38-Jährige mit Hilfe eines Bausparvertrags ein eigenes Haus. Später, während einer Fortbildung in Gestaltarbeit in Amerika, kam sie auf einer Fantasiereise ihren geheimen Wünschen auf die Spur. Und zwei davon waren: ein eigenes Haus und ein eigenes Klavier. «Daran hielt ich fest», sagt sie.

An ihrem Arbeitsplatz hatte Eva Renate Schmidt überwiegend mit Männern zu tun. Um sich als Frau zu schützen und abzuschotten vor Verpflichtungen oder auch nur vor einem Austausch, habe sie lange Zeit die Rolle einer «jüdischen Mamme» übernommen. «Was habe ich gekocht, gesorgt, mich gekümmert, Fürsorglichkeit gezeigt – lauter Sachen, mit denen ich eigentlich nichts am Hut hatte.» Bis sie realisierte, dass die Mutterrolle ihr nicht gut tat. «In Arbeitszusammenhängen bestand ich ab 40 darauf, Partnerin auf gleicher Augenhöhe zu sein.» Auch in privaten Beziehungen habe sie sich als Liebhaberin gesehen, als Freundin – aber nie als Mutter.

Mit ihrem langjährigen Arbeitspartner enwickelte Eva Renate Schmidt Thesen zur lustvollen Zusammenarbeit von Frau und Mann. In Form eines Briefwechsels schilderten sie 1986 die Rollenkonfusion, die entsteht, wenn Chefin und Angestellter untypische Rollen verkörpern. Sie schälten Thesen heraus: Die Zusammenarbeit könne nicht einfach harmonisch sein, die Differenzen müssten benannt und vertreten werden. Die Zusammenarbeit mit offenen Augen, entlang bewusst gezogener Grenzen wirke zugleich erotisch und kämpferisch – eben energievoll. Was also würde es für die Kirche als Organisation bedeuten, wenn sich Frauen und Männer in ihrer spezifischen Energie zeigten? Schmunzelnd erinnert sich Eva Renate Schmidt an die aufgeregten Reaktionen, die diese provokativen Überlegungen vor zwanzig Jahren auslösten.

Wie sich Diskriminierung anfühlt, erfuhr Eva Renate Schmidt nicht als Frau, sondern als Angehörige des deutschen Volkes. Sie nahm im Amerika der 50er-Jahre an einem Kongress teil. Als sie sich darüber aufregte, dass Amerikaner Menschen aufgrund ihrer schwarzen Hautfarbe diskriminierten, habe ein junger Mann sie von der Seite angeschaut und gefragt, was sie denn mit den Juden gemacht hätten. Als junge Deutsche, bei Kriegsende gerade 15 Jahre alt, sei sie bezüglich Judenverfolgung sozusagen in Sippenhaft genommen worden. Furchtbar, wie habe der sie nur für eine Nazionalsozialistin halten können. «Aber bezüglich Diskriminierung der Schwarzen hatte ich soeben das Gleiche getan. Das war für mich ungeheuer prägend.» Das Studium der Organisationsentwicklung sah Eva Renate Schmidt als zentral an, um ausgrenzende Strukturen in Institutionen zu erkennen und zu entschärfen. Auch als ihr später die offene und verdeckte Frauendiskriminierung bewusst wurde, sei es um nichts anderes gegangen.

Erst im Alter ist Eva Renate Schmidt aufgefallen, dass sie schon über vierzig war, als sie die ersten richtigen Frauenfreundschaften einging. Was hatte sie nicht schon alles erlebt mit Männern, mit konkurrierenden Männern, mit verliebten Männern, mit unterstützenden Männern! Als frischgebackene Direktorin am Burckhardthaus habe sie zunächst gar nicht realisiert, dass an ihren offenen Einladungsabenden praktisch keine Frau erschien.

Berufliche Solidarität unter Frauen ihrer eigenen Generation erlebte Eva Renate Schmidt nicht häufig. Die Einstellung einer Gleichstellungsbeauftragten innerhalb der hessischen Kirche beispielsweise wurde in ihrer ersten Zeit von Frauen in wichtigen Positionen nicht mitgetragen. «Im Gegenteil, sie haben die geplante Stelle in den frühen 70er-Jahren als Konkurrenz wahrgenommen und bekämpft. Wohlgemerkt, diese Frauen verstanden sich alle als Feministinnen. Das hat mich sehr getroffen.» Kämpfe unter starken Frauen seien eben auch Kämpfe um Macht, Positionen, Finanzen und Renommee. Vordergründig gehe es zwar häufig um strategische Fragen – auf welchem Weg gelangen Frauen zu Einfluss –, aber hintergründig kämpfe jede um ihren Status, und Solidarität sei selten möglich. Früher versuchte Eva Renate Schmidt, Auseinandersetzungen zwischen Frauen unter Ausschluss der Öffentlichkeit zu führen. «Das empfinde ich heute als Schwäche. Differenzen von Feministinnen, beispielsweise um theologische Positionen, sollten öffentlich ausgetragen werden.»

Die Netzwerkerin
Professorin für Frauen- und Geschlechtergeschichte Regina Wecker

Regina Wecker wohnt seit mehr als dreissig Jahren mit ihrem Mann in einer ehemaligen ArbeiterInnensiedlung der Firma Schappe in Reinach. Sohn und Tochter sind erwachsen und schon lange ausgezogen. Wenn beide Ehepartner zu Hause sind, übernimmt Regina Weckers Mann das Kochen, mit dem Zitat: «Ich esse gerne gut.» Er habe hohe Qualitätsanforderungen, sagt Regina Wecker, und koche ausgezeichnet. Sie selbst komme mit einem Stück gutem Brot und feinem Käse oder Früchten zurecht. Das sei für sie durchaus eine Variante – aber eben, das Ritual sei der gepflegte Tisch. Früher, als die Kinder noch da waren, gab es den Familienspruch: «Regina kocht, nur Feiglinge essen vorher.» Sie lacht schallend, ist jedoch überzeugt, dass sie sehr wohl gut kochte. Heute führe das manchmal zu Diskussionen. Bei Einladungen habe sie keine Zeit für seine hohen Ansprüche, und er habe keine Lust, immer alles selbst zu tun. Aber solche Themen gehören einfach dazu, wie sie sagt. Gemeinsam gehen sie joggen oder wandern. Regina Wecker freut sich, dass sie jetzt mehr an seinen Aktivitäten teilnimmt, sich seine Filme über Tango ansieht und seinen Kurs besucht. Als Tangopartnerin kommt unter anderen Freundinnen auch eine Professorin mit. Das gefällt Regina Wecker. Es sei nicht unüblich, dass zwei Frauen miteinander tanzen. Letzthin schwänzte sie für einen Tangoabend sogar eine Vorstandssitzung der SP Reinach.

Zu ihrer Tochter hat Regina Wecker regelmässig Kontakt. Der Sohn wohnt in der Nähe, aber diese Beziehung ist sporadisch. Auch den Cousin in Berlin trifft sie eher selten. Verwandtschaftlich verbunden fühlt sie sich den

Neffen ihres Ehemanns, welche die damals aus Berlin zugereiste Doktorandin als Au-pair gehütet hatte.

Regina Wecker und ihr Mann gehören zu den Ältesten in der Schappe-Siedlung. Die Nachbarschaft kennt sich teilweise seit Jahrzehnten. Manchmal, wenn sie nach Hause komme, töne es wie im Schwimmbad – Hochbetrieb mit Kindern in der Wohnüberbauung nebenan. Durch die häufigen Wechsel in der Überbauung müsse man immer wieder neue Beziehungen aufbauen, neue Bedingungen aushandeln und festlegen. «Das ist einfach so», sagt Regina Wecker. Momentan habe sie in diesem Gefüge keinen Schwerpunkt, es reiche zeitlich einfach nicht dazu. Aber sie kann sich gut vorstellen, dass das wieder ändert – schliesslich wohne sie gerne dort.

Regina Wecker hat auch zu Hause ein Büro. Dort sitzt sie oft an den Wochenenden und schreibt Aufsätze und Texte, bei deren Entstehung sie nicht gestört werden will. Die Bücher, die sie für ihre Arbeiten braucht, schleppt sie jeweils in Tragtaschen aus dem Historischen Seminar nach Hause. Die Elektronik kommt ihr bei diesem Hin und Her sehr entgegen. Aber das mache die Abgrenzung noch schwieriger. «Ich kann es kaum lassen, am späten Abend noch einmal schnell meine Mails abzufragen.»

Als sie die Institutsleitung an eine Kollegin weitergab, lud Regina Wecker das ganze Sekretariat zu sich nach Hause ein. Das war ein guter Abend. Sie wolle und könne das Geschäftliche nicht strikt vom Privaten trennen. Sie ist auch Patin der Tochter einer befreundeten Professorin.

Regina wuchs im Berlin der Kriegs- und Nachkriegszeit mit Mutter, Grossmutter und einem Halbbruder auf. Ihr Vater blieb im Krieg verschollen. Sie erinnert sich heute noch an den Schock, als die Mutter mit Typhus ins Spital gebracht wurde. Furchtbar sei das Gefühl gewesen, sagt sie. Alle hätten der Vierjährigen versichert, die Mutter werde wieder gesund, aber sie habe ihnen nicht geglaubt. «Aber die Mutter ist wieder gekommen. Ich entwickelte ein unzerstörbares Vertrauen in meine Mutter.»

Die Mutter trug wie viele andere Frauen jener Zeit die Verantwortung für die Familie allein. Sie bildete sich nach dem Krieg noch an der Pädagogischen Hochschule als Gewerbelehrerin weiter. «Sie hat immer erklärt, eigentlich wäre sie lieber zu Hause bei ihren Kindern. Aber ich sah, wie sehr sie ihren Beruf und den Kontakt mit jungen Leuten liebte. Verantwortlichkeit für die Familie und Freude am Beruf schliessen sich nicht aus: Das habe ich bei meiner Mutter gelernt.» Auch politisches und soziales Engagement waren selbstverständlich. Die erste Lohnerhöhung wurde in den Gewerkschaftsbeitritt investiert. Viele Zeitschriften abonnierte die Mutter, ohne sie zu lesen. Sie könne nachfühlen, habe sie jeweils gesagt, wie hart das Geldverdienen für die Abonnements-VerkäuferInnen sein müsse.

Auf schöne Kleider legte die Mutter als gelernte Schneiderin viel Wert. «Schicke Qualität musste einfach sein.» Zu ihrem ersten Ball kam die junge Regina eine Stunde zu spät. «Der arme Kerl und seine Eltern mussten warten. Aber meine Mutter hat mir das schönste Ballkleid genäht.» Regina Wecker ist sehr erlesen angezogen, wählt ihre Kleider sorgfältig aus und kann sie auch nach Jahren fast nicht weggeben.

Auch die sportliche Tradition geht auf die Mutter zurück. Diese sei in ihrer Jugend eine hervorragende Leichtathletin und auch später noch sehr schnell gewesen, sagt Regina Wecker. Sie selbst habe da nicht mithalten können. «Aber ich schätzte es immer sehr, dass sie mich trotzdem gern hatte. Ich habe mir als Kind von meiner Mutter gewünscht, einmal langsam mit ihr zur Strassenbahn zu gehen.» Bei ihr lernte das Mädchen auch Schlittschuh laufen und Ski fahren. Das Skifahren ist noch heute etwas, das sie sehr geniesst.

Die Mutter, eine «waschechte» Berlinerin, sprach zu Hause fast reines Hochdeutsch und versuchte, die Kinder von ihrem Berliner Dialekt abzubringen. Berlinern war nicht akzeptiert – weder in der Schule noch zu Hause. Diese «Zweisprachigkeit» hat ihr aber vermutlich geholfen. Sie spricht perfekt Schweizerdeutsch.

Schon früh zeigte sich, dass das Mädchen gut vermitteln konnte. «Etwas zwischen Wurstigkeit und Konfliktfähigkeit», sagt Regina Wecker. Es sei für die Mutter beispielsweise unvorstellbar gewesen, dass ihr eigener Sohn zwei Mark aus dem Portemonnaie der Grossmutter habe stehlen können. Natürlich habe die Mutter gewusst, dass das in anderen Familien vorkomme, aber doch nicht bei ihr. «Ich fand das ja auch nicht so gut», sagt sie, und natürlich müsse man das sagen. Aber es sei doch nicht der Untergang. Auch später, als er mit seinen Kollegen in engen Jeans um ein Kofferradio herumsass, fand sie das eigentlich «bescheuert» – sie war ja fast fünf Jahre jünger. Aber dass er zum Geburtstag ein Kofferradio brauche, das brachte sie der Mutter bei.

Zu Hause lernte sie auch, dass sich Fragen nach Verantwortlichkeit und Schuld nicht so einfach beantworten liessen. Die Mutter hatte dem Mädchen stets erzählt, was im Krieg geschehen war, auch welchen Nachbarn sie noch habe vertrauen können, wer andere nicht denunziert habe und wer «strammes» Parteimitglied war. Regina Wecker sieht noch heute den Küchentisch vor sich, wo ihre Mutter und die Mutter einer Schulfreundin nach Kriegsende sassen und sich über die Konzentrationslager unterhielten. Die Mutter sagte, sie habe immer gehofft, dass das mit den Konzentrationslagern so nicht stimmen würde. Und die Freundin: Aber Herta, du musstest ja nur nach Oranienburg gehen, dann hast du das gesehen. Darauf die Mutter: Was wollte ich nach Oranienburg gehen, die Kriegszeit war schon schwer genug. Dieses Erlebnis hat Regina tief geprägt. Es klang für sie absolut glaubwürdig: eine politisch engagierte Mutter, die während des Krieges um die Existenz ihrer Familie kämpfte, und eine andere politisch engagierte Mutter, die nach Oranienburg ging und sich informierte. Wie verschieden man im Alltag auf eine extreme Situation reagieren und später Schuld empfinden könne – da lerne man sich vor schnellen Urteilen zu hüten.

Die junge Regina reiste früh allein durch Europa. Mit 15 war sie mit einer Freundin zum ersten Mal in England, mit 16 in Paris. Die Mutter fand, sie sei in ihrer Jugend in der Wandervogelbewegung auch viel gereist. Der Entscheid, nach dem Abitur ein halbes Jahr nach Israel zu gehen, vor der Zeit des Kibbuz-Tourismus, brauchte trotzdem einigen Mut. Aber sich als junge Deutsche dem Entsetzlichen zu stellen, es zu analysieren, sagt sie, das habe ihr sehr geholfen. «Ich wollte mit den Jungen reden können», sagt sie, «und diese wollten weder Deutsch noch Englisch sprechen.» Also lernte sie Iwrith. Während des Arbeitens und Lernens in den Kibbuzim sei sie unterstützt worden in diesem Drang nach Verstehen, ebenso im Bemühen, sich in Iwrith auszudrücken. Sie habe erlebt, sagt Regina Wecker, dass sie explizit als Person gewürdigt und nicht einfach in Sippenhaft genommen worden sei. «Das war natürlich ein totaler Aufsteller», sagt sie, «zu merken, du überwindest Schwierigkeiten durch das Arbeiten und die Sprache; die akzeptieren das, was du kannst.»

Diese Erfahrungen kamen ihr immer wieder zugute, auch als beispielsweise die Schappe-Siedlung in Reinach abgerissen werden sollte. Der Kanton als Eigentümer wollte die Doppeleinfamilienhäuser zunächst als Abrissliegenschaften an eine gegenüberliegende Fabrik verkaufen. Das habe man verhindern können, das Androhen einer Häuserbesetzung liess das Interesse schwinden. Später wollte die Gemeinde Reinach das Areal nutzen. Die MieterInnen beschlossen, die Siedlung selbst zu kaufen. Ein heisser Kampf sei das gewesen, sagt Regina Wecker. «Es ging ums Lebendige, um den Wohnort, unsere Basis.» Es sei ihnen klar gewesen, dass sie sich nirgends sonst eine Wohnumgebung mit so viel Freiraum hätten leisten können. Ausserdem fanden sie es «hirnrissig», diesen Wohnraum für Parkplätze zu opfern. Während Regina Wecker für die politischen Verhandlungen verantwortlich war – hier waren ihre politischen Verbindungen wichtig, sie publizierte auch einen wissenschaftlichen Artikel über die Geschichte der Schappe-Siedlung –, kümmerte sich ihr Mann um die Finanzierung und das Organisatorische. «Alle haben mitgezogen, allein wäre das natürlich nicht gegangen.»

Es liess sich alles auf dem Verhandlungsweg lösen. Die Miteigentümer-Gemeinschaft kaufte den bebauten Teil der Siedlung. Auf der anderen Arealfläche entstand eine Wohngenossenschaft, die noch heute Familien mit Kindern anzieht. In der Gründungsphase sei sie «heftig engagiert» gewesen, sagt Regina Wecker. Damals kamen ja auch die Kinder, da sei man sowieso mehr zu Hause gewesen.

Nach dem Tod ihres Bruders 1980 nahmen Regina Wecker und ihr Mann die 7-jährige Nichte und den 8-jährigen Neffen zu sich. Damit war bald einmal der Entscheid gegen eigene Kinder gefallen. Sie war damals 36 und hat, wie sie sagt, diesen Entschluss bisher nicht bereut. Regina Wecker und ihr Mann beschlossen, die Kinder gemeinsam halbe-halbe zu betreuen. Diese waren bereits in Reinach, als das Gesuch ihres Mannes um Reduktion der Arbeitszeit von seinem Arbeitgeber, einem grossen Chemiekonzern, abschlägig beantwortet wurde

– und man ihm stattdessen sogar eine karrieremässig interessante Vollzeitstelle anbot. «Da bekam ich richtig Angst», sagt Regina Wecker. Ihr Mann kündete trotzdem seine Stelle und machte sich in der Erwachsenenbildung selbstständig. Das Teilen der Familien- und Erwerbsarbeit war eine Herausforderung. «Aber es funktionierte», betont Regina Wecker. Während der Arbeitszeit hatte die Assistentin feste Verpflichtungen wie Lehraufträge, Beratungen oder Administration. Und in der freien Zeit, die eigentlich der wissenschaftlichen Forschung gewidmet sein sollte, betreute sie jetzt die Kinder. «Die Kosten waren hoch», sagt Regina Wecker, «aber es hat geklappt.» Ihr Mann würde wohl behaupten, er habe mehr als die Hälfte der Zeit die Kinder gehütet. Aber sie würde das bestreiten.

Regina Wecker weiss noch, wie sie sich in jener Zeit darauf freute, nach einem Hausumbau allenfalls auch genügend Platz für ihre Mutter zu haben. Nach einem Spitalaufenthalt musste diese einen geplanten Besuch bei der Tochter kurzfristig absagen. Regina Wecker war damals sehr beunruhigt und beschloss, obwohl das gar nicht passte, sofort nach Berlin zu fliegen. Tatsächlich starb ihre Mutter eine Woche später ganz unerwartet. Sie ist noch heute sehr dankbar für diese letzte gemeinsame Woche – aber der Tod ihrer Mutter war für Regina Wecker ein tiefer Schock. «Ich fühlte mich wie abgeschnitten.» Einige Jahre lang feierte die damals knapp 39-Jährige ihren eigenen Geburtstag nicht mehr, er habe sie zu stark an den Tod der Mutter erinnert.

Um den Kauf der Siedlung vorzubereiten und die Statuten der Gemeinschaftssiedlung zu organisieren, verbrachte Regina Wecker viel Zeit mit Sitzungen und Gesprächen. In jenen zahlreichen Stunden lernte sie stricken. «Alles habe ich gestrickt, wirklich alles. Hübsche Pullover, welche die Kinder als absoluten Liebesbeweis betrachtet haben. Mitten in der Sitzung sind sie manchmal dagestanden, um Wünsche für ihre Pullover anzubringen.» In den Kinderjahren lief auch sonst viel: Sie feierten Kinderfeste, politisierten auch gemeinsam. Diverse Fäden der SP Reinach liefen in der Siedlung zusammen.

Regina Weckers Familie hielt Zwergziegen, «ein Hochzeitsgeschenk von Freunden». Diese witzigen, frechen und eigentlich unmöglichen Tiere waren Regina Weckers Stolz, «die habe ich einfach geliebt». Jeden Morgen, 18 Jahre lang, fütterte sie die drei Ziegen und mähte mit der Sense die hauseigene Wiese. «Mähen ist eine schöne Arbeit, eine tolle Arbeit. Das habe ich sehr gerne gemacht.»

In Alltagskonflikten innerhalb der Siedlung bewährte sich Regina Weckers Mischung von «Wurstigkeit und Konfliktfähigkeit». Einerseits sei ihr vieles wirklich egal gewesen, habe sie nicht gestört. Das Spielhäuschen der Nachbarsfamilie befand sich zwar tatsächlich auf ihrem Land, aber es habe so schön schräg in der Landschaft gestanden. «Anderseits», sagt sie, «musste ich akzeptieren, dass andere das nicht lustig fanden.» Zudem gebe es einfach Regeln, an die man sich halten müsse. «Also redet man miteinander.» Man könne und müsse miteinander reden – das war immer Regina Weckers Devise: «Auch wenn's nicht immer funktioniert hat.»

REGINA WECKER

Die Solidarische
Informatiklehrerin Alexa Lindner

Alexa Lindner, die Knausrigkeit nicht ertragen kann, lebt mit einem «extremen Knipser» zusammen. Und das seit über dreissig Jahren. Bei der Abfallentsorgung fülle er die Plastiksäcke bis zum allerletzten Zipfelchen, ihre Zigaretten und seinen Pfeifentabak kaufe er am billigsten Ort. Er löse quasi aus dem Altpapier noch Geld heraus, sagt sie. Obwohl sie sich manchmal darüber aufrege, sei sie froh. «Er ist derjenige, der fürs Geld schaut, und ich diejenige, die es mit beiden Händen zum Fenster hinauswirft.» Er übernimmt auch die Zahlungen, das geniesse sie wahnsinnig. Früher habe sie immer wieder Mahnungen bekommen. Sollte sie ihren Mann überleben, das weiss sie, würde sie als Erstes Daueraufträge bei der Bank einrichten. «Sonst würde ich wieder im gleichen Fahrwasser landen wie früher.» Die Kämpfe um die partnerschaftliche Aufteilung der Hausarbeit liegen hinter ihnen. Hie und da schimpfe sie zwar und sage, er spiele wieder einmal den Macho. Aber es sei friedlich und lustig.

Seit seiner frühzeitigen Pensionierung als Typograf sammelt Alexa Lindners Ehemann, Bruno Margadant, Alltagskunst. Seine Sammlungen «Das Schweizer Plakat», «Hoffnung und Widerstand. Das 20. Jahrhundert im Plakat der internationalen Arbeiter- und Friedensbewegung», und neuerdings «Für den Tag gedruckt. Picassos Gebrauchsgrafik» hat er mit Akribie zusammengetragen, an beachteten Ausstellungen und in Büchern präsentiert. Er gilt heute als Koryphäe unter den Sammlern von Gebrauchsgrafik.

«Das Verbindende», sagt Alexa Lindner, «war für uns immer die dritte Sache, der Sozialismus. Da hatten wir immer einen Draht, sodass man über andere Sachen hinwegschauen konnte.» Beliebte Streitfrage sei bis heu-

te, wer den richtigen Sozialismus vertrete. Ihr Mann als Kommunist empfand den Zusammenbruch der Sowjetunion 1989 als Befreiung, aber auch als Leere. «Seither sind die Diskussionen entspannter geworden.» Sie als Linkssozialistin stosse nicht mehr auf so viel Uneinsichtigkeit.

Was die beiden ebenfalls verbindet, ist die Liebe zur Typografie. Er sei der Fachmann, sagt Alexa Lindner. Sie überlege sich immer genau, wann sie ihn um Rat frage. Denn nachher sitze sie einen halben Tag am Computer, um seine Vorschläge zu realisieren. Zum 15. Hochzeitstag gestaltete Bruno Margadant für seine sieben Jahre jüngere Frau ein eigenes Plakat. Er verfremdete dasjenige der Ausstellung «Das Schweizer Plakat» mit dem Frauenzeichen und der Rose, dem grafisch perfekt verschlungenen «a» für Alexa und «b» für Bruno aus der Hochzeitsanzeige und dem Titel: «Dank an Alexa für die ersten 15 Jahre». Dieses Plakat nimmt in Alexa Lindners Büro einen Ehrenplatz ein. In diesen Dingen sei er absolut spitze, sagt sie. «Er hat seine Fehler, weiss Göttin. Aber wer kommt schon auf die Idee, der Frau ein Plakat zu schenken zum fünfzehnten, das ist doch sensationell.» In den Bilderrahmen hat Alexa Lindner eine Fotografie ihrer Mutter, einer attraktiven Frau, und ihres Pfeife rauchenden Vaters gesteckt.

Alexa Lindner und ihr Mann wohnen praktisch seit der Heirat in der geräumigen, leicht verlebten Wohnung am Burggraben, die dem Gemeinnützigen Frauenverein St. Gallen gehört. 2006 war ihr 30-Jahr-Mietjubiläum. Die Frauen des Frauenvereins hätten ihnen einen knallroten Blumenstrauss aus dem eigenen Garten geschenkt, in knallrotes Seidenpapier gehüllt, eine knallrote Karte dazu, auf der sie sich bedankten für das angenehme Mietverhältnis, und sie hätten ihnen eine ganze Monatsmiete erlassen. «Man glaubt es einfach nicht», sagt Alexa

Lindner, «das kommt nur Frauen in den Sinn.» Der bürgerliche Gemeinnützige Frauenverein wisse doch, dass sie Linke seien. An jedem 1. Mai würden sie die Fenster mit exakt symmetrisch aufgehängten roten Fahnen schmücken. Die habe ihr Mann extra nähen lassen, nicht von ihr, sie könne ja nicht nähen. Die «délicatesse du sentiment» dieser Frauen, alles rot zu verpacken – das sei einfach herzig, liebenswürdig und «schnusig».

Alexa Lindner sieht sich bis heute als Unterstützerin und als Teammitglied. Sie habe in erster Linie gelernt, nach Diktat exakt wiederzugeben. «Das liegt mir», sagt Alexa Lindner. «Ich bin gerne Assistentin.»

Alexa Lindner ist froh, dass sie sich im Alter besser wehren kann gegen persönliche Zumutungen. Früher habe sie problemlos hart argumentiert, etwa in einem Zeitungsartikel. Aber persönlich unfreundlich zu sein zu einem «Arschloch», das habe sie nicht fertiggebracht. Darunter habe sie häufig gelitten. Heute könne sie hinstehen und sagen: «So nicht mit mir, das kannst du dir abschminken.» Das sei für sie ein Geschenk. Auch beim Entscheid zur frühzeitigen Pensionierung damals habe sie das geschafft: sich klar zu machen, dass sie für die Null-Bock-Stimmung in ihren Klassen nicht verantwortlich sei.

Manchmal habe sie das Gefühl, sagt Alexa Lindner, gewisse Dinge müssten so sein und hätten nicht anders geschehen können. Eine Zeile aus dem Gedichtband eines Kollegen fasziniert sie: «Dann plötzlich die irre Gewissheit, die Leute hier wüssten, du würdest heute kommen, und eigentlich warteten sie nur auf dich.» Dass etwas vorbestimmt sein könnte – das spreche bei ihr eine verwandte Saite an.

Ihre Liebe für Theater- und Lyriktexte hat Alexa Lindner lebenslang begleitet. In der Rückschau falle ihr auf, dass sie wie auf verschiedenen Schienen frauenpolitische Literatur und Krimis verschlinge. Das Switchen empfindet sie als Vergnügen. «Einfach die Optik wechseln», sagt sie, «und du bist in einem anderen Theater.»

Alexa Lindner legt seit einigen Jahren auf Anregung ihres Mannes einen Ordner «Anerkennungen» an. Darin liegt unter anderem ein kleines Briefchen, das ihr ein junger Mann beim Schulaustritt überreichte: «In einer Zeit, wo Schüler ausschliesslich nach ihren Schulleistungen beurteilt werden, haben Sie uns gezeigt, dass es auch Lehrer gibt, die den Schüler als Mensch betrachten können. Vielen Dank.» Dieser junge Mann erscheint jetzt oft als Moderator im Lokalfernsehen; sie betrachte ihn jeweils mit Wohlgefallen. Auch eine Urkunde befindet sich in diesem Ordner. Alexa Lindner wurde kürzlich Ehrenmitglied des Stenografenvereins St. Gallen. Obwohl sie immer behauptet habe, Ehrenmitgliedschaft sei «Chabis», habe sie sich sehr gefreut über die schön gemachte Urkunde – natürlich alles in Steno geschrieben – mit Fotos vieler Mitglieder. Jede Karte, jede Fotografie, jeder Brief in dem Ordner erzähle ihr eine Geschichte, die Geschichte einer Arbeitsbeziehung und eines warmen Gefühls. «Wenn ich mich traurig oder bedrückt fühle», sagt Alexa Lindner, «dann lese ich darin.»

Die kleine Alexa zügelte von ihrem ersten Schulort Ebnat nach Flums, in der fünften Klasse nach Kirchberg, und im letzten Sekundarschuljahr nach Rheineck. Nach jeder Beförderung des Vaters bei der Polizei zog die Familie dorthin, wo eine entsprechende Stelle frei war. Sie habe das genossen, sagt Alexa Lindner. Bei allem, was sie nicht gerne tat, vor allem im Handarbeitsunterricht beim Nähen, behauptete sie einfach, das habe sie «schon gehabt». Nach dem Lehrabschluss zog die 19-Jährige nach St. Gallen, wo sie seither, mit nur einem kurzen Unterbruch, lebt.

Zu Hause war Alexa wie ihre Mutter ständig aktiv. Ihre jüngere Schwester habe als die Sonnige, Herzige gegolten, als das eigentliche Kind des Vaters. «Von mir wurde alles als selbstverständlich erwartet – das wurde mir in die Wiege gelegt.» Obwohl die Eltern bei konkreten Problemen sicher geholfen hätten, habe die Erwartung dominiert, Alexa könne das sowieso. Und das habe eben nicht gestimmt. «Ich hätte auch gerne die Chance gehabt, etwas nicht zu können und dann Hilfe zu bekommen.» Manchmal – sie wird laut – könnte sie den Eltern noch heute auf die Finger hauen. Sie hätten sie in eine Rolle gedrängt, aus der sie dann ein Leben lang fast nicht mehr herausgekommen sei. Bis ins Alter hinein habe die Angst sie begleitet, man liebe sie nur, wenn sie überdurchschnittlich viel leiste.

Während der Lehre erlebte die junge Frau, dass ihre Mutter sie vor ausbeuterischen Arbeitsbedingungen nicht schützte – vor Angst, Alexa müsse schliesslich für den Protest büssen. Dieses «Ausweichen» der Mutter, sagt Alexa Lindner, habe sie geprägt. Erst mit der Zeit habe sie realisiert, dass politisches Engagement das gesamte Handeln umfassen müsse. Man könne nicht einfach gewisse Bereiche auslassen. «Später habe ich mich um geradliniges Handeln bemüht, auch wenn ich es nicht immer schaffte.» Sie wolle sich nicht vergleichen lassen mit Männern, die nur auf der Strasse Sozialist seien und zu Hause den Patriarchen spielten. «Das kann ich bis heute nicht ausstehen.»

Als junge Frau ging Alexa Lindner eine Beziehung mit einem verheirateten Mann ein. Diese Liaison dauerte viele Jahre. Er war wesentlich älter als sie, von hoher Reputation und Position. «Lange Zeit dachte ich, er sei meine grosse Liebe.» Aber eigentlich habe die Freude am Sex sie verbunden, der sei für beide «extraordinaire» gewesen. Lange Jahre sahen sie sich nur selten – er wohnte in einer anderen Stadt. Sie habe sich auf eine Art einsam gefühlt, durch ihr Geheimnis gebunden. «Nicht im Tiefsten gebunden, da hütete ich mich.» Sie habe durchaus auch mit anderen Männern angebändelt, aber nie sei einer in Frage gekommen. Die Situation änderte sich erst, als sich Alexa Lindner, trotz des Schweigegebots, einer Freundin anvertraute. «Da gingen mir langsam die Augen dafür auf, dass ich mir zu viel gefallen liess.» Das habe ihr gut getan, sagt sie, da habe sie innerlich gewusst, dass sie sich lösen könne. Sie redete sich auch nicht mehr ein, er habe sie je geliebt. Das Ganze dauerte zwar noch einige Jahre weiter. Aber sie habe keine Verbindung mehr gespürt, und schliesslich schlief die Beziehung ein.

Alexa Lindner heiratete ihren Mann nach einjähriger Bekanntschaft. Die 36-Jährige Kantonalpräsidentin war von Bruno Margadant, dem Präsidenten der SP Flawil, zu einem Vortrag eingeladen worden. Die politischen Ansichten dieser Frau und überhaupt diese Frau, hätten ihm gefallen, wie er sagt. Alexa Lindner referierte in Flawil über sozialistische Grundsätze und zitierte aus vielen Büchern. Wie eine Barrikade, sagte ihr Mann später, habe sie die ganzen Bücher um sich herum aufgebaut. Alexa Lindner lacht; seit damals lege sie bei Referaten die Bücher immer neben sich auf einen Stuhl. Nach dem Vortrag lud der Sektionspräsident Alexa Lindner und einen weiteren Genossen zu sich nach Hause ein. Sehr schön habe er gewohnt, spezielle Bilder hingen an den Wänden. Man kam sich schnell näher. Die Zeit sei einfach reif gewesen, sagt Alexa Lindner. Noch nie habe sich ein Mann so ernsthaft für sie interessiert. «Und da klappte es einfach.»

Alexa Lindner hätte nicht unbedingt mit ihrem späteren Ehemann zusammenleben wollen. Ihr gefiel es, ihren Partner zu besuchen – oder aufzuräumen, bevor er zu ihr kam. Aber ihr Mann, der verwitwet war, wollte aus

Spargründen nur eine einzige Wohnung. Und das wiederum kam für Alexa Lindner nur nach einer Heirat in Frage. Die offiziellen Sitten in St. Gallen seien damals streng gewesen. Eine ihrer Kolleginnen, die unverheiratet mit ihrem Partner zusammenlebte, erhielt eine Anstellung ans Lehrerseminar Rorschach nur unter der Bedingung, dass sie heiraten würde. Und da fand sie, nein, dem wolle sie sich nicht aussetzen. So wurde 1974 geheiratet.

Wie falsch ihre Vorstellungen von Heirat und Ehe waren, ist für Alexa Lindner heute fast unvorstellbar. Sie sei überzeugt gewesen, die intensive Verliebtheit würde andauern. Es sei eben die Zeit vor der Frauenbefreiungsbewegung gewesen. Nur bezüglich Eherecht machte sie sich keine Illusionen; sie bestand auf einem Ehevertrag. Ihr Mann erklärte sich sofort einverstanden. Das fand Alexa Lindner schön. Ihm sei überhaupt nicht bewusst gewesen, wie benachteiligt Ehefrauen unter dem alten Eherecht waren.

Alexa Lindner, nun 38 Jahre alt, hätte sich eigentlich Kinder gewünscht, aber ihr Mann war strikte dagegen. Wenn sie Kinder wolle, müsse sie sich alleine um sie kümmern. «Und dazu hatte ich nicht die geringste Lust.» Sah sie doch bei ihrer Schwester, wie hart das Leben als alleinerziehende Mutter war. Dann eben nicht, habe sie gedacht und es nie bereut.

Alexa Lindner hatte immer ein gutes Verhältnis zu Kindern. Zusammen mit einer schwangeren Freundin besuchte sie sogar einen Erziehungskurs für werdende Mütter, das findet sie heute noch lustig. Der Sohn ihrer alleinerziehenden Schwester verbrachte die Ferien immer bei den Grosseltern. Dann wohnte Tante Alexa ebenfalls dort. Gemeinsam hätten sie ihn aufgezogen. Sie würde gerne weiterhin den Kontakt mit ihm pflegen. Aber sie müsse respektieren, dass er sich momentan zurückhalte. Ihre Nichte sieht sie gelegentlich, sie ist auch zu ihrem 70. Geburtstagsfest gekommen. Das habe sie ganz besonders gefreut, sagt sie.

Alexa Lindners Vertrauen in Frauenfreundschaften wurde und wird immer wieder voll und ganz bestätigt. Das Wichtigste, was sie nach Abstürzen und Niederlagen immer wieder aufgerichtet habe, sei das gemeinsame solidarische Engagement mit befreundeten Frauen gewesen. Auch etwas fürs Gemüt, wie sie sagt, habe immer dazugehört, sei es Kabarett, Theaterspielen oder szenische Lesungen für politische Frauengruppen. «Da fühle ich mich zu Hause.»

Seit dem Erlebnis jener heimlichen Beziehung hat Alexa Lindner nie mehr einem Mann ganz getraut. Das Unehrliche an ihr selbst habe ihr auch nicht gefallen, sagt sie. «Dass ich mich einer Freundin anvertraut und dadurch die Kraft zur Lösung dieses Verhältnisses gefunden habe – das zeigt mir, wie zuverlässig Frauenfreundschaften sind.»

ALEXA LINDNER

Die Nischenfrau
Kunsthistorikerin Hanna Gagel

Hanna Gagel fährt mit dem Nachtzug nach Berlin. Sie hat dort eine möblierte Wohnung gemietet, im Zentrum gelegen, in der Nähe einer alten Freundin. Im Rollkoffer und im Rucksack transportiert sie die wichtigsten Bücher, die sie zum Vefassen ihrer Artikel braucht. Einige Monate wird sie jetzt dort verbringen, bevor sie wieder zurück nach Zürich pendelt.

Der äussere Anlass zum Pendel-Entschluss war der Föhn. Seit dem Erscheinen ihres Buches über Künstlerinnen in der dritten Lebensphase 2005 litt Hanna Gagel häufig unter Kopfschmerzen. «Als ich nach einem Jahr begriffen hatte, dass der Zürcher Föhn daran schuld ist, fragte ich mich, warum ich mir dieses Kopfweh gefallen lassen sollte.» Innerhalb weniger Wochen mietete sie eine Wohnung in Berlin und kündete dafür die Ferienwohnung im bündnerischen Ladir. Das Kopfweh ist vorbei.

Den Wegzug aus Ladir sieht Hanna Gagel als Aufbruch. Auf langen Wanderungen in der Surselva waren die Gedanken zur Konzeption ihrer zwei Bücher gereift. Am Schreibtisch des Ferienhauses hatte sie Teile ihrer Manuskripte geschrieben. Und nun geht sie weg, «autonom auf meiner Lebensreise», wie sie sagt.

In Berlin arbeitet Hanna Gagel in aller Ruhe. Ihre Freundin gibt ihr Tipps, wie man sich in der Stadt zurechtfindet, welche Kunstausstellungen gerade laufen. Zudem will sie den anderen Teil Deutschlands kennenlernen; in ihren Berliner Jahren war sie nie in der DDR gewesen. Ihre Qi-Gong-Übungen praktiziert sie nun im Berliner Kleistpark statt im Wipkinger Landenbergpark, und Laufen und Schwimmen kann sie dort auch. «Es ist wie ein Nach-Hause-Kommen», sagt sie. «Ich habe diese ganze Situation bestanden, mir meine Altersversorgung

verdient. Es ist richtig so.» Ihre Kolleginnen von früher schätzen sehr, dass sie wieder in Berlin ist. Manche beneiden sie auch darum, dass sie in der Schweiz die Ruhe zur kreativen Arbeit fand. Hanna Gagel liebt den Sprachwitz und die Schlagfertigkeit der BerlinerInnen: «Das ist schön und belebt mich sehr.»

Die vielfältigen Netze, die sie an ihren Kursen an der Kunstgewerbeschule geknüpft hatte, haben sich gelokkert. «Sei jetzt konsequent», hatte sie sich während der Arbeit an ihrem neuesten Buch gesagt, «das ist jetzt ganz allein deine Sache. Jener Austausch war jahrzetelang deine Welt und ist jetzt vorbei» – Autonomie auch hier.

In Zürich trifft Hanna Gagel ihre zahlreichen Bekannten und KollegInnen bei Vorträgen, Ausstellungen und Veranstaltungen. Oft ist sie einige Abende pro Woche unterwegs. Sie geht auch immer wieder zum Tanzen.

Freundschaften gelingen Hanna Gagel eher mit Künstlerinnen. Die Freundschaft mit Frauen bedeutet ihr viel, das will sie betonen. «Einige vermitteln mir ein Gefühl von Heimat. Da gibt es gegenseitiges Verstehen, was Kunst und Politik betrifft. Da fliesst ‹das Lebenselixier der Kommunikation›», zitiert sie Christa Wolf. Es freut sie, dass sich ihr Kreis wie von selbst erweitert, in Zürich wie in Berlin. «Ich bin jetzt offen, freier», sagt sie, «es kommt auf mich zu.»

Jetzt, in ihrer dritten Lebensphase – sie zieht diesen Begriff vor – erlebt Hanna Gagel auch intensive erotische Beziehungen, mit Frauen wie auch mit Männern. «Der schöpferische Geist ist androgyn: Diese Position von Meret Oppenheim habe ich für mich übernommen.»

Vor kurzem sah sie ein Plakat mit einem nackten älteren Paar, das sich umarmte. Zuerst fühlte Hanna Gagel sich irritiert. «Aber eine richtige, leidenschaftliche Umarmung, mit Falten – das fand ich beeindruckend.»

Hanna Gagel pflegt zunehmend den Kontakt mit ihrer Herkunftsfamilie. Nach dem Tod der Mutter wurde die 64-Jährige zum weiblichen Mittelpunkt der Familie, wie sie es formuliert. «Wir Geschwister hängen irgendwie aneinander, obwohl es schwierig ist.» Ihr jüngster Bruder sagte kürzlich zu ihr, er würde sich darüber freuen, wenn sie zurück nach Bremen käme. Sie findet, das wäre auch eine Möglichkeit, sie müsse das jetzt noch nicht entscheiden. Hanna Gagel hat einen Cousin, der als Restaurator arbeitet. Er hat die Oberfläche ihres schönen Wohnzimmertischs auf Hochglanz poliert. Nun muss sie ständig putzen, was sie eigentlich gar nicht schätze – aber er habe es gut gemeint. «Das ist so in einer Familie», sagt sie.

Die kleine Hanna erlebte eine selbstständige und arbeitsame Mutter, die ihre vier Kinder auf dem Bauernhof alleine durchbrachte. «Sie erlaubte sich nie eine Krankheit, nie eine Schwäche. Sie hatte einen robusten Egoismus», sagt Hanna Gagel. «Dass ich immer selbstständig bleiben und nie heiraten wollte, hat sicher etwas mit ihr zu tun.» Von der kultivierten Grossmutter aus grossbürgerlich-liberalen Verhältnissen, die in ihrer Jugend um 1900 eine überzeugte Frauenrechtlerin gewesen war, übernahm Hanna einen geistigen Auftrag, davon ist sie überzeugt. Sie führte etwas aus, was die Grossmutter damals nicht konnte. «Meine Grossmutter», sagt Hanna Gagel, «wäre sehr stolz auf meine Arbeit gewesen.»

Das grossmütterliche und das mütterliche Vorbild standen für die junge Hanna im Widerspruch. «Ich fühlte mich in einem starken Konflikt zwischen der vitalen Energie der Mutter und der geistigen Energie der Grossmutter.» Die beiden verkörperten für sie die Polarisierung von Körper und Geist in unserer Kultur, wie sie es formuliert. «Erst viel später erkannte ich meine Chance:

Gegensätze, die ich zuerst als schwierig erlebte, im Lauf des Lebens verbinden zu können.»

An den Vater hat Hanna Gagel nur noch einzelne Erinnerungen. Sie war vierjährig, als er in den Krieg eingezogen wurde. Er kam nie mehr zurück, starb in russischer Gefangenschaft in Sibirien. Er bewunderte das kleine Mädchen, als es reden lernte, und nannte es «tolles Weib». Daraus machte sie «Towei». Dieses Wort habe sie durch ihr Leben begleitet. Eine Art Grundanerkennung, wie sie sagt, die sie mit Energie und Stärke erfüllt. «Er war derjenige, der mich wirklich liebte.» Die Mutter war für sie eher die Verlässliche in den schwierigen Nachkriegsjahren. «Sie hat mich nicht gross geliebt und die Brüder bevorzugt», sagt Hanna Gagel, «aber sie vermittelte mir eine Grundstabilität. Das kann ich unbedingt anerkennen.»

Die junge Hanna, die Zweitälteste, hatte zwischen ihren Brüdern einen schweren Stand. Besonders mit ihrem jüngeren Bruder focht sie manchen Machtkampf aus. «Ich wollte partout die grosse Schwester bleiben, wogegen er sich partout wehrte. Bis vor kurzem hat es dieser Bruder nur mit Mühe fertiggebracht, mich anzuerkennen.»

«Lange Jahre lebte ich in meiner Aschenputtel-Rolle», sagt Hanna Gagel. Anregung und Förderung habe sie vor allem von der verehrten Grossmutter erfahren, die ihr «Hanneken» liebte. Daneben erlebte sie Unterstützung und Anerkennung durch kluge Lehrerinnen. Die Tatsache, dass sie ausschliesslich Mädchenschulen besuchte, bewertet sie positiv. «Die freundschaftliche Atmosphäre in meinen Mädchenklassen war frei vom früheren Geschlechterstress und den damit verbundenen Konflikten.»

Erst nach der Ergotherapie-Ausbildung brachte sie das Selbstvertrauen und die Finanzen auf, um zu studieren. Die Studentin löste sich teilweise von ihrem bäuerlich-bürgerlichen Herkunftsmilieu, als sie sich maoistisch orientierten Gruppen der Berliner Studentenszene anschloss. Die Ausstellung über die «Kunst in der bürgerlichen Revolution 1848» im Schloss Charlottenburg, die damals zum Eklat führte, wurde für ihr Selbstverständnis zentral: Dass auch liberale Bürgerliche, sogar bürgerliche Frauen, damals zur Revolution bereit waren – das war eine neue Erkenntnis für sie. «Es war ein Riesenschritt für mich», sagt sie. «Die zehn Jahre der Umorientierung in Berlin gehören zur anregendsten Zeit meines Lebens.»

Neue geistige Horizonte erschloss sie sich gemeinsam mit StudentInnen in Arbeits- oder Basisgruppen, wie diese damals genannt wurden, und sie machte durchaus positive Erfahrungen mit männlichen Kollegen. «Zudem war ich dauernd in Vertreter des männlichen Geistes verliebt, wenn auch nicht sehr glücklich.»

Zur Frauenbewegung der frühen 70er-Jahre hatte Hanna Gagel keinerlei Kontakt; deren Anliegen blieben ihr unverständlich und fremd. Kunst wie Kunstbetrachtung hatten in ihren Augen kein Geschlecht, respektive – so würde sie es heute formulieren – die männliche Deutung war für sie die allgemeingültige. Für die junge Kunsthistorikerin bedeutete dies, dass die Frage nach ihrer Identität als Frau in ihrem wissenschaftlichen und politischen Engagement keinen Platz fand. Wenn sie sich auf Fotografien jener Zeit betrachte, erkenne sie, wie schwierig diese Zeit für sie gewesen war. «Heute», sagt sie, «sehe ich wesentlich besser aus.»

In der Schweiz fand Hanna Gagel ihr erstes Zimmer in einer Wohngemeinschaft mit der Ethnologin Maya Nadig, die in ihren Forschungen die Geschlechterdifferenz als entscheidend ansah. In ihr fand sie eine Kollegin, die sie als ebenbürtig betrachtete und ihr den Einstieg in die feministische Szene der Universität Zürich erleichterte. «Das war für mich eine neue, tief prägende Erfahrung. Mein latentes Interesse an der Kunst von Frauen wurde unterstützt.»

Hanna Gagel sieht ihre jahrzehntelange Lehr- und Forschungstätigkeit als das Schaffen in einer Nische – dieser Ausdruck gefällt ihr sehr. «Es ist mir gelungen, aus der Nische, die mir die Schweiz und die Kunstgewerbeschule boten, das Bestmögliche zu machen: in der Nische mein Potenzial zu entfalten und an die Öffentlichkeit zu treten.» Die Fäden des Netzes bestanden aus ihren eigenen wissenschaftlichen und persönlichen Kontakten zu Studentinnen und Künstlerinnen, und mit Hilfe dieses Netzwerks forschte sie über ihre Themen. Dort fanden die klärenden Prozesse statt, die Hanna Gagel zur Wahrnehmung und Respektierung des eigenen «weiblichen Blicks» führten, dem Thema ihres ersten Buchs, *Den eigenen Augen trauen.*

Wichtige Voraussetzung für dessen Niederschrift war für Hanna Gagel auch die Trennung von ihrem Ehemann. Sie hatten es vor der Heirat gut gehabt zusammen, wie sie sagt, und an die ersten drei Ehejahre erinnere sie sich gern. «Er verstand viel von Landschaft, von Architektur und Politik, da waren wir uns einig.» Sie wohnten nie zusammen; Hanna Gagel pendelte zwischen Zürich und Bern. Doch für eine dauerhafte Ehe hätten die gemeinsamen Interessen nicht genügt. «Er war intelligent, aber eifersüchtig», sagt Hanna Gagel. «Das ist ja klar, wenn eine Frau wirklich kreativ wird, folgt die Eifersucht von Männern.» Erst nach der Scheidung 1991 fühlte sie sich von dieser «latenten Einengung» befreit.

Hanna Gagels Netzwerk, das gesamte lebendige Hin und Her zwischen Studentinnen, Künstlerinnen und lebenserfahrenen Frauen, stand und fiel mit ihr: «Alles kommt und geht wie Wellen im Meer – Wellen, die hochkommen und dann wieder verschwinden», sagt sie. «Ich habe meine Netze für meine Situation, für meine spezifischen Interessen geknüpft. Und sie verändern sich mit mir.»

Die Beständige
Historikerin, Romanistin und Journalistin
Verena E. Müller

Mitte Oktober packt Verena E. Müller ihre Koffer und fliegt nach Boston – Jahr für Jahr. Sie besucht die Universität von Cambridge; vier Minuten über den Spazierweg, und sie ist in Harvard, stöbert in den vielen Buchhandlungen, besucht Vorträge und Diskussionen. «In dieser einen Woche sauge ich alles auf», sagt sie.

Die Weihnachtszeit verbringt Verena E. Müller in London – ebenfalls Jahr für Jahr. Das Weihnachtsprogramm steht seit Jahrzehnten fest. Seit sie wusste, dass sie ledig bleiben würde, floh sie vor dem familiären Gefühlsterror, wie sie es nennt. Gemeinsam mit einer Freundin, einer Englischlehrerin aus der Mittelschullehrerinnen-Zeit, hat sie sich ein eigenes Weihnachtsprogramm in London zusammengestellt, zu dem auch weitere Freundinnen und Freunde eingeladen sind. Das sei immer fidel, sagt Verena E. Müller.

Jeden Sommer überquert Verena E. Müller schwimmend den Zürichsee, zusammen mit einer alten Freundin, die jeweils aus Paris zu Besuch kam. Vor kurzem ist diese nun unerwartet gestorben. «Sie fehlt mir wirklich», sagt Verena E. Müller, «sie war eine Lustige.»

Verena E. Müllers Jahr ist zweigeteilt: Von Januar bis Mitte Juli dominieren Arbeitstermine und Kontaktpflege in der näheren Umgebung ihre Agenda; von August bis Neujahr ist dann die Zeit für Weiterbildung und Treffen mit dem internationalen Kreis von Freundinnen und Freunden.

Mit ihrer engsten Freundin hat Verena E. Müller kürzlich das 50-Jahr-Freundschaftsjubiläum gefeiert. Schon am ersten Tag in der Töchterschule habe sie in ihr die passende Freundin gesehen. «Sie ist so kreativ und ori-

ginell», sagt Verena E. Müller, «und ich langweile mich nicht gerne.» Die jungen Frauen stammten aus verschiedenen Milieus, und ihr Leben gestaltete sich extrem unterschiedlich. Was sie verband und verbindet, sagt Verena E. Müller, sei das innere Feuer, die Liebe zur Aufgabe, der sie sich widmeten. Verena E. Müller schätzt als Musikliebhaberin beispielsweise die regelmässigen Veranstaltungen «Ceresio Estate» im Tessin, die ihre Freundin seit Jahrzehnten organisiert – sie habe ein Flair für junge Künstler. Auch mit der «Dritten im Bunde» aus der gemeinsamen Schulzeit sei sie noch ständig in Kontakt.

Ebenfalls regelmässig trifft sich Verena E. Müller mit der «bewährten» Freundin, mit der sie jeweils die Weihnachtszeit in London verbringt. Letzthin haben sie gemeinsam an einer Studienreise nach Bosnien teilgenommen. Von den Organisatoren, einer Gruppe ehemaliger Offizierskader, wurden die Teilnehmenden vor der Abreise schriftlich nach ihrem militärischen Grad gefragt. Ihre Freundin habe geantwortet, sie sei Pfadiführerin gewesen. «Das mag ich eben so an ihr», sagt Verena E. Müller. «Dann weiss ich, warum ich mit ihr befreundet bin.»

Alle paar Monate trifft sich Verena E. Müller mit ehemaligen Kolleginnen aus der Zeit bei der AKAD zum Abendessen. Die Zusammenarbeit verbinde eben. Ebenso geht es ihr mit der Frauengruppe, die sich Anfang der 80er-Jahre um feministisch gerechte Lehrmittel kümmerte und nun ein Frauenstamm geworden ist. Man kommt regelmässig drei- oder viermal im Jahr zum Abendessen zusammen, bei einer alleinerziehenden Kollegin, die am meisten angebunden sei. Alle bringen immer das Gleiche mit, die eine den Salat, die andere die Sauce für die Teigwaren und die Dritte das Dessert. Verena E. Müller findet das eine geniale Lösung, praktisch für berufstätige Frauen wie sie. «Ich bereite meine

Sauce zu, wenn ich gerade Zeit habe, und erscheine an der Tafel wie Rotkäppchen mit dem Körbchen.» Sie diskutieren nicht mehr über ein bestimmtes Thema, sondern erzählen einander von ihren beruflichen und persönlichen Erfahrungen – «die Einzelnen haben sich ja in all dieser Zeit extrem entwickelt, und das muss alles durchdiskutiert werden».

Besondere Zuneigung verspürt Verena E. Müller zu jungen Leuten. Viele ihrer Studienkolleginnen und Berufsfreundinnen und auch ihre Geschwister haben Kinder, die sie hat heranwachsen sehen. Den Kontakt mit all diesen jungen Erwachsenen findet sie enorm anregend. Die Jungen aus ihrer «deutschen Familie» – sie hatte die Mutter seinerzeit in Paris kennengelernt – seien heute blitzgescheit, anregend und furchtbar grün. Die hätten auch die schönen Möbel aus dem Müller'schen Esszimmer in Luzern übernommen. Es mache einem Freude, zu sehen, dass Mutters Buffet in einer Berliner Altwohnung wieder zu Ehren komme, sagt sie. Erst vor kurzem habe eine dieser jungen Frauen mit ihrem Mann und den zwei kleinen Kindern sie besucht, sie alle hätten in ihrer Wohnung «kampiert». Auf die Frage, was sie werden wolle, wenn sie gross sei, habe das dreijährige Mädchen erwidert: «Ich bin jetzt schon gross.» Da mache sie sich keine Sorgen um die künftige Frauenbewegung, schmunzelt Verena E. Müller.

Letzthin feierte ihr Bruder im Kreis der Familie seinen 60. Geburtstag, und sie war zu einem gemeinsamen Wochenende in Rom eingeladen. «Der Umgang mit den Neffen und Nichten so um die 20», sagt Verena E. Müller, «ist etwas derart Lustiges. Ich finde sie in diesem Alter einfach zum Schreien. Dieser unausgegorene Wein – das hat einen grossen Unterhaltungswert.»

Verena E. Müller sorgt auch für die Jungen aus ihrer weit verzweigten Bekanntschaft und Verwandtschaft.

Einmal ging es einer jungen Frau sehr schlecht, eine Beziehung war in die Brüche gegangen, und da machte sich Verena E. Müller im Herbst kurzerhand daran, deren Garten aufzuräumen. Sie fand, man könne ihn nicht so verwildern lassen; ein paar Schneeglöckchen würden der jungen Frau sicher guttun. Verena E. Müller sieht sich aber nicht als aufopfernde Rotkreuz-Schwester, wie sie es formuliert. Als eine ihrer Nichten sie dringend brauchte, handelte sie mit ihr einen Deal aus: Ich nehme mir Zeit und komme zu dir, aber wir gehen mindestens drei Stunden spazieren, damit auch ich etwas davon habe.

In die Terminplanung für die zweite Jahreshälfte gehören die Kontakte zu den ehemaligen Au-pair-Familien in Frankreich und England. Mit einigen Familienmitgliedern ist sie immer noch eng verbunden. Einmal wurde Verena E. Müller notfallmässig nach Paris gerufen, weil eines ihrer so genannten Au-pair-Babys, eine inzwischen verheiratete Frau in mittleren Jahren, ihre Familie mit einer Liebschaft schockierte. Sie kenne diese Frau seit 1961, sagt Verena E. Müller, sie sei wie eine Adoptivtochter. Verena E. Müller ist sowieso überzeugt, dass ihre Erfahrungen als Au-pair im Ausland und die darauf folgenden jahrzehntelangen intensiven Kontakte mit mehreren Generationen von unschätzbarem Wert seien. Im Kontakt mit der französischen Familie habe sie festgestellt, dass die schweizerische Gesellschaft in den letzten dreissig Jahren viel beweglicher geworden sei als die französische mit all deren konservativen Vorurteilen. Auch die englische Gesellschaft erlebt sie am Beispiel ihrer Londoner Au-pair-Familie als sehr viel offener. «Das finde ich total spannend», sagt sie, «bewusst diesen Wandel der ‹longue durée› mitzuerleben.»

Verena E. Müller wohnt schon seit vielen Jahren in derselben Eigentumswohnung; man kennt sich im Quartier. Wenn sie über eine Woche lang weg ist, meldet sie das den Nachbarn im oberen Stock. Während ihrer längeren Abwesenheiten, beispielsweise wenn sie im Herbst nach Boston geht, zieht jeweils eine alte Bekannte in ihre Wohnung, leert den Briefkasten und giesst die Pflanzen. Auch ihre Schwester weiss immer, wann sie weg ist.

Die kleine Verena wuchs in einer Familie auf, wo der Vater als Arzt und die Mutter als Apothekerin voll berufstätig waren. Nebenbei führte die Mutter, eine perfekte Hausfrau, zusammen mit den Dienstmädchen den Haushalt. «Meine Eltern waren immer gleichberechtigt,» sagt Verena E. Müller, «und es gab immer Streit, weil niemand nachgeben wollte.» Dass ein solches Arrangement lautstarke Auseinandersetzungen mit sich brachte, war für das Mädchen selbstverständlich. «Ich kannte nichts anderes», sagt sie. Im Kindergarten erlebte sie zum ersten Mal einen Kameraden, der sie einfach herumkommandieren wollte, nur weil sie ein Mädchen war. «Ich konnte es nicht fassen.» Seit damals habe sie immer gewusst, dass sie sich niemals werde herumkommandieren lassen.

Verena lernte auch in ihrer Verwandtschaft keine anderen Vorbilder kennen. Ihr Grossvater, der eine Zeit lang im Arzt- und Apothekerhaushalt mitarbeitete, hatte seine Familie wegen eines Partners früh verlassen. Das sei damals schon eine Sensation gewesen. Die Grossmutter, «eine ganz Gescheite», habe als höhere Tochter nichts Richtiges gelernt und sich mit dem Verkauf von Kinobilletten über die Runden gebracht. Als deren Tochter, Verena E. Müllers Mutter, studieren und selbstständig werden wollte, habe diese sie natürlich sehr unterstützt. «Alle Frauen in meiner Verwandtschaft waren auf ihre Art extrem emanzipiert.» Bis heute ist Verena E.

Müller überzeugt, dass Beziehungen nur funktionieren, wenn ein Partner nachgebe. Bei zwei gleich Starken könne es nur «Funken» geben – es sei denn, jemand von beiden sei ausserordentlich diplomatisch begabt oder sehr grosszügig. «Aber wer ist das schon», sagt sie, «ich jedenfalls nicht.» Und so war Heiraten für Verena E. Müller nie eine Option, berufliche und finanzielle Selbstständigkeit hingegen von existenzieller Wichtigkeit.

Die verlässlichste Person im Leben des heranwachsenden Mädchens war der verwitwete Grossvater väterlicherseits. Während seiner monatelangen Besuche bei der inzwischen auf drei Kinder angewachsenen Familie kümmerte er sich um sie. Er war Bauingenieur, konnte jedoch bis zu seinem Tod gut Latein und Griechisch und half ihr bei den Aufgaben. In jener Zeit seien die Leute eben noch gebildet gewesen. Dieser Grossvater nahm seine Enkelin sehr ernst. Auf langen Spaziergängen habe er ihr beispielsweise über das Leben von Komponisten erzählt. Verena E. Müller führt ihre Liebe zur Musik auf jene Gespräche zurück. «Er suchte wirklich den geistigen Austausch, und ich habe mich zutiefst angesprochen gefühlt. So gesehen, haben die Männer in der Familie für mich eine grössere Rolle gespielt als die Frauen.»

Die junge Verena, schon früh in der «inneren Emigration», hatte das Glück, in der Töchterschule auf eine herzensverwandte Freundin zu treffen. Diese Freundin habe sie stärker geprägt als manches erwachsene Vorbild. Deren Eltern waren auch beide berufstätig, und ohne den Verdienst der Mutter wäre es dort nicht gegangen – darüber musste man nicht diskutieren. Aber in jener Familie wurde viel Musik gemacht, und es gab keinen Streit. Sie habe das einfach zur Kenntnis genommen, sagt Verena E. Müller.

Am Tag nach der Maturafeier floh Verena E. Müller vor der Situation zu Hause nach England an eine Au-pair-Stelle und kam erst zwei Tage vor Semesterbeginn zurück. «Das war für mich eine wichtige Erfahrung. Ich meinte nicht mehr, ich spinne, wenn mir die Streitereien zu Hause so auf die Nerven gingen.» In anderen Familien herrschte tatsächlich ein anderer Tonfall, Probleme konnten verschieden gelöst werden: Diese Erkenntnis fand sie tröstlich. «Obwohl ich Haushalt und Windelnwaschen grässlich fand, genoss ich dieses stimulierende Milieu sehr.»

Einer Verliebtheit wegen wählte Verena E. Müller Französisch als Nebenfach. Die Verliebtheit sei nach einem Semester kein Thema mehr gewesen; aber Französisch wurde ein Lebensthema für sie. «Das ist wie ein roter Faden in meinem Leben», sagt sie. Aus falschen Gründen habe sie das Richtige getan, wie später noch mehrere Male. Während des Studiums an der Universität Zürich lebte Verena E. Müller mit Frauen in einer Wohngemeinschaft und fühlte sich glücklich. Jene Frauen gehören bis heute zu ihren engen Freundinnen.

Mit ihrer um zehn Jahre jüngeren Schwester verstand sich Verena E. Müller anfänglich überhaupt nicht. Erst als Erwachsene sei ihr klar geworden, dass sie sich nie in die Quere kommen würden. «Wir sind so völlig verschieden,» sagt Verena E. Müller. Die Schwester wurde Juristin, gründete eine Familie. Während ihrer Anwaltsprüfung blieb ihr Mann ein halbes Jahr zu Hause. Danach gab die Schwester ihren Beruf ganz auf, war während über zehn Jahren Hausfrau und Mutter. Das kann Verena E. Müller gut nachvollziehen. Die Schwester habe immer Freude am Haushalt gehabt und sehr gut gekocht, im Gegensatz zu ihr.

Verena E. Müller denkt, dass sie eine gute Tante für die zahlreichen Kinder ihrer Geschwister war. Häufig kamen sie zu ihr in die Ferien, «aber dann war mein Bedarf gedeckt.» Sie findet, Tante zu sein, so ideal, wie Grossmutter zu sein. «Ich habe die Kinder bei mir, organisiere mich im Voraus, damit ich möglichst wenig arbeiten muss, unternehme viel mit ihnen, und es ist lustig. Und am Sonntagabend begleite ich sie zum Schnellzug, und weg sind sie.» Verena E. Müller erinnert sich an eine Nichte, die einige Jahre lang zusammen mit einer Freundin jeweils eine Woche der Sommerferien bei ihr verbrachte. Jeden Morgen putzten die beiden einen Teil der Wohunung auf Hochglanz, wurden zum Tarif von Zürcher Putzfrauen von ihr bezahlt, und am Nachmittag gingen sie in die Stadt und gaben das Geld aus. «Das waren», sagt Verena E. Müller, «offensichtlich sehr erfolgreiche Ferien.»

Verena E. Müller hatte einige Liebesbeziehungen. Aber sie sei wie ihre Mutter und wisse sehr genau, was sie wolle. Kein Mann ihrer Generation, sagt sie, hätte in einer solchen Ehe sechzig Jahre ausgeharrt wie früher ihr Vater. Sie habe schon immer einen Hang zu schwierigen Typen gehabt. «Leider ist es schon so, dass interessante Männer meist mühsam sind.»

Verena E. Müller war schon über vierzig, als sie den «originellsten Mann ihres Lebens» kennenlernte. Ein grosser dunkler Typ mit dem verführerischen Charme italienischer Vorfahren und hochintelligent. «Ich war fasziniert.» Aber als typischer Amerikaner sei er unfähig gewesen, eine andere Sprache als Englisch zu lernen. Und für jeden Kaffee habe er einen neuen Plastikbecher genommen. Diese Energieverschwendung sei ihr auf die Nerven gegangen. Ausgiebigen Krach hätten sie gehabt wegen der Plastikbecher; an solchen Kleinigkeiten und Reibereien sei es gescheitert. Zudem fanden sie keine Lösung für einen gemeinsamen Arbeitsort. Beide räumten ihrem Beruf Priorität ein – sie machte sich damals gerade selbstständig –, und Kompromisse seien nicht möglich gewesen. So trennte man sich nach zehn Jahren. «Der Mann fiel aus meinem Leben heraus», sagt sie, «aber nicht meine Liebe zu Boston.» Sie sei heute noch froh, dass sie eine neue Welt, eine neue Kultur kennengelernt habe.

Nach dieser Trennung hakte die gut 50-Jährige das Kapitel Beziehungen ab. Sie könnte sich nicht vorstellen, sich nochmals zu binden. Mit jemandem in derselben Wohnung leben – das hätte sie sowieso nie gewollt. Sie lebe sehr gerne allein. Interessante Männerfreundschaften pflege sie immer noch einige, seit Jahrzehnten. «Aber eine Liaison brauche ich wirklich nicht mehr.»

Verena E. Müller wollte nie eigene Kinder. Das sei für sie so wenig ein Thema gewesen wie das Heiraten. «Jesses», sagt sie, «in diese Falle bin ich nie getappt.» Sie sei dankbar für ihre Erfahrungen als junges Au-pair, wo sie erkannte, dass man Kinder nicht «mit links» habe, weder in antiautoritären noch in autoritären Familien. Nie habe sie sich wie andere Frauen ihrer Generation Illusionen gemacht, man könne Kinder haben und gleichzeitig berufstätig sein. Das sei damals einfach nicht dringelegen. Sie verstand auch nie, warum Leute um jeden Preis eigene Kinder wollten. «Wenn man sich für Kinder einsetzen will, gibt es innerhalb der Familie genug Aufgaben, die man wahrnehmen kann und die für alle befriedigend sind.» Das ist ihre Erfahrung.

Die drei erwachsenen Geschwister waren sich stets einig bezüglich der alten, pflegebedürftigen Mutter. Diese wollte auf keinen Fall in ein Alters- oder Pflegeheim gehen. «Wir Kinder haben immer gesagt», Verena E. Müller wird laut, «wenn sie in diesem Haus in Luzern bleiben will, dann soll sie die bestmögliche Pflege bekommen, ganz egal, was es kostet.» Es sei nicht an ihnen, das mühsam verdiente Geld ihrer Eltern zu erben. Während der letzten Lebensmonate der Mutter war Verena E. Müller hie und da am Sonntag zum Kochen eingeteilt; die Hauptlast lag auf ihrer Schwester. «Und jedes Mal sass die Mutter auf dem Küchenstuhl und hat mich kritisiert.» Sie sei keine «Wunderköchin», aber noch nie sei jemand bei ihr hungrig vom Tisch gegangen – das betont Verena E. Müller mehrere Male. Eigentlich finde sie diesen eigensinnigen, ständig kritisierenden Frauentyp lustig. «Aber das wollte ich mir einfach nicht mehr gefallen lassen.» Also brachte sie vorgekochte Menüs mit. Worauf die Mutter meinte, sie wisse doch ganz genau, dass sie nichts Aufgewärmtes möge. Da wurde Verena E. Müller so wütend, dass sie beschloss, nie mehr für ihre Mutter zu kochen, egal ob sie verhungere. Und sie ist stolz, dass sie sich vor dem Tod der Mutter noch durchgesetzt hat. «Irgendwie», sagt sie, «habe ich ihr diese Grenze doch noch gesetzt, und das war für mich wichtig.» Seit dem Tod der Mutter sei das Verhältnis der Geschwister untereinander irgendwie unbelasteter. «Man definiert sich nicht mehr über das Elternhaus.» Dieses sei verkauft, das Kapitel abgeschlossen.

VERENA E. MÜLLER

Die Partnerin
Handwerkerin Liliane Späth

«Total ausgerüstet», sagt Liliane Späth, «ging ich am Freitag heiraten.» Am 23. Februar 2007 haben Liliane Späth und Rosmarie Baumgartner ihre Partnerschaft auf dem Standesamt Dietikon eintragen lassen. Alles sei so schnell gegangen, wie verhext. «Ich habe den Pass nicht gefunden, den Pass nicht gefunden...» – ihre Stimme wird leise und dramatisch. Sie verstecke wichtige Dokumente manchmal so raffiniert, dass sie sie nicht mehr finde. In letzter Minute habe sie sich an das Ferienkästchen mit den Apothekersachen erinnert. Und dort steckte der Pass. Liliane Späth kann sich denken, warum ihr die amtliche Zeremonie, auch nach 32 Jahren Partnerschaft, zu schnell kam. Natürlich sei ein «sauberer Tisch» wichtig, wegen des Erbens oder falls eine ins Spital müsse. Aber gleichzeitig habe diese Eile für sie einen «Beigeschmack». Schliesslich wolle sie noch lange gesund und munter leben.

Das Wohnzimmer mit dem Kachelofen im grossen Birmensdorfer Haus ist bestückt mit restaurierten alten Möbeln aus Liliane Späths Herkunftsfamilie. Ihr Stiefvater – «der Späth», sie nennt ihn nie anders – war ja auch im Antiquitätenhandel und in der Restauration tätig. «Aber ich habe da keine Emotionen», sagt Liliane Späth, «die Möbel gefallen mir und fertig.» Einzig das Buffet im Flur erinnert sie an die Berner Stube. Dieses mächtige Möbel stand an einer der letzten offenen Kegelbahnen von Bern. Als diese den Betrieb einstellte, erwarb Lilianes Stiefvater das verwitterte stattliche Stück und liess es renovieren. Liliane Späth würde das Buffet sofort verkaufen, wenn sie könnte. Das habe sie zu Hause sowieso gelernt, nicht an Möbeln zu «kleben», auch an den eigenen nicht. Allerdings hat sie in Erinnerung

an die Kissen in der Berner Stube Fusskissen mit ähnlichen Bezügen gepolstert. Diese seien sehr bequem für ihre arthritischen Knie.

Überhaupt, sagt Liliane Späth, erzähle sie nicht mit leuchtenden Augen Erlebnisse aus der Kindheit. «Ich lebe mein Leben so vorzu», sagt sie. Sie erinnere sich erst an Ereignisse aus der gemeinsamen Zeit mit Rosmarie. Aber sobald sie auf ihren i-Mac zu sprechen kommt, strahlt sie. Das ist für sie kein Möbel. Den würde sie nie verkaufen, auch wenn sie könnte.

Die Rollenteilung zwischen den Partnerinnen ist klar und erprobt, privat wie geschäftlich. Lautstarke Auseinandersetzungen kommen öfter vor. Ihre Angestellte höre die ganzen «Familiengeschichten», wie Liliane Späth sie nennt, sogar noch in der Polsterei. Seit langem führen die Partnerinnen auch privat eine gemeinsame Kasse. Nur das Einkommen aus der AHV gehört Liliane Späth allein. Das geniesse sie total; da kaufe sie schon ein «Chichi» für ihren Computer oder lade ihre Partnerin grossartig in die Ferien ein. Liliane Späth sieht sich als die Ordentliche, Genaue. Sie hat ihrer Partnerin zum letzten Geburtstag ein GPS geschenkt, da diese prinzipiell fünfmal ums Dorf fahre, bis sie ihr Ziel finde. Und wer benützt das GPS jetzt? – Natürlich Liliane Späth. Sie findet es praktisch.

Fürs Kochen ist Liliane Späth zuständig. Sie kocht gerne und aufwendig, das sei schon immer ihr Hobby gewesen. Da Rosmarie häufig auswärts arbeitet und nicht so gerne kocht, findet sie das logisch. Auch das Putzen ist klar geregelt. Alle zwei Wochen kommt eine Putzfrau für Wohnzimmer, Küche und Bad. Der Büroputz ist Sache von Rosmarie. Da gebe es hie und da Diskussionen – «wir haben einfach nicht dieselben Vorstellungen». Die Schlafzimmer sind privat, da hält jede Ordnung, wie sie möchte. Bei Liliane Späth ist natürlich aufgeräumt. Um sich das Abstauben zu ersparen, hat sie von einem Brockenhändler einen massiven Rollschrank erstanden. Dort sind ihre drei Bücherregale und die Dia-Sammlung verstaut. Sie habe kistenweise Dias aus den Ferien, sagt sie, von denen sie sich nicht trennen könne.

Zu ihrem 65. Geburtstag hat Liliane Späth von Rosmarie einen eleganten Fernsehsessel bekommen. Sie sitzt allerdings selten darin, da sie abends lieber im Büro am Laptop für ihre Webseiten «werkelt». Ihre Partnerin, die gerne fernsieht, sage hie und da, sie sehe von ihr hauptsächlich noch den Hinterkopf. Aber am Morgen wird zusammen in der Küche gegessen, langsam und gemütlich, mit der Zeitung und vielleicht auch ersten Diskussionen über die Tagesplanung.

Gemeinsame Freizeitgestaltung liege zu wenig drin. Sie seien solche «Pumpen», sagt Liliane Späth, sie schafften es nicht einmal ins Kino. Und der lange geplante Ausflug mit einer 1.-Klasse-Tageskarte der SBB muss auch ständig verschoben werden. Immer komme ein «Gstrütt» dazwischen. Ihre Geburtstage allerdings feiern sie ausgiebig und speziell, vom Morgen bis zum Abend.

Liliane Späth liebt Bücher, in denen man schmökern kann, durch die man sich nicht so stur von vorne bis hinten arbeiten müsse. Die «Ariadne»-Frauenkrimis holen sie und ihre Partnerin sich jeweils bei einer Freundin im Schwarzwald. Diese gibt sie den beiden an den traditionellen Treffen über Neujahr weiter. Fachartikel liest sie nur, wenn ihre Partnerin sie empfiehlt. Zum Lesen muss sich Liliane Späth jeweils aufrecht hinsetzen. Beim Liegen schlafe sie sofort ein, auch in den Ferien. Aber sobald sie sitze, möchte sie am liebsten aufstehen und etwas tun. «Das ist ein Problem.» Aber da in der Werkstatt ständig das Radio läuft, ist Liliane Späth bestens informiert. Die Morgensendungen auf DRS 1 zwischen 10 und 11 Uhr oder auch die Gratulationen verpasse sie nie. Sie denkt, dass sie schon bald auch Hörbücher auf ihren MP3-Player laden wird und dann mehr zur Lektüre kommt.

Liliane Späth und ihre Partnerin waren das erste Frauenpaar auf dem Standesamt Dietikon. Als sie beim Unterschreiben nach dem Datum fragte, habe die Beamtin geantwortet: «Frau Späth, das ist ab heute ein Datum, das Sie nie mehr in Ihrem Leben vergessen dürfen.» Liliane Späth schüttelt sich vor Lachen; das sei eine Muntere gewesen. Die Hochzeitsfeier steht noch aus: Quasi zwischen zwei Geschäftsterminen seien sie aufs Standesamt gegangen.

Als ältere Frau fühlt sich Liliane Späth mit einer Partnerin sicherer als mit einem Partner. Dauernd erlebe sie Dramen von älteren Ehefrauen, die von ihren Männern wegen einer Jüngeren verlassen werden, fürchterlich. Unter Frauen sei das viel weniger der Fall.

Eigentlich ist Liliane Späth gegen die Institution der eingetragenen Partnerschaft. «Es ist nur eine halbbatzige Geschichte. Ich finde es total daneben, dass gleichgeschlechtliche Paare keine Kinder adoptieren dürfen.» Obwohl sie selbst nie den Drang zu Kindern gespürt, nie das Gefühl gekannt habe, es müsse eine Kopie von ihr herumlaufen, sei diese Ungleichbehandlung nicht in Ordnung. Adoptionen müssten für alle möglich sein. Es gebe so viele Kinder auf der Welt, die Eltern brauchten und von einer Adoption profitieren könnten. Dass sie keine Nachkommen hat, nimmt sie hin. Das sei einfach so.

Seit dem Tod ihrer Mutter hat Liliane Späth zu ihrer eigenen Verwandtschaft praktisch keinen Kontakt mehr. Einige verwandtschaftliche Kontakte bestehen mit der Herkunftsfamilie von Rosmarie.

Wichtiger Mittelpunkt für das gesellige Zusammensein mit Freundinnen ist für Liliane Späth das Frauenzentrum Zürich. Dort verkehren auch alte Mitstreiterinnen aus den verschiedenen Arbeitsgruppen der ehemaligen Frauenbefreiungsbewegung (FBB) und der Homosexuellen Frauengruppe (HFG). Die bewegendste Frage der letzten Jahre war die Öffnung des Frauenzentrums für Männer bei bestimmten Gelegenheiten. Liliane Späth befürwortete die Öffnung, gegen ihre eigenen Gefühle, wie sie betont. Letzthin standen anlässlich einer Vernissage im Frauenzentrum tatsächlich fünf, sechs Männer im Raum. «Das wurde mir einfach zu viel – für eine Altfeministin ist das schwierig. Ich finde einfach, Frauen haben ein Anrecht auf einen eigenen Raum, fertig, Schluss.» Was sie in den letzten Jahren wirklich mühsam finde, sei die mangelnde Solidarität unter engagierten Frauen. Sie könne es nicht akzeptieren, wenn ältere, lesbisch orientierte Frauen den Männern bezüglich Benützung des Frauenzentrums regelrecht helfen würden. Da gerät sie in Wut und äfft diese «blöden Weiber» gekonnt nach.

Liliane wohnte in Bern mit Mutter und Stiefvater nur zwei Strassen von ihrer ehemaligen Pflegefamilie entfernt, bei der sie die ersten zehn Jahre gelebt hatte. Bis heute weiss sie nicht, welcher von beiden «Vätern» ihr eigentlich näher stand. Sie habe zu beiden Familien eine gute Beziehung gehabt, sei immer an beiden Orten aufgetaucht, um zu sehen, wo es das bessere Mittagessen gebe.

Beide Familien besassen einen Gewerbebetrieb, wo alle, auch die Frauen, mitarbeiteten und Arbeits- und Privatsphäre kaum getrennt waren. Grässlich habe sie das gefunden – die ganze Woche krampfen, am Samstag ausliefern, und am Sonntagmorgen ging «der Späth» das Geld eintreiben. Zwar konnte man sich ein Auto leisten, aber man hatte einfach nichts von den Eltern. Das Mädchen kannte weitere Gewerbefamilien, wo es genauso zuging: die ganze Woche in der Werkstatt, am Sonntag wurden in Küche und Stube die Rechnungen und Belege ausgebreitet, die Buchhaltung gemacht und Rechnungen geschrieben. «Ich kannte in meiner Umgebung nichts anderes.»

Als Letzte ihrer Klasse trug das vierzehnjährige Mädchen noch Zöpfe, «klein und abstehend – furchtbar». Zum Glück ging die Mutter in die Ferien, und ihr Stiefvater hatte nicht die Geduld, diese feinen Haare durchzukämmen. Das habe der nur einmal mitgemacht, und dann habe sie die Haare abschneiden dürfen. Voller Stolz holte Liliane ihre Mutter vom Bahnhof ab – und diese habe zu weinen begonnen. «War das ein Theater!» – eigentlich sei sie von ihrem Stiefvater mehr unterstützt worden als von der Mutter. Das fällt ihr heute auf.

Die 14-Jährige spielte Landhockey mit ihren Kolleginnen und fuhr später Gokart. Beruf und Sport, sagt sie, seien ihr als junger Frau wichtiger gewesen als Beziehungen. Sie habe männliche Freunde gehabt und gleichzeitig noch Frauen «mitgeschleppt». «Irgendwann, mit 28 oder 29, wollte ich mich entscheiden. Ich bin ein Familienmensch», sagt sie. Sie wollte eine feste Beziehung – nicht immer nur ein wenig «umehötterle». In den 68er-Jahren entschloss sie sich zu einem Coming-out. Gleichzeitig radikalisierte sie sich politisch in Berns 68er Szene.

Liliane Späth erlebte ihre persönliche und politische Entwicklung als Bruch mit ihren Herkunftsfamilien. Der Pflegebruder sowie die gesamte Verwandtschaft lehnten die 68er-Bewegung radikal ab. Wegen ihres Comingouts, sagt Liliane Späth, habe sie mit ihrer Mutter jahrelang ein «Riesenproblem» gehabt. «Die konnte das überhaupt nicht tolerieren.» Vielleicht, vermutet sie, habe die Mutter noch einen «Knacks» gehabt aus der Zeit, als ein Lehrer das junge Mädchen psychologisch abklären wollte, weil sie lieber handwerkte als strickte. Im Bekanntenkreis musste das Ganze geheim bleiben. «Heute schlucken die Leute dreimal leer», sagt Liliane Späth, «wenn du mit einer Frau zusammenziehst, und dann ist es kein Problem mehr.» Aber vor dreissig Jahren sei das noch ganz anders gewesen.

Liliane Späth zog 1972 nach Zürich – «Luftveränderung» nennt sie das – und tauchte in die lesbische Szene der Frauenbewegung, ging die Beziehung mit Rosmarie Baumgartner ein. «Ich war rundum zufrieden.» Sie erinnert sich noch genau, als im Lesbenzimmer des Frauenzentrums eines Tages eine Bernerin auftauchte, mit der sie als Innenarchitektin gearbeitet hatte. «Da traf mich fast der Schlag» – eine aus Bern, aus ihrem früheren Leben. Mit ihr habe sie sich später einmal ausgesprochen.

Das Frauenzentrum neben dem Bahnhof Enge in Zürich, später im Kreis 5, wurde für sie emotionale, gesellschaftliche und politische Heimat. Demonstrationen wie das Sit-in bei der Zürcher Stadträtin Emilie Lieberherr im Kampf um sichere Räume für das Frauenzentrum waren für Liliane Späth etwas Neues. Mit Kind und Kegel ins Stadthaus zu gehen und zu picknicken, das habe sie einfach lustig gefunden. Die Kontaktmöglichkeiten zu feministischen heterosexuellen Frauen, die Selbstvergewisserung als lesbische Frauen, der politische Kampf um die gesicherte Zukunft des Frauenzentrums, die Vernetzung von beruflichen, privaten und gesellschaftspolitischen Anliegen – all das habe sie begeistert.

Auch Rosmarie Baumgartners Eltern ahnten lange Zeit nichts von der lesbischen Beziehung ihrer Tochter – diese traute sich einfach nicht, etwas zu sagen. Es kam die berühmte «Telearena» von 1976 zum Thema Homosexualität – sogar ein Fussballmatch wurde deswegen auf einen anderen Sender verschoben. Die ganze Homosexuelle Frauengruppe nahm geschlossen teil, unter ihnen Liliane Späth und Rosmarie Baumgartner. Rosmaries Schwester habe die Mutter überredet, sich die Sendung anzusehen; jetzt könne sie einmal etwas lernen. So erfuhr die Familie davon – aber es sei nie darüber geredet worden. Ein einziges Mal erhielt Liliane Späth ein Lob einer Verwandten. Sehr gut hätten sie das gemacht in der «Telearena», Kompliment.

Lesbische Beziehungen standen in den Anfangszeiten der FBB unter dem uneingestandenen Druck, harmonisch und treu funktionieren zu müssen. «Und das klappte überhaupt nicht», sagt Liliane Späth. «Ich weiss noch, wie eine ältere, heterosexuelle Feministin den Beziehungsstreitereien einiger lesbischer Frauen zuhörte und enttäuscht sagte, sie hätte gedacht, unter Frauen sei alles besser. Und das war es eben nicht.» Auch die Suche nach Partnerinnen sei damals sehr eingeschränkt gewesen. Heute, sagt Liliane Späth, sei es absolut möglich, eine Partnerin in der Migros kennenzulernen. Früher habe man nach München oder eben nach Zürich reisen müssen; da habe es schon Kämpfe gegeben.

«Unsere Beziehung», sagt Liliane Späth, «ist absolut nicht rund gelaufen in diesen zweiunddreissig Jahren.» Auch sie, jahrzehntelang das oft interviewte Vorzeigepaar der FBB-Szene, hätten Krisenzeiten erlebt. Beide kennen die Situation, dass die andere Seitensprünge machte. «Untreue ärgert einen natürlich, aber so dramatisch sehe ich das nicht – meine Partnerin übrigens auch nicht. Ich jedenfalls bin nicht der eifersüchtige Typ», sagt Liliane Späth. Dass man jemanden aus Eifersucht umbringen könne, sei ihr völlig unverständlich. «Viele schwule Männer oder lesbische Frauen denken, jetzt, wo man sich standesamtlich eintragen lassen kann, werde bezüglich Treue alles besser.» Aber Liliane Späth fragt sich, ob ein «Papierli» etwas nütze.

LILIANE SPÄTH

Die Missionierende
Friedensstreiterin und Sprachlehrerin Aline Boccardo

Das Telefon läutet in Aline Boccardos Wohnzimmer. Ein entfernter Danziger Verwandter meldet sich samt Familie für Ostern an. Sie werden alle bei ihr in der Wohnung übernachten, Aline Boccardo beim Ordnen ihrer Unterlagen helfen und die Erholungsmöglichkeiten des Kurorts Bad Ragaz geniessen. Das Telefon läutet häufig. Auch mit gehbehinderten Freundinnen kann man noch telefonieren. So lassen sich Diskussionen mit Verlegern über ihr neues Sprachlehrbuch oder mit dem Sozialarchiv Zürich wegen Teilen ihres Nachlasses abwickeln. Auch die Türglocke bimmelt regelmässig. Mitarbeiterinnen der Spitex kommen vorbei; mit ihnen geht sie auch Schuhe und Kleider einkaufen. Sprachschülerinnen erscheinen zu ihren Lektionen. Aline Boccardo ist eigentlich den ganzen Tag beschäftigt. Telefoniert, unterrichtet, kauft ein, konsultiert Ärzte. Ordnet, liest, dokumentiert, plant nächste Projekte. Zwischendurch ruht sie sich immer wieder aus.

Aline Boccardo kam in den 80er-Jahren als Patientin nach Bad Ragaz. Während der ersten Operationen und Rehabilitationsphasen wohnte sie in Kliniken und Hotels, kein Mensch wusste, wer sie war. Inzwischen hat sie Kontakt zu einigen Nachbarinnen. Aber bei Kaffeekränzchen interessiere sie sich einfach nicht für dieselben Themen. Das sei kein Hochmut, das betont sie sehr, sie fühle sich dann einfach nicht wohl. Da sei sie lieber allein. Sie spricht mit den Vögeln vor dem Fenster. Ein Star fliegt jeweils auf ihr Pfeifen herbei und singt sein Liedchen. Zudem pflanzt sie Blumen auf dem Balkon, die dank ihres grünen Daumens prächtig gedeihen. Ihre Lieblingsblumen sind Gänseblümchen. «Sie sind als Erste da, klein und bescheiden», sagt sie. «Man schneidet

ihnen die Köpfe ab, und tapfer wachsen sie wieder. Sie sind die Ersten und auch die Letzten, blühen immer noch, wenn die anderen nicht mehr können.»

Trotz der Befriedigung über die vielfältigen Kontakte und Tätigkeiten in ihrem Alltag verspürt Aline Boccardo Kummer und Sorgen über das Weltgeschehen. Sie weiss: Ohne ihre meditative Praxis, ohne Unterstützung und Begleitung durch positive Energien, hätte sie kein gutes Leben.

Auf dem kleinen niedrigen Tisch in ihrem Wohnzimmer, wo sie ihr «spirituelles Zentrum» aufbaut, brennen häufig Kerzen. Sei es zum Gedenken an den Geburtstag eines lieben Menschen oder als Zeichen des Friedens in ihr und in der Welt. Lichtmeditationen begleiten sie jeden Tag. Seit Jahren schätzt Aline Boccardo die Übungen von Ferdinand Coué, diesem einfachen Apotheker aus dem 19. Jahrhundert, wie sie sagt. «In jeder Beziehung geht es mir besser und besser.» Diesen Satz wiederhole sie immer wieder, bis er automatisch ablaufe wie ein kleines Ritornell. Das helfe ihr enorm. Diese Übung empfiehlt sie auch ihren Schülerinnen, wenn sie sich entmutigt fühlen. Die Zen-Übungen und Gedanken von Hugo Enomiya Lassalle ziehen Aline Boccardo seit langem an. Wichtig sei nicht die korrekte Sitzhaltung – da hätte sie ja keine Chance mehr – oder die Umgebung, sondern das mystische Erlebnis, von dem Menschen verschiedenster Religionen übereinstimmend berichten. «Lassalle sagt: Wir sehen von unserem Leben und von der Welt nur eine Linie am Horizont, der Himmel oben sowie der Ozean unten bleiben unseren Augen verschlossen, bis wir zu meditieren beginnen. Dann geschehen Zeichen und Wunder. So ist es, das habe ich mehrfach erlebt», sagt Aline Boccardo.

Zu bestimmten Zeiten trägt Aline Boccardo eine Halskette mit alten grünen und blauen Steinen, die sie vor Jahrzehnten in Tibet gekauft hatte. Auf der Hinterseite ist eine kleine Göttin eingraviert, Lotosblume und Flamme in den Händen: die erleuchtete Göttin. Aline Boccardo kann ihren Frieden fühlen.

«In dieser Welt, wo so vieles dämonisch und teuflisch ist», sagt Aline Boccardo, «haben wir offensichtlich unsere Lektionen zu lernen.» Die ganzen Verhöhnungen, Diffamierungen und Beleidigungen, die sie als Friedensstreiterin von aussen wie auch von innen erlebt habe, wolle und müsse sie verzeihen. «Friede ihrer Asche», sagt sie rituell, «ich mache drei Kreuze und wünsche allen, die mir Schaden zugefügt haben, nichts Böses.» Aber im nächsten Leben wolle sie diese nie wieder sehen. Wir werden nur diejenigen wieder treffen, mit denen wir noch ein Hühnchen zu rupfen oder denen wir nicht verziehen haben – davon ist Aline Boccardo überzeugt. «Geht eurer Wege, ihr müsst nichts gut machen an mir, ich habe euch alles verziehen.»

Aline Boccardo ist auf der Suche nach einem Platz für ihre Steine-Ausstellung, die sie in ihrer aktiven Zeit der «Frauen für den Frieden» jeweils gezeigt hatte. Sie möchte ihre Wohnung entlasten. Es sollte nicht irgendein Lagerraum oder Museum sein, sondern ein Ort, wo die Steine ihre Aussagekraft wirken lassen können. Ideal wäre ein Begegnungsraum in Israel oder Palästina, findet sie, wo Friedensfrauen jeglicher Herkunft zusammenkommen könnten. «Ich hoffe von ganzem Herzen», sagt Aline Boccardo, «dass so etwas noch möglich wird.»

Die kleine Aline wuchs als Einzelkind behütet und geliebt im Freien Staat Danzig der Vorkriegszeit auf. Die Mutter hatte ein Atelier und einen Verkaufsladen für Damenhüte und Accessoires. Damals sei praktisch keine Frau ohne Hut auf die Strasse gegangen. Auch die 18-jährige Aline posiert auf dem Umschlag ihres Buches

Sternstunden der Freiheit mit elegantem Hut. Den Sinn für Schönheit und Eleganz hat Aline Boccardo von ihrer Mutter geerbt. Zudem habe die Mutter einen klugen Kopf gehabt und mehrere Sprachen gesprochen. Auch in dieser Beziehung steht die Tochter in der Tradition ihrer Mutter. Ihr Vater war Handwerksmeister in der Baubranche, ein herzensguter Mensch, wie sie sagt, der Kinder und Tiere liebte. Er pflegte einen schönen Rosengarten und liebte Rosen über alles. Nur die Tochter durfte in Vaters Garten Rosen schneiden; seine Frau wies er an, sie solle sich welche auf dem Markt besorgen. Der Vater war gegen das Militär eingestellt. Wenn man Frieden wolle, müsse man mit Töten aufhören – das prägte die Tochter. Das Mädchen erlebte in den 30er-Jahren die Flucht jüdischer Menschen vor den erstarkenden Nationalsozialisten in den Freien Staat Danzig. Ganz selbstverständlich hätten sich ihre Eltern für diese Menschen eingesetzt. «Diesen Sinn für Gerechtigkeit», sagt sie, «habe ich von meinen Eltern mitbekommen.»

Während des Krieges auf der Flucht, völlig auf sich allein gestellt, erlebte die junge Frau ein extremes Wechselbad der Gefühle: existenzielle Einsamkeit und Angst, den nächsten Tag nicht zu erleben, und gleichzeitig die anregende Begegnung mit liebevollen Menschen der älteren Generation sowie die erste grosse Liebe zu einem Mann. Nach Kriegsende flüchtete die 25-Jährige nach Südamerika und arbeitete in Santiago de Chile als Sprachlehrerin. «Mutterseelenallein auf der Welt und arm wie eine Kirchenmaus» – so habe ihr Beichtvater sie gesehen und ihr geraten, den Heiratsantrag eines reichen chilenischen Sprachschülers anzunehmen. Ihr Herz habe nicht für ihn gesprochen, sagt Aline Boccardo, obwohl er schön und gebildet war. Aber sie folgte dem Rat des Geistlichen. Nach der Rückkehr nach Europa arbeitete sie mit ihrem Mann zusammen. Sie dolmetschte bei seinen Verkaufsgesprächen, die er in Deutschland als Vertreter von Maschinen führte. Die Beziehung verlief unglücklich, 1961 liess sich die 41-Jährige scheiden. «Unsere Interessen waren völlig verschieden», sagt sie. «Zudem hat sich herausgestellt, dass er ständig Freundinnen hatte.»

Aline Boccardo, selbst ein Einzelkind, hatte immer gesagt, sie wolle sechs Kinder oder keines – aber lieber sechs. Nach einer schweren Operation konnte sie jedoch keine Kinder mehr bekommen. Das habe sie immer bedauert, sagt sie. Aber sie sei ja trotzdem Mutter geworden für ihre Schülerinnen. «Aline Mama» zu sein, bereite ihr unendliche Freude.

Obwohl sich Aline Boccardo nach der Scheidung «degoutiert» fühlte, gab es in ihrem späteren Leben zwei, drei Männer, die ihr Herz höher schlagen liessen. Gebildete, durchtrainierte Männer, mit denen sie über alles habe sprechen können. «Da hätte ich Kopf und Kragen verlieren können.» Aber eben – sie waren entweder verheiratet oder lebten im Zölibat. Immer sei sie zu früh oder zu spät gekommen. «Es war mir einfach nicht bestimmt», sagt sie.

Aline Boccardos Mutter zog nach dem Tod ihres Mannes zur Tochter nach Meggen. Jeden Tag zündete sie Lichter an für alle, die in Lagern umgebracht und in Verzweiflung umgekommen waren. Die Besucherinnen, und natürlich auch Aline, beteten jeden Tag mit ihr. Bis heute setzt die Tochter die spirituelle Licht-Tradition fort.

Nie wird Aline Boccardo vergessen, wie ihre Mutter, als erste «Frau für den Frieden» in ihrem Leben, eines Tages zu ihr sagte: «Ich will dir sagen, was du für den Frieden tun kannst. Mach einen grossen Haufen aus all deinen Papieren, verbrenne alles, und lebe für den Frieden.» Aline Boccardo lacht: «Das war meine Mutter.» Aber natürlich habe sie das nicht fertiggebracht. Im Glauben an die Macht der Worte und der Verträge war sie die Tochter ihres Vaters.

Intrigen, Ränkespielen oder auch unvermeidbaren Konflikten stand Aline Boccardo ratlos gegenüber. «Ich kleine Null», das wiederholt sie häufig, «hatte ja keine Ahnung, ich suchte einfach Mitstreiterinnen, wir taten nichts Böses und setzten uns für den Frieden ein.» In der offiziellen Darstellung der «Frauen für den Frieden» wird die Geburtsstunde der Organisation mit 1979 angegeben – zwei Jahre nach der Gründung 1977 durch Aline Boccardo. Das konnte und kann sie nicht begreifen. Wie ist das nur möglich, dass sie nicht richtig dargestellt und gewürdigt wird? Sie wollte ja nur das, was wichtig und richtig war – die Abrüstung, den Frieden, die Erneuerung der katholischen Kirche –, wie konnte man sie da kaltsellen, verleumden? Aline Boccardo kam wie alle Friedensfrauen unter Beobachtung des Staatsschutzes und wurde fichiert. Noch heute findet sie das unverständlich. «Ich hatte nie in meinem Leben etwas mit Kommunismus zu tun», sagt Aline Boccardo, «ich bin katholisch.» Wer waren die Leute, die solche Informationen zusammentrugen, die zum Teil nicht einmal wahr waren?

Bis heute ist Aline Boccardo den starken Mitstreiterinnen dankbar, die ihr politischen und emotionalen Rückhalt boten. Sie erinnert sich an eine Friedensfrau, damals Grossratspräsidentin in Genf, in deren Fiche stand, sie habe dann und dann an einer kommunistischen Versammlung teilgenommen. Zu jenem Zeitpunkt diskutierte sie jedoch im Grossen Rat. Solche Diffamierungen kränken Aline Boccardo bis heute, während die betroffene Politikerin fand, die ganze Fichiererei habe überhaupt keine Bedeutung; «Ça n'a aucune importance.» Diese Haltung bewunderte sie sehr.

ALINE BOCCARDO

Die Unbeugsame
Archivgründerin Marthe Gosteli

Marthe Gosteli möchte ihren 90. Geburtstag am 22. Dezember 2007 im Stillen feiern. Das ist ihr Wunsch. Heutzutage sei es ja keine Sensation mehr, 90 zu werden. Im Sommer 2007 findet auf ihren Wunsch hin im Archiv zur Geschichte der schweizerischen Frauenbewegung ein Tag der offenen Türe statt, mit Unterstützung durch ihre Wohngemeinde Ittigen. Das freut Marthe Gosteli: Schliesslich sei das Archiv wichtiger als ihr Geburtstag.

Marthe Gosteli trifft sich monatlich zum Mittagessen mit einigen Bekannten, auch aus alten Stiftungsratszeiten. Sie isst hie und da auswärts. Sie kenne zwei, drei Restaurants, wo es noch familiär sei und sie sich zu Hause fühle. Sie schätze «reelle Produkte» und einen guten Wein. Wichtige Vertrauensperson ist der ehemalige Gemeindeschreiber von Ittigen, der ganz in ihrer Nähe wohnt. Er ist Stiftungsratsmitglied, kennt die wechselvolle Geschichte ihres Guts. Mit ihm steht sie in Kontakt. Wenn ihr etwas geschehen würde, wäre er schnell informiert. Das habe sie organisiert. Marthe Gosteli hat väterlicherseits keine Verwandten ihrer eigenen Generation mehr. «Das ist das Problem, wenn man sehr alt wird», sagt sie, «dass Bekannte und Verwandte ringsum wegsterben.»

Marthe Gosteli hatte früher zwei Schäferhunde, «super erzogen», wie sie betont. Heute könnte sie keine Schäferhunde mehr erziehen. Die Dressur ihrer beiden jetzigen Hunde, des kleinen weissen Jack Russell und der Berner-Sennenhund-Appenzeller-Mischung, sei für sie kein Problem. Sie findet, die beiden würden gut gehorchen. «Das sind Schätzeli», sagt sie, eine gute Gesellschaft. Sie seien immer und überall dabei und wüssten genau, wann sie sich ruhig zu verhalten hätten.

Durch den Archivbetrieb hat Marthe Gosteli viele Besuchskontakte. Vor kurzem kamen im Car 73 Frauen aus Cham, um das Archiv zu besuchen und ihren Erklärungen zu lauschen. «Das hat mir fast etwas gegeben: Genau diese Kontakte strebe ich an.» Da ist Marthe Gosteli in ihrem Element.

In ihren Auseinandersetzungen mit dem 2005 zurückgetretenen Stiftungsrat sieht sich Marthe Gosteli als Kämpferin nicht nur für ihre Rechte als Stifterin, sondern auch für die Würdigung alter Menschen. Nur weil sie eine alte Frau sei, müsse sie sich Vorwürfe gefallen lassen, sie habe die Sachen nicht mehr im Griff. Das empfindet sie als Missachtung, als Diskriminierung, und es schmerzt sie. Nie hätte sie sich träumen lassen, dass solche Sachen an sie herantreten könnten. «All diese Verleumdungen», sagt Marthe Gosteli, « zeigen mir jedoch, wer wirklich hinter mir steht.» Letzthin hat Marthe Gosteli aus der Erbschaft einer alten Pionierin der schweizerischen Frauenbewegung sehr viel Geld erhalten. «Das ist ein Zeichen, dass ich auf dem richtigen Weg bin. Sonst würden diese ‹gescheiten› Frauen nicht so testieren.»

Marthe Gosteli liess ihre Hirnströme durch einen Professor messen: Alles sei absolut intakt, so das Resultat. «Also habe ich ein Recht», sagt sie, «und ich nehme dieses Recht in Anspruch, alles in meinem Sinn zu regeln, bevor ich zurücktrete. Ich will nach aussen demonstrieren, was einem alten Menschen noch möglich ist.»

Marthe Gosteli sieht sich als zielstrebige Frau mit einer Mission. «Ich weiss, dass ich in der Zusammenarbeit keine Einfache bin. Aber etwas Grosses kann man nur mit einem klaren Ziel vor Augen erreichen», sagt Marthe Gosteli, «und wenn man alle Unannehmlichkeiten in Kauf nimmt. Ich musste das alles auch lernen; ich konnte es früher auch nicht.»

Rückblickend sieht Marthe Gosteli, welcher Reichtum an Erfahrungen sich im Lauf eines langen Lebens ansammelt. Viele Erfahrungen seien bitter. Sie kennt depressive Phasen aus eigener Erfahrung, da sei sie wie ihre Mutter. Aber nur so komme man weiter. Im Nachhinein erkennt Marthe Gosteli auch, dass nicht nur andere Leute Fehler machten, ohne es zu merken. Das Gleiche gelte auch für sie – als alte Frau sehe sie das nun. Es werde ihr immer wichtiger, die Beweggründe ihrer Widersacherinnen zu verstehen. «Und vielleicht steckt ja doch ein Körnchen Wahrheit in der Meinung eines Widersachers oder einer Widersacherin.» Sie habe als jüngere Frau ihre Eltern vielleicht auch verletzt, ohne es zu merken. Jetzt, in ihrer letzten Lebensphase, wo sie jederzeit sterben könnte, steigen solche dunklen Überlegungen in ihr auf. Und sie denke: «O Gott, was hast du da gemacht?» Das sei manchmal nicht schön. «Aber man muss sich dem stellen, was heraufkommt. Man muss lernen, bis man stirbt.»

Die kleine Marthe erlebte, wie sich ihre Mutter über die Benachteiligung im ehelichen Güterrecht aufregte. «Der Vater war eher weich, gar kein Macho. Er war ein Kind seiner Zeit.» Lautstark sei da diskutiert und politisiert worden. Die Mutter gehörte zu den Gründerinnen des Bernischen Landfrauenverbands und war Mitglied des Frauenstimmrechtsvereins Bern.

An der Töchterschule lernte Marthe einige «gescheite» ledige Lehrerinnen kennen. Ein phänomenales Berufsbildungsprogramm hätten diese den Schülerinnen vorgesetzt; «die liessen sich etwas einfallen». Nie hätten sich diese Lehrerinnen so einsetzen können, wenn sie verheiratet gewesen wären, das wurde ihr damals bewusst.

Die «gescheiten» Frauen blieben Marthe Gostelis Vorbild. «Lebenserfahrung hatten diese Frauen, sie waren in der Männerwelt akzeptiert und hatten das Gespür für Menschen.» Wie glaubte doch eine Frau Doktor im Frauenstimmrechtsverein Bern an sie, als sie das Präsidium übernahm. «Das hat mich wahnnsinnig gestärkt.» Auch als sie mit dem Sammeln der Dokumente begann, hätten diese Frauen ihr vertraut. Das findet sie heute noch unerhört. Zeitlebens fühlte sich Marthe Gosteli in der Traditionslinie dieser starken, fördernden und akzeptierenden Frauen.

Vom Vater erbte Marthe Gosteli das Verantwortungsbewusstsein gegenüber der bäuerlichen Tradition und dem Familiengut, das sich seit 1736 im Besitz der Familie Gosteli befand. Sie fühle sich gegenüber ihren Vorfahren verpflichtet, sagt sie, dieses in irgendeiner Form zu erhalten. So sieht sich Marthe Gosteli in einer doppelten Verantwortung: gegenüber dem geistigen mütterlichen wie auch dem bäuerlichen väterlichen Erbe. Sie stehe in einer Frauen- wie in einer Männertradition, sagt sie – «und ich will beide weitergeben».

Marthe Gosteli und ihre ältere Schwester lebten praktisch immer zusammen. Als diese an Krebs erkrankte, musste das auf Wunsch der Schwester geheim bleiben. Marthe ermöglichte ihr noch das Reisen. Sie habe ihr Leben noch so richtig geniessen können, habe grosse Einladungen veranstaltet. «Obwohl wir früher viel Krach hatten», sagt Marthe Gosteli, «sorgte ich dafür, dass sie noch alles machen konnte, was sie wollte.» Sie habe sich wirklich Mühe gegeben. Ein grosses Bild der Schwester hängt in ihrem Wohnzimmer, im «Stöckli». Gott sei Dank habe ihr die Schwester alles hinterlassen, sodass sie deren Erbe antreten konnte.

Marthe Gosteli hatte einige Gelegenheiten zur Heirat. «Und jedes Mal konnte ich es einfach nicht. Ich habe gesehen, dass ich mich nicht für die Ehe eigne, neues Eherecht hin oder her.» Eigentlich habe sie nie etwas vermisst. Sie und ihre Schwester seien in ihrem grossen Freundeskreis jederzeit akzeptiert worden. Bei der Beerdigung der Schwester sei das Krematorium «brechend voll» gewesen – so schön. «Für eine ledige Frau will das ja etwas heissen.»

Die Internationale
Erwachsenenbildnerin Reinhild Traitler

Reinhild Traitler kocht für ihre «kleine Grossfamilie». Diese isst jede Woche am Familientag bei ihr. Ihr Sohn trifft ein, seine Ex-Partnerin mit der gemeinsamen Tochter, Reinhild Traitlers Enkelin. Der Esstisch in der Wohnung hoch über dem Zürichsee ist allen vertraut, schliesslich haben die drei einige Jahre lang bei ihr gewohnt. Ihr Sohn hat seine eigene Wohnung, verbringt aber die drei Hütetage pro Woche mit seiner Tochter bei ihr, das ist näher bei der Schule. «Mit meiner Ex-Schwiegertochter habe ich ein enges, vertrautes Verhältnis», sagt Reinhild Traitler. Eine gegenseitige Liebe und Wertschätzung verbinde sie mit ihrer «Schwiegerfreundin»: «Sie ist praktisch meine Tochter.»

Die ganze Familie kam mit ihr zum Festgottesdienst nach Iona in Schottland, als Reinhild Traitler dort kürzlich in die Iona Community aufgenommen wurde. «Diese Gemeinschaft», sagt sie, «ist mir menschliche und spirituelle Heimat geworden.»

Seit Jahren pflegt Reinhild Traitler enge Kontakte mit ihrer Herkunftsfamilie. Sie besucht ihre Brüder in Polen und Los Angeles, und sie war oft mit ihrer inzwischen verstorbenen Mutter zusammen. Die Geschwister treffen sich hie und da, an verschiedenen Orten, auch in Reinhild Traitlers Ferienhaus in Mallorca. «Wir fühlen uns verbunden», sagt sie, «trotz aller Distanzen.»

Was ihr fehle, sagt Reinhild Traitler, sei das Netz von Freundinnen und Freunden aus den Jugendtagen. «Freundschaften aus jener Zeit sind die tragfähigsten. Da hat man sich noch so quasi mit Haut und Haar befreundet.» In Zürich kann sie nicht einfach jemanden anrufen und abmachen fürs Kino, obwohl sie schon seit Jahrzehnten hier wohnt. «Ich habe unheimlich viele

Bekannte hier», sagt Reinhild Traitler, «aber ganz wenig Freundinnen und Freunde.» Und ausserdem sei sie ein wenig scheu, auch wenn sie nicht so wirke.

Reinhild Traitler hat seit 35 Jahren eine «Wahlschwester», eine Armenierin, die bei ihr auch das Verständnis für die Orthodoxie geweckt hat. Heute leiten die beiden gemeinsam den neuen EPIL-Ausbildungskurs für Interreligiöses Lernen. Aus den Genfer Zeiten hat Reinhild Traitler überdies ein ausgedehntes Netz von «latenten Freundschaften», wie sie es nennt. An ihrer Arbeitsstelle beim Weltkirchenrat in Genf hiess es immer: «The World Council is also a movement of friends.» «Und das ist so», sagt sie. «Die Lebensgeschichten von Menschen, mit denen man zusammengearbeitet hat, werden einem nicht gleichgültig.» So verkehrte sie beispielsweise mit einer Arbeitsfreundin in Barbados in der Karibik jahrelang nur via E-Mail. Diese besuchte sie dann vor kurzem in Mallorca; «und es war wie früher – als wäre keine Zeit vergangen». Auch an der Weltkonferenz in Porto Alegre traf sie alte Arbeitsfreundinnen, mit denen sie aktuell zusammenarbeitet – eine organisierte letzthin die Reise einer Schweizer Frauengruppe nach Kuba. Wenn sich eine dieser Freundinnen in Zürich meldet, steht Reinhild Traitlers Wohnung offen. Da lässt sie alles stehen und liegen, damit ein Treffen zustande kommt.

2006 starb Reinhild Traitlers Mutter, «die unbestrittene Matriarchin unserer Familie», wie die Tochter sagt. Gemeinsam mit ihrem nächsten Bruder räumte sie während mehrerer Wochen die Wiener Wohnung aus. Eine spezielle Erfahrung sei das gewesen, das langsame Eintauchen in die alten Sachen, gemeinsam Rückschau zu halten und Erinnerungen auszutauschen. Die Mutter bewahrte viele Dokumente von ihrer Tochter auf. Unvermittelt stiess Reinhild Traitler auf ganze Stapel der Zeitschrift «anstoss». Für diese hatte sie als junge Frau literarische und politische Beiträge verfasst. «Schon hundertmal hatte ich diese vergessen – und jetzt kommt mir alles wieder in den Sinn.» Reinhild Traitler trägt sich mit dem Gedanken, wieder einmal ein Buch zu machen und einige ihrer besten Texte herauszugeben. Wie sagte ihr letzthin ein Wiener Freund, als sie ihn nach 37 Jahren wieder traf? «Organisieren können andere, aber du kannst schreiben.» – «Also, da bleibe ich jetzt dran.»

Seit dem Tod der Mutter macht sich Reinhild Traitler auch ernsthaft an das Projekt einer Familiengeschichte. Eine Art Familienbuch soll das werden, nur für einen kleinen Kreis. Als sie dieses Projekt ihrer Mutter, einer studierten Historikerin, anvertraute, kam es zu einer Auseinandersetzung darüber, wer zur Familie gehöre. Ihre Mutter schrieb daraufhin Memoiren über sich und die Kernfamilie. Aber Reinhild Traitler betrachtet Familie als weites Netz, inklusive aller Angeheirateten. Aus der Warte ihrer Enkelin sei dieses Netz riesig: Die Philippinen, Mexiko, die USA und viele europäische Länder gehören dazu.

Bei den Recherchen zur Familie ihrer Mutter stiess Reinhild Traitler auf einen berühmten Vorfahren, ihren Urgrossonkel, den Reichstagsabgeordneten Fritz Zubeil. Er war ein Genosse von Karl Liebknecht und stimmte mit diesem auf dem linken Flügel der deutschen Sozialdemokratie gegen die Kriegskredite. «Ich habe eine rote, sozialdemokratische Linie in der Familie, und erst noch eine pazifistische» – sie lacht.

Vor einigen Jahren dachte Reinhild Traitler daran, nochmals eine Freundschaft mit einem Mann einzugehen. Nach dem plötzlichen Tod ihres Mannes fühlte sie sich jahrelang blockiert. Mit der Zeit, sagt sie, habe sie eine seelische Freundschaft, eine Intimität im Seelischen, vermisst – mehr noch als die Sexualität. So meldete sich Reinhild Traitler bei einer Partnervermittlung. Beim ersten Interview wurde ihr – von einem etwa gleichaltrigen Mitarbeiter – mitgeteilt, sie gehöre zur höchsten Risikogruppe; unter 5000 Franken sei nichts zu machen. «Das hat mich absolut geschockt.» Die ungleichen Spiesse zwischen Frauen und Männern, ein Grundthema ihres Lebens und Erlebens – hier tauchten sie wieder auf. Ein Mann in ihrem Alter traue sich problemlos zu, eine zwanzig Jahre jüngere Frau zu suchen. Dieser Schock habe sie nachdenklich gemacht, sagt Reinhild Traitler. Sie fühle sich durch Hindernisse sonst immer angestachelt und beflügelt. Dass sie sich in dieser Sache so lethargisch fühle, habe sicher einen Grund. «Also lasse ich es bleiben.»

Seit sie älter wird, denkt Reinhild Traitler kurzfristiger als früher. Negativ formuliert könnte sie sagen, sie sei in ihrer Planung eher chaotisch. Aber positiv formuliert weiss sie, dass gute Ideen des Weges kommen, sobald sie sie braucht. «Gott gibt die Kraft», sagt sie, «aber immer gerade so viel, dass ich die jetzige Situation bewältigen kann.» Sorgen um die Zukunft seien überflüssig. «Ich brauche meine Energie für die Gegenwart. Ich will ja nicht weise und abgeklärt werden, sondern mich berühren lassen und mich aufregen.»

Reinhild Traitler merkt, dass sie im Alter viel Selbstbewusstsein gewonnen hat. Dasjenige ihrer Mutter sei gigantisch gewesen, unhinterfragbar. Und ihr eigenes war lange Zeit gekoppelt ans Aussehen – sie fand sich immer zu rund – oder an den Erfolg, an Anerkennung, an dieses und jenes. «Jetzt bin ich in dem Alter, wo man Selbstbewusstsein hat, oder es kommt nie mehr.» Sie fühlt Freude, am Leben zu sein. Sie geniesst intensive Augenblicke, wenn sie schreibt oder liest. Wandern in der schönen Landschaft mit Weitsicht – die Berge, der See –, schwimmen, das sei für sie «ein Nachhausekommen». Ein Willkommensgruss, fast so stark wie von der eigenen Familie.

Die kleine Reinhild wuchs mit zwei jüngeren Brüdern auf und empfand die Position als Älteste nicht als angenehm. Sie erinnert sich an ein Schlüsselerlebnis, als sie nach dem Zweiten Weltkrieg mit Eltern und Bruder von Berlin nach Österreich zurücktrecken musste. Der vierjährige Bruder durfte im Leiterwagen sitzen, und die Fünfjährige musste laufen. «Und als er fünf war, war ich schon sechs und musste dieses und jenes.» Immer sollte sie verstehen, dass da noch Jüngere waren, auf die man Rücksicht nehmen musste. «Da habe ich oft auf die Pauke gehauen oder mich manchmal auch einfach zurückgezogen.»

Reinhild Traitler wuchs mit einer starken Mutter auf, die eine dominante Rolle spielte. Zwischen ihnen beiden habe immer ein etwas angespanntes Verhältnis bestanden, ein grosses Vertrauen, aber gleichzeitig auch eine gewisse Konkurrenz: «Wahrscheinlich waren unsere Talente zu ähnlich!», fügt Reinhild Traitler hinzu. Aber es gab keine Diskriminierung gegenüber ihren Brüdern. Einzig beim Autofahren habe es geheissen: «Warte noch ein bisschen.» Sie sei damals auch ein wenig «schusselig» gewesen. Später, das betont sie, sei sie eine gute Autolenkerin geworden.

Als Studentin und später auch als Generalsekretärin der Evangelischen Studentengemeinde in Österreich fühlte sich Reinhild Traitler am wohlsten, wenn sie mit anderen zusammen war. Diese zu motivieren, sich einem Problem zu stellen, etwas gemeinsam anzupacken, sei eine beglückende Erfahrung gewesen und erst noch lustig. Natürlich waren alle jung, Flirts gehörten dazu. «Die politischen Kabaretts waren ein unerhörtes Gaudi, qualitätsvoll, frech und genau.» Dass sie in der Gruppe Texte schrieb, die später quasi Allgemeingut wurden und nicht unter ihrem Namen liefen, sieht Reinhild Traitler heute als ein weiteres Muster.

An ihren Arbeitsstellen, beim Weltkirchenrat in Genf wie auch später im Tagungszentrum Boldern, entwickelte Reinhild Traitler die Methode des Lehrens und Lernens in Gruppen weiter. Sie nennt es «sich selbst ressourcieren» als Gruppe. Dazu braucht es immer einen Katalysator. In Genf hatte sie einen klugen Chef. «Wenn die Zeit reif war, stand er da und schuf die Atmosphäre, in der etwas entstehen konnte.» In der Zeit auf Boldern spornten sich Reinhild Traitler und ihre Kollegin Gina Schibler gegenseitig an. «Wir schraubten unsere kreativen Talente wie eine Spirale gegenseitig hoch.» Diese Zusammenarbeit, sagt Reinhild Traitler, sei für sie eine einmalige Erfahrung gewesen.

Explizite berufliche Förderung erlebte Reinhild zweimal: «Beide Male haben mir Männer den Steigbügel gehalten.» Beim ersten Mal sorgte ihr späterer Mann dafür, dass sie vom Weltkirchenrat zu einigen Konferenzen eingeladen wurde, als sie sich in Genf bewarb. «Dann musste ich mich natürlich selbst beweisen.» Und auf die Stelle in Boldern wurde sie von einem alten Mentor aufmerksam gemacht. Er habe ihr den Steigbügel nicht einmal wirklich halten müssen. «Aber seine Information war wichtig. Man muss ja wissen, wo man sich realistischerweise bewerben kann.»

Ihren späteren Ehemann lernte die 27-Jährige an einer Versammlung des Christlichen Studentenweltbundes in Prag kennen, «zur Zeit des Prager Frühlings!» Sie war damals in einen anderen verliebt, aber man ging gemeinsam tanzen – sie erinnert sich heute noch an das intensiv blaue Seidenkleid mit langen Ärmeln, «sehr schick, genäht von meiner Wiener Grossmutter». Er schrieb ihr Briefe. «Ich war schon immer sehr beeindruckbar durch Worte», sagt sie. Die schönen und richtig gewählten Worte in seinen Briefen hätten sie bezaubert. Als ihr klar wurde, dass eine Heirat nicht in Frage kommen würde, sagte sie Ja zu einem Arrangement, das auch die Beziehung aufs Tiefste prägte.

«Er war ein grosszügiger, gütiger Mensch», sagt Reinhild Traitler. Das Mitreissende, Lebenslustige habe sie ungemein angezogen. Das Doktordiplom ihres Mannes aus Harvard prangt heute noch in Latein auf dem Büchergestell, in der Ecke eine kleine Fotografie des Graduierten in vollem Talar. Keinen Alltag hätten sie miteinander geteilt, sondern glanzvolle Feste. «Es war immer irgendwie verrückt, aber es war auch hinreissend.» Auch später, als sie zusammenwohnten, auch nach der Heirat (natürlich in Las Vegas!), hätten sie sich oft in die Augen geschaut und gesagt: «Never a dull moment.» Auch beruflich war Reinhild Traitler in Boldern oft risikofreudiger, weil sie und ihr Mann sich Projekte gemeinsam überlegten. Als Jurist und Menschenrechtsspezialist mit einem offenem Horizont habe er ihr neue Perspektiven gezeigt und Freude gehabt an einer kreativen Zusammenarbeit. Reinhild Traitler betont, für einen asiatischen Mann seiner Generation und Herkunft sei er in der Partnerschaft sehr lernfähig gewesen und habe sich daran gewöhnt, die Hausarbeit mit ihr zu teilen.

«Während der Zeit als alleinerziehende Mutter genoss ich viel Freiheit», sagt Reinhild Traitler. Eine andere Welt, verglichen mit den Frauen in ihrer Umgebung. Das empfindet sie heute noch als positiv. Aber trotz dieser Freiheiten fühlte sie sich in den Genfer Zeiten manchmal übervorteilt und im Stich gelassen. Dies sieht sie als negative Konsequenz des Arrangements. Zählt sie all die Netze auf, auf die sie damals als Unterstützung zählen konnte – die Patin, die Familien der evangelischen Gemeinde, alte Freunde aus der Wiener Zeit, die Mutter –, war das eigentlich nicht so wenig. Aber bezüglich beruflicher Möglichkeiten nagte das Gefühl in ihr, nicht zum Interessanten vorzudringen. Ein kleiner Text von einer ihrer späteren Schreibkursteilnehmerinnen stimme für ihr Leben ganz genau, sagt Reinhild Traitler. Sie zitiert den Text: «Also, wenn du durch das T-Shirt durch bist», sagte die Mottenmutter, «dann darfst du an den Pelzmantel.» Sie habe damals das Gefühl gehabt, ständig nur T-Shirts zu essen. «Wenn ich mich jeweils durch alles gefressen hatte, was ich tun musste, blieb keine Energie übrig» – kein Pelzmantel für sie.

Die Beziehung zwischen den Partnern hatte lange Jahre wenig Kontinuität. «Bedürfnisse mussten in die kurze gemeinsame Zeit hineingepackt werden» – da gebe es eben auch Enttäuschungen. Dazu kam die für sie fremde Art der Kommunikation. In Asien reagiere man immer indirekt; «man sagt einem anderen nie etwas einfach ins Gesicht». Das zu akzeptieren und in den Alltag einzubauen, sei nicht einfach gewesen. Da war es günstig, dass der Briefwechsel eine grosse Rolle spielte. «Mit Worten drückt man oft die Innigkeit aus, die man tatsächlich verspürt.» Letztlich wurde Reinhild Traitler klar, dass Frauen und Männer auch in Liebesbeziehungen in einem starren Korsett stecken – Kultur, Geschlecht, äussere Umstände –, auch wenn sie es nicht beabsichtigen und nicht wahrhaben wollen.

Immer öfter fällt die Bilanz ihrer Partnerschaft für Reinhild Traitler positiv aus. Dann weiss sie, dass sie nicht immer nur T-Shirts gegessen hat. «Natürlich kam ich mit der Zeit bis zum Pelzmantel», sagt sie: «Es war ein wunderschöner Hermelin.»

Reinhild Traitler hat eine Nichte, die so ein «free spirit» sei, nicht zu fassen; Journalistin, sehr gescheit und witzig. Deren Vater, Reinhild Traitlers jüngster Bruder, sagte kürzlich zu ihr: «Sie erinnert mich an dich, als du jung warst.» – «Das hat mich frappiert», sagt Reinhild Traitler, «ich sehe mich überhaupt nicht so.»

REINHILD TRAITLER

Attraktivität und Schönheit: Von hässlichen Entlein und passablen Frauen, von überflüssigen Diäten und von einem Selbstbewusstsein, das nicht mehr vom Aussehen abhängt, von Selbst- und Fremdwahrnehmung, von Jugendwahn und würdigem Altern

Eva Renate Schmidt kleidet sich gediegen mit besten Stoffen in fliessend elegante Linien, und ihr Schmuck ist auserlesen. Sie trug ihre weissen Haare immer sehr kurz geschnitten; seit dem letzten Sommer lässt sie sie wachsen, sie möchte so «pfiffige» Strähnen wie eine Freundin. Sie vermisse es, sagt sie, dass die Männer nicht mehr «gucken», wenn sie einen Raum betrete. Aber von befreundeten Männern bekomme sie noch heute Komplimente für ihr Aussehen. Die «gucken» also immer noch. «Das ist doch schön», sagt sie, «dass das noch bleibt, auch wenn man so alt ist.» Eva Renate Schmidt sieht sich selbst als schöne Frau, die ihr Leben liebt. Sie schätzt die Fülle, ja die Überfülle in Küche und Kühlschrank, sie kocht gerne und raffiniert riesige Portionen. Als ihr letzthin ein italienischer Bekannter anerkennend sagte, sie fahre sehr schnell und gut Auto, erwiderte sie ihm mit einem Augenzwinkern, ob er denn etwas anderes von ihr erwartet hätte. Gut gekleidete und sportliche Männer finden immer noch Eva Renate Schmidts Wohlgefallen. Eine spezifische Männlichkeit, wie sie es formuliert, müsse einfach durchkommen, sonst gehen ihr auch junge Männer auf den Geist.

Julia Onken zeigt sich auf Fotos und auch auf ihrer Homepage perfekt zurechgemacht und geschminkt. Im Frauenseminar erscheint sie aber oft ohne Make-up und in dicken Pantoffeln. Sinnlichkeit im Alltag sei ihr wichtig. Das heisst, sich in den Socken oder in seidig weichen Hausschuhen wie auf Samtpfoten zu bewegen, an einer Sitzung schöne Kaffeetassen aufzutragen, Geselligkeit im gepflegten Rahmen anzubieten. Weil Julia Onken das Jonglieren mit Farben und edlen Materialien sehr liebt, stehen im Frauenseminar in einem separaten Raum auch Kleiderständer. Die Schülerinnen können die von ihr und einer Modedesignerin entworfenen Jupes, Pullover und Ensembles kaufen, in den Grössen 38 bis 48. Schön sollten sie aussehen und nicht wie «verrupfte Hühner» – das tue der Seele nämlich nicht gut.

Julia Onken steht dazu, dass ein alternder Körper auf der äussersten Ebene, so formuliert sie es, kein Vergnügen sei – und gelegentlich, beispielsweise bei Übergewicht, sogar ein Ärgernis. Muss es denn sein, dass dieser «Ranzen» so aus dem Ruder läuft, dass sie gelegentlich kaum mehr vom Stuhl hochkommt? «Gesundheitlich ist das nicht lustig und ästhetisch auch nicht unbedingt ein erfreulicher Anblick.» Aber, darauf besteht Julia Onken zunehmend: «Ich habe eine Wahl. Ich kann bei dieser Perspektive bleiben, an mir herumkritteln, etwas mit den Haaren machen, gegen die Falten oder gegen das Zunehmen – das habe ich früher oft gemacht –, oder aber ich blende eine andere Perspektive ein. Schliesslich transformiert sich die Energie, die sich aus dem alternden Körper zurückzieht, in geistige Energie.» Diese stehe ihr immer reichlicher zur Verfügung. Diese Gedanken, sagt Julia Onken, seien für sie relativ neu. Wenn sie jetzt den Berg hinaufkeuche oder fast nicht vom Stuhl aufstehen könne, entscheide sie sich. Dann werde die Krittelei am Körper plötzlich nebensächlich.

Sie finde es okay, sich ein wenig herzurichten, sagt **Hanna Gagel.** Sie ist klein, zierlich, zurückhaltend. Im kaum geschminkten Gesicht, umrahmt vom kurz geschnittenen Haar, dominieren zwei wache, aufmerksame Augen. Hanna Gagel kleidet sich im Alltag einfach; vor allem liebt sie rote Schuhe. An festlichen Anlässen zeigt sie sich als elegante Dame mit klassisch fallenden Kleidern. Hanna Gagel fand sich nie besonders reizvoll. Sich im Alter jugendlich zu geben, fände sie lächerlich. «Alte Menschen haben nun einmal Runzeln. Man sollte eben keine Rolle spielen, auch keine alte, sondern echt sein. Dann zeigt sich die innere Lebendigkeit.» Nach ihren Qi-Gong-Übungen fühlt sich Hanna Gagel frisch und belebt. Intensive erotische Gefühle, gegenüber Frauen wie Männern, gehören zu ihrem Leben. Eine Pfauenfeder, Symbol für Liebe und Erotik, Pracht und Selbstentfaltung, prangt in der Mitte ihres glattpolierten Tisches.

Reinhild Traitler legt keinen besonderen Wert aufs Schminken, «es muss alles dezent sein». Aber Kleider gefallen ihr als eine Form von «Selbstausdruck». Dennoch wären Kleider momentan der einzige Budgetposten, auf den sie leichten Herzens verzichten könnte. «Als junge Frau mühte ich mich öfter mal mit Sorgen um Schlankheit und Mode ab, fand meinen Stil nicht oder hatte nicht das nötige Kleingeld dafür» – im Gegensatz zu ihrer selbstbewussten Mutter. «Diese wusste ihre Attraktivität mit einer klug zusammengestellten Garderobe zu unterstreichen.» Aber schon seit geraumer Zeit, sagt Reinhild Traitler, sei ihr Selbstbewusstsein nicht mehr abhängig vom Aussehen. «Jetzt hat es viel mehr mit der Freude am Leben zu tun, mit Freude an der Schönheit und der Güte der Welt, trotz allem.»

Ihr verstorbener Mann war «fesch» – Reinhild Traitler strahlt noch heute, wenn sie sein Foto betrachtet. Asiatische Züge, gut angezogen, stattlich – ja, das finde sie bis heute attraktiv. Dann erinnert sie sich und lacht: »Er konnte aber auch selbstvergessen wie ein Tramp daherkommen, aber auch das war liebenswürdig!»

Alexa Lindner schminkt sich kaum und kleidet sich bequem. Ihre kurz geschnittenen Haare sind schnell gekämmt. Sie sah sich nie als attraktive Frau, der man nachgeschaut hätte. «Bewundernde Blicke der Männer habe ich nie verspürt und nie vermisst – das ist mir wurst», sagt sie. Schöne Frauen hingegen habe sie immer beneidet. Auf Fotos aus jüngeren Jahren lächelt eine anziehende, schlanke Frau. Sobald die Waage über 60 Kilo anzeigte, begann sie jeweils zu hungern. Nach der Pensionierung nahm Alexa Lindner massiv zu. «Das Hungern ist mir verleidet. Ich finde mich heute effektiv zu dick.» Aber sie nehme die Kraftanstrengung einer Diät einfach nicht mehr auf sich.

Liliane Späth freut sich, dass sie sich jetzt im Alter sicher und schön fühlt. Sie ist eine stämmige Frau mit starken Händen, trägt seit Jahrzehnten nur noch Hosen, die sorgfältig melierten Haare sind kurz geschnitten. Ihr ungeschminktes Gesicht ist faltenlos. Einige Runzeln oder ein paar Denkerfalten würde sie sich schon wünschen. Liliane Späth lacht: «Man möchte ja meist, was man nicht hat.»

Sie erinnert sich an die Gewerbeschule, wo sie als einziges Mädchen in der Tapezierer-Dekorateur-Klasse sass und von einem Mitschüler lautstark über die ganze Klasse hinweg gefragt wurde, ob sie denn wie die Männer die Polsternägel in den Mund nehme. Von so einer wolle er nie einen Kuss, ein «Müntschi». Nur während einer kurzen Phase, sagt Liliane Späth, sei sie hochtoupiert in Stöckelschuhen herumgewankt. Dann kam zum Glück die Zeit der ersten Jeans. Sie weiss noch, wie sie als 19-Jährige mit ihren Freundinnen vom Hockeyclub auf dem Zeltplatz am Neuenburgersee zwei Stunden lang im Wasser sass, um die Jeans so richtig enganliegend zu machen. «Und am Montag waren alle krank» – die Mutter kam nie darauf, woher die heftige Erkältung stammte.

Welchen Typ Frau oder Mann findet sie attraktiv? Es komme mehr auf die Ausstrahlung an, da könne jemand dick, schlank oder mittel sein. Im grossen Ganzen findet sie beispielsweise Frauen mit kurzen Haaren attraktiver.

Aber letzthin kam eine neue Kundin mit einem langen, grauen Zopf. «So lebendig und charmant – am Schluss gefiel mir sogar der Zopf.» Je älter sie selbst wird, umso eher findet sie auch ältere Leute schön. Das falle ihr in letzter Zeit sehr auf. «Alte, runzelige Gesichter ziehen mich heute an.»

Regina Wecker ist zierlich und schlank. Aus dem fast faltenlosen Gesicht, umrahmt von kunstvoll geschlungenen Haarknoten, schauen zwei kluge, nachdenkliche Augen. Sie trägt immer assortierte Farben, raffinierte Schnitte und gewagte Kombinationen – das hat sie von ihrer Mutter. Sie findet es normal, dass man den Alterungsprozess sieht. Ein wenig Schminke dürfe auch sein; aber nie würde sie sich liften lassen. Regina Wecker ist nicht gerne über 60. Aber sie erschrecke nicht, wenn sie in den Spiegel schaue, «da bin ich recht zufrieden». Allerdings beginne sie einiges zu stören, beispielsweise die Falten an den Oberarmen. Bei korpulenten Frauen beobachtet sie das nicht, das geschieht eher bei schlanken Frauen wie ihr. Dick zu sein, das hätte Regina Wecker nie ertragen, schon früher nicht. Sie erinnert sich, wie sie sich hässlich und unattraktiv fand in der Zeit zwischen 14 und 20, als sie «pummelig» wurde. Diesbezüglich sei sie zufriedener mit sich als früher. «Hoffentlich bleibt es möglichst lange so, und hoffentlich ist vor allem auch physische Aktivität noch lange möglich.» Das wünscht sie sich sehr.

Regina Weckers männlicher Idealtyp ist gross und schlank – aber am wichtigsten seien gemeinsame Interessen. Das gehe im Alter nicht ohne weiteres vorbei, sagt sie, aber man mache vielleicht etwas anderes daraus, gehe anders mit Beziehungen um.

Verena E. Müller kleidet sich einfach, ihre Lieblingsfarben sind Rot und Schwarz. Sie schminkt sich nie, und ihr Händedruck ist fest. In dem klugen Gesicht mit den ersten Falten, umrahmt von einer praktischen Kurzhaarfrisur, halten braune Augen ihr Gegenüber fest. Sie will und wollte ernst genommen werden als Frau mit einem starken Willen, die denken, debattieren und lernen will, aber auch die komischen Seiten des Lebens geniessen und darüber lachen kann. In ihrer Erfahrung war Attraktivität für Männer immer verbunden mit hingebungsvoller Weiblichkeit, mit einer gewissen Unterwerfung. «Und das kommt für mich einfach nicht in Frage.» Auf ihr Gewicht achte sie kaum, es sei jedes Jahr das Gleiche: Während der Winterzeit nimmt sie zu, und im Sommer, wenn sie wieder schwimmen kann im Zürichsee, nimmt sie wieder ab. Nur letzten Sommer klappte das nicht, als sie wegen ihres schmerzenden Knies nicht schwimmen konnte. Da nahm sie effektiv zu – «aber tant pis».

Während der Pubertät fand sich Verena E. Müller von «unsäglicher Hässlichkeit». Als Lehrerin an der Kantonsschule Frauenfeld zeigte sie jeweils Fotos aus ihrer Jugendzeit, wenn die Schülerinnen deprimiert waren wegen ihres unvorteilhaften Aussehens. «Mit dem Hinweis, man könne sich noch entwickeln. Die jungen Frauen haben sich jeweils halb krank gelacht und sich getröstet gefühlt.» Erst ab dreissig fand sich Verena E. Müller «zum Anschauen», aber ihr Aussehen war ihr ab diesem Alter egal. Die junge Französischlehrerin hatte in Frauenfeld eine Kollegin und Freundin, die erste gewählte Hauptlehrerin an der Kantonsschule, die sich kleidete wie in Paris. «Sie war attraktiv, feminin, mit abenteuerlich hohen Absätzen und raffinierten Kleidern, die sie selbst nähte.» Diese Frau, sagt Verena E. Müller, habe den Männern an dieser braven, konservativen Schule das Schreckgespenst «Emanze» ein wenig verdünnt durch ihre Art. Aber für sie selbst wäre ein solcher Auftritt nie in Frage gekommen.

Verena E. Müller mag Männer mit Stil. Ihr erster Chef an der Akademikergemeinschaft AKAD, ein eleganter Patron, kämpfte gegen die Gleichstellungsinitiative, Verena E. Müller ebenso erbittert dafür. «Nach der Abstimmung kam er zu mir ins Büro und gratulierte formvollendet zum Sieg – also, das habe ich sehr geschätzt.»

Aline Boccardo hat zum Geburtstag von einem alten Mitstreiter für den Frieden einen Strauss Rosen erhalten. «Da bleibe ich innerlich ganz cool», sagt sie und beginnt zu lachen. Mit 87 sei das immerhin etwas. Ihren Humor habe sie sich bewahrt. Aline Boccardo kleidet sich sorgfältig, die Frisur sitzt, und Schmuckstücke werden mit Bedacht ausgesucht. Manchmal trägt sie eine auffallende Brille. Spricht sie über ihre Herzensanliegen, beginnt ihr Gesicht zu leuchten, weich und lebendig.

Aline Boccardo war eine sehr schöne junge Frau, wie sich auf Fotos erkennen lässt. Ihre Mutter, die Hut- und Putzmacherin, sorgte für elegante Kleidung und passende Hüte. An Sonntagnachmittagen durfte sie jeweils beim Kaffeekränzchen tanzen gehen – natürlich in Begleitung des Hausmädchens. Da war ein Mann, nicht schön, aber er tanzte himmlisch. «Das war göttlich, etwas Wunderbares» – sie lacht laut und glücklich. Zeit ihres Lebens habe sie sich jedoch mehr angezogen gefühlt von interessanten Männern – ausser eben beim Tanzen.

Die nachfolgenden Frauengenerationen: Vom Verhältnis zu den jüngeren Feministinnen und von der Solidarität mit den Töchtern und Enkelinnen

Schon bei Frauen ihrer eigenen Generation habe sie sich aufgeregt, sagt **Verena E. Müller,** wenn diese ihre Möglichkeiten nicht «ausreizten». Natürlich finde sie das Patriarchat als Struktur etwas vom Schlimmsten – aber die Frauen in der Schweiz könnten sich viel besser wehren, wenn sie nur wollten. Ohne Leistung gehe es einfach nicht. Sie selbst habe in der zweiten Lebenshälfte enorme Chancen erhalten durch Leute, die ihr etwas zutrauten. «Aber man muss sie auch wahrnehmen.»

Wenn Frauen zwischen 30 und 40 nicht «tough» genug seien, sich überdurchschnittlich einzusetzen – Verena E. Müller wird laut –, dann sollten sie nachher nicht klagen, wenn sie nicht Professorin würden oder sonstwie Karriere machten. «So einfach ist das.» Echte Frauenförderung sollte Frauen Chancen bieten; Verena E. Müller befürwortet beispielsweise vehement die Heraufsetzung der Altersgrenze für akademische Stipendiatinnen oder die Etablierung von Kinderhorten. Jederzeit, sagt Verena E. Müller, würde sie politische oder gesellschaftliche Anliegen der heute 30-Jährigen unterstützen, sie würde alles unterschreiben. «Aber kämpfen müssen diese selbst, es sind ihre Anliegen.» Für die Anliegen der Älteren, die auch ihre eigenen werden könnten – beispielsweise für bessere Betreuung in Pflegeheimen –, da steige sie dann jederzeit auf die Barrikaden. Aber sicher.

Der heutigen Enkelinnen-Generation steht sie ambivalent gegenüber. Aus jedem jungen Menschen das Beste herauszuholen und sie nicht einfach herunterzumachen – das war für die Gymnasiallehrerin Verena E. Müller wichtig gewesen. Ihr früherer Französischprofessor habe die dümmsten Antworten so interpretiert, dass doch noch etwas Gescheites darin gelegen sei. Das habe sie überzeugt. Den Gymnasiastinnen, die sie als Mitglied des Aufsichtsrats der Kantonsschule Wiedikon heute kennenlernt, fehle jedoch oft das «heilige Feuer». Und

Verena E. Müller im Alter von 35 Jahren

dass die Gruppe der heute 18- bis 25-jährigen Frauen diejenige mit der grössten Stimmabstinenz sei, Tendenz steigend – «das deprimiert mich wahnsinnig». Auf der anderen Seite, so erzählte ihr ein Neffe, strebten unter den Jus-Studentinnen der Universität Luzern viele junge Frauen gezielt einen erstklassigen Abschluss an. «Die Extreme sind viel stärker als in meiner Generation.»

Verena E. Müller ist überzeugt, dass im Alter soziale und persönliche Kompetenzen wachsen. Sie findet es falsch, dass diese Ressourcen in vielen Firmen nicht genützt werden. Nie würde sie in eine Firma investieren, wo die Alterspyramide nicht stimme. Die Jungen sollten die neuen Ideen und technischen Fertigkeiten bringen und die Alten Verantwortung übernehmen für das Klima, die Personalführung.

Generell sollten sich ältere Menschen mit gutem beruflichem Hintergrund verpflichtet fühlen, der Gesellschaft etwas zurückzugeben von dem, was sie profitiert haben. Gelegentlich beobachtet Verena E. Müller in einem benachbarten Schulhaus «kleine pfiffige Kerle». Letzthin versprayte einer eine Schulhauswand, als Verena E. Müller dazwischentrat. Hätte sie Zeit gehabt, hätte sie ihn mitgenommen: So komm, jetzt gehen wir miteinander Hausaufgaben machen. Da lernst du etwas und musst keine Wände verschmieren. Wenn täglich ein älterer Herr diese Knaben oder Mädchen zu sich holen würde, die Grossvaterrolle übernähme und sie bei den Hausaufgaben begleiten würde – da würde manches Integrationsproblem gelöst. Davon ist Verena E. Müller überzeugt.

Julia Onkens Töchter sind zwischen 30 und 40 Jahre alt. Etwas höher liegt das Durchschnittsalter der Studentinnen des Frauenseminars Bodensee. Mit dieser Tochtergeneration hat Julia Onken beruflich und persönlich ständig zu tun. Diesen Frauen möchte sie ihr Erfahrungswissen weitergeben. Heute existiere ja ein wahrer Schatz, da die Leute immer älter werden. Dies bedeute nicht, dass man den Jungen «den Senf aufs Brot schmiere». Sondern dass man den Jüngeren in einer reifen Zurückhaltung eine Art Schale gebe, wo sie mit einer guten Resonanz reflektieren könnten. Trotz Zurückhaltung beansprucht Julia Onken auch im Alter das Recht auf Unvollkommenheit und Fehlerhaftigkeit. Das sei im Austausch mit der Tochtergeneration zentral – für beide Seiten. Sonst wäre eine Auseinandersetzung auf gleicher Augenhöhe wie diejenige mit ihrer Tochter Maya im Buch *Hilfe, ich bin eine emanzipierte Mutter* überhaupt nicht möglich.

Julia Onken erlebte, wie ihre Tochter als Mit-Studentin in einem Kurs am Frauenseminar von den anderen Teilnehmerinnen ständig über ihre Mutter ausgefragt wurde. Das habe die Tochter so genervt, dass sie vor ihren Mitschülerinnen unter Tränen ausgerufen habe, sie sei selber jemand und selber interessant. Sofort habe sich das Blatt gewendet. Die Bemühung um Distanz und Profilierung gegenüber den Müttern kannten schliesslich alle. So könne man gegenseitig voneinander lernen, sagt Julia Onken.

Bezüglich Emanzipation stellt Julia Onken fest, dass die Tochtergeneration in der Regel keine persönliche «Kränkungsgeschichte» erlebt hat wie die vorhergehende. «Sie sind weniger im Kämpferischen beheimatet, sondern im Selbstverständnis, ihnen stehe alles zu.» Wenn sie dann mit Stolpersteinen in Kontakt kommen – was natürlich passiert –, kämpften sie vereinzelt, in individuellen Ausprägungen. «Für diese neue Variante des Feminismus», sagt Julia Onken, «sollten die Älteren Verständnis aufbringen.»

Julia Onken im Alter von ca. 40 Jahren

Julia Onken unterscheidet die Tochtergeneration strikte von derjenigen der unter 28-Jährigen. Sie nimmt beispielsweise in Seminaren, die sie für die Landesregierung im österreichischen Bregenz durchführt, keine Frauen unter 28 auf. Deren Interessen seien einfach anders, und man blockiere sich dann gegenseitig. «Die lassen wir jetzt in Ruhe», sagt sie. Liest Julia Onken in ihren Tagebüchern aus jungen Jahren, ist sie erschüttert über das Mass von Orientierungslosigkeit und auch von Hunger nach Orientierung. Da könne sie sich gut in junge Frauen hineinfühlen, auch in ihre Hoffnung und Kraft, in ihre Energie, mit dem anderen Geschlecht einen guten Weg zu finden. Sie habe da den grössten Respekt. Das Leben werde korrigierend eingreifen, auch wenn die Jungen wieder möglichst bald heiraten, sogar ohne eigene Ausbildung – eine Tendenz, die Julia Onken zunehmend feststellt. «Ich lasse sie einfach», sagt sie, «und falls sie einmal etwas wissen wollen, bin ich da.» Julia Onken sieht die grosse Aufgabe der Grosselterngeneration darin, «mit grösstem Interesse dem zu lauschen, was die jungen Leute sagen möchten.»

Eva Renate Schmidts zahlreiche eigenen und angeheirateten Nichten gehören praktisch alle zur Tochtergeneration um die 40 bis 50 und bilden für sie ein vielfältiges Anschauungsfeld. Sie erinnert sich an ihr 60. Geburtstagsfest – das ist schon viele Jahre her –, wo sie ein Dutzend dieser Frauen einlud und sie fragte, wie die damals um die 35-Jährigen ihr nächstes Jahrzehnt planen wollten. Die meisten waren Familienmütter mit guten Bildungsberufen, die sie in Teilzeit ausübten. Diese Frage, sagt Eva Renate Schmidt, habe die jungen Frauen verwirrt. Alle fanden, ihr Leben sei nicht planbar, ein beruflicher Lebensentwurf undenkbar – alles werde von der Familie diktiert.

Eva Renate Schmidt im Alter von ca. 40 Jahren

Eigentlich, sagt Eva Renate Schmidt, habe sie die Frauen dieser Generation sehr beneidet – ihre Stimme tönt fast sehnsüchtig. Sie konnten mit ihren Partnern über Rollenverteilungen verhandeln, was in ihrer eigenen Zeit noch undenkbar gewesen war. «Und was machten sie daraus?» Einige, die sich neben Familienaufgaben noch beruflich qualifizierten, bezahlten einen sehr hohen Preis, arbeiteten praktisch ununterbrochen. Aber mit Anforderungen an ihre Männer setzten sie sich kaum durch. Sie wolle ja nicht urteilen, stelle aber fest: «Wenn Frauen nicht existenziell um ihre berufliche Position, ihre Karriere oder auch um ein Familienmodell kämpfen müssen, dann schaffen sie es nicht, es fehlt die Power.» Das gelte auch für ihre jüngeren Berufskolleginnen. Offenbar müsse man die Erfahrung, benachteiligt zu werden, am eigenen Leib gemacht haben.

Eva Renate Schmidt kennt einige Frauen dieser Generation, die in den oberen Kadern der Wirtschaft arbeiten und keine Familie gegründet haben. Diesen Frauen sei gar nicht bewusst gewesen, dass sie ihre Karriere nur ohne Kinder machen konnten – sie sahen ihren Entscheid gegen Kinder als individuell an. «Sich all diese Zusammenhänge aufzuschlüsseln und bewusst zu machen, wach zu werden für bestimmte Diskriminierungsprozesse und dagegen zu kämpfen – das hat die Tochtergeneration nicht geschafft, leider.»

Bei der Enkelinnen-Generation, den heute gut 20-Jährigen, beobachtet Eva Renate Schmidt einen starken Einfluss kitschiger Fernsehserien im Stil von Rosamunde Pilcher. Als sie vor einigen Jahren ein junges Paar traute, wünschte sich die Braut, im Stil dieser Fernsehhochzeiten vom Vater an den Ehemann übergeben zu werden. «Natürlich ohne den Hintergrund zu kennen – ich musste da Aufklärungsarbeit leisten.» Allgemein beobachtet Eva Renate Schmidt bei jungen Frauen eine starke Sehnsucht nach Geborgenheit, Versorgtsein – nach Eheschliessung und nicht nach Begegnung. Gleichzeitig sei es heute ja fast peinlich, wenn man mit gut zwanzig nicht vielfältige sexuelle Erfahrungen vorweisen könne. Sie sehe nicht, wo da die Emanzipation noch Platz habe. Obwohl sie in ihrer Verwandtschaft zwei grossartige junge Frauen kennt, die in freiwilliger Entwicklungszusammenarbeit bewusst Erfahrungen machen mit äusserer und innerer Autonomie, ist sie nicht sicher, wie weit die Emanzipation gelingen wird. Wer zieht wem nach, wer verdient das Haupteinkommen, wie weit unterstützen die Eltern ihre Jungen bei alternativen Lebensentwürfen – «die Fallstricke scheinen immer noch dieselben zu sein».

Die Frauen aus **Alexa Lindners** Arbeits- und Freundschaftskreis sind praktisch alle zwischen 40 und 60 Jahre alt, und Generationenunterschiede spielen für sie kaum eine Rolle. Alle hegen die gleichen Grundüberzeugungen – sonst wären sie ja nicht befreundet. So kann Alexa Lindner mit der Frage nach ihrem Verhältnis zur Tochtergeneration nicht viel anfangen. Ihr gefällt, dass sich ihre Freundinnen selbstverständlich einsetzen für ihre Rechte – das war anders, als sie jünger war –, und ihr gefällt die Vorstellung, sie könnten später einmal gemeinsam in einer Gruppe von «violetten Pantherinnen» mitmachen.

Alexa Lindner konstatiert, dass Frauen um die dreissig wenig Zeit für Politik haben. Man müsse ihnen fast das Messer an die Brust setzen, damit sie kandidierten. Natürlich begreift Alexa Lindner, dass diese beruflich weiterkommen, sich um Kinder und die Beziehung kümmern sollten. Da bleibe kaum die Kraft, sich für eine politische Sache einzusetzen.

Alexa Lindner im Alter von 30 Jahren

Durch ihre Arbeit in der Frauenbibliothek Wyborada St. Gallen ist Alexa Lindner regelmässig in Kontakt mit jungen Frauen unter 20 gekommen. Sie findet diese Jungen sensationell. Sie würden in die Bibliothek kommen, weil sie eine Arbeit schreiben müssten und mehr über die Frauengeschichte erfahren wollten. Ihr Selbstvertrauen sei enorm. Sie hat beispielsweise mit angehört, dass sich zwei junge Frauen, eine Bosnierin und eine Türkin, weigerten, von ihrer Schwiegermutter zu lernen, wie man das Lieblingsgericht des Sohnes koche. Das fand sie toll. Natürlich weiss Alexa Lindner, dass sie in der Bibliothek einer positiven Auswahl begegnet. Aber es gefällt ihr einfach zu erleben, wie eine junge Frau beispielsweise unerhört gut Stellung bezogen hat, auch zu aktuellen politischen Fragen, oder wie eine andere auf die Pauke gehauen und ihren Freund hat warten lassen, als er sie zu früh aus der Wyborada abholen wollte. Da denke sie schon, es passiere etwas. Aber länger dauernden Kontakt mit jungen Frauen hat sie seit der Pensionierung keinen mehr.

Reinhild Traitler ist stolz auf ihre Enkelin, die im Kindergarten seinerzeit über alle Kinder als «sie» sprach: «Natalie het en Brüeder übercho, sie isch en Bueb.» Sie betrachtete das als interessanten Spiegel in einem Kindergarten, in dem es überwiegend Mädchen gab. Heute sei das bei der Enkelin weg: «Das Normgeschlecht ist wieder fest das männliche.»

Die Realität vieler Frauen zwischen 30 und 40 mit qualifizierten Berufen kennt Reinhild Traitler durch ihre Schwiegerfreundin. Sie sieht die Kluft zwischen denjenigen, die auf Kinder verzichten, «superehrgeizig» noch nachts um zehn im Büro sitzen, und den jüngeren Müttern, die auf das Entgegenkommen der «Superehrgeizigen» angewiesen sind. Das gebe enorme Spannungen.

Reinhild Traitler im Alter von 34 Jahren

Heute noch existiert der Zwang zu privaten, individuellen Lösungen bezüglich Kinderbetreuung, der Reinhild Traitler als junge Frau so behindert hatte, «und die Solidarität ist auch nicht grösser geworden». Sogar wenn der Lohn stimmt, findet Reinhild Traitler dieses Klima nicht menschenfreundlich.

Sie empfindet die Feministinnen der Tochtergeneration häufig ironisch und distanziert. Reinhild Traitler hat manchmal den Eindruck, dass Ungerechtigkeiten für sie gar nicht existierten. «Die nehmen das Ganze gar nicht so ernst.» Reinhild Traitler ist immer wieder erstaunt, wie wenig sich die Verhältnisse trotz dreissig Jahren Feminismus geändert haben, auch wenn in Bezug auf Gesetzgebung einiges auf den Weg gebracht wurde. Immer noch wäre der Kampf für Gerechtigkeit – auch weltweit – prioritär.

Mädchen, die Freundinnen ihrer Enkelin, erlebt Reinhild Traitler als sehr selbstbewusst. Letzthin, als ihre sportliche, gertenschlanke Enkelin sich plötzlich als zu dick empfand, da hat sich Reinhild Traitler schon gefragt, woher jetzt diese Wahrnehmung komme. Auch ein Erlebnis in Glasgow macht sie nachdenklich: «Im eiskalten Schneewind stand eine Schar junger Mädchen vor dem Kino, mit kurzen weissen Röckchen, spitzendurchbrochenen schwarzen Strümpfen, Stilettoschuhen und angemalt bis zum Gehtnichtmehr.» Aber es seien ganz junge, kichernde «Meitli» gewesen, «auch wenn sie angezogen waren wie im Sex-Panoptikum». Schliesslich seien diese Mädchen gross geworden mit Müttern, die in Kult-Serien wie «Sex and the City» gelernt hatten, dass Frauen zugleich emanzipiert und sexy zu sein hätten. Da fällt Reinhild Traitler ein, dass die Minis in den 70er-Jahren auch recht provozierend gewirkt hatten. Sie erinnert sich an einen Anlass, wo sie ständig die Avancen eines Professors mittleren Alters abzuwehren hatte. «Ich sass da mit meinem Kleidchen in Pink, das hoch und höher rutschte.» Damals sei für sie selbstverständlich gewesen, dass sie, Aufmachung hin oder her, ernst zu nehmen sei. «Wenn bei den Jungen heute der Tanga unbedingt hervorblitzen muss – soll er doch!»

Regina Wecker hat an der Universität seit Jahrzehnten beruflichen Kontakt zur Generation der jeweils 20- bis 30-Jährigen, die sie unterrichtet. Sie zögert, scheut sich vor Verallgemeinerungen. Für diese Generation scheine die Forderung nach Frauenemanzipation nicht so im Zentrum zu stehen. Aber die Promovierten des akademischen Mittelbaus sind nach Regina Weckers Erfahrung motiviert, Familie und Berufstätigkeit unter einen Hut zu bringen. Früher seien Assistentinnen nach der Geburt ihres ersten Kindes kaum mehr zurück an den Ar-

Regina Wecker im Alter von 37 Jahren

beitsplatz gekommen. «Heute kommen alle wieder, auch nach dem dritten Kind.» Natürlich müsse man sich während der Kinderpause um diese Frauen kümmern, das tut Regina Wecker auch. «Aber sie ergreifen auch selbst die Initiative.» Sie kämpften um eine wissenschaftliche Karriere. Regina Wecker ist überzeugt, dass die Bedingungen am Historischen Seminar Basel gut sind. Auch Frauen dieser Generation, die eine Verwaltungsstelle übernehmen, münzten ihre Erfahrung nicht um in Neid, sondern unterstützten die anderen. Das findet Regina Wecker sehr gut. Sie erlebt auch Freundinnen ihrer Tochter in diesem Alter, die Familie und Berufstätigkeit vereinbaren können.

Die heutigen Studentinnen werden in Basel bezüglich Geschlechterfragen gut ausgebildet, sie seien auch interessiert. Männer sind an diesen Veranstaltungen nach wie vor untervertreten. Als Hilfsassistenten und Mitarbeiter hatte sie aber auch verschiedentlich sehr interessierte und engagierte Männer. Trotzdem: «Erstaunlich, dass Beziehungsfragen und Fragen um die Kategorie Geschlecht weiterhin als ‹Frauenfragen› gelten – obwohl die Beziehungen ja zwischen Männern und Frauen stattfinden und es ja um beide Geschlechter geht.» Man müsse die Männer nicht unbedingt «päppeln», wie sie es formuliert, aber doch wohl vermehrt darauf aufmerksam machen, dass sie das auch etwas angehe. Und zwar nicht erst, wenn sie sich als Geschiedene darüber wundern, dass sie das Sorgerecht für ihre Kinder nicht erhalten, dass sie «plötzlich» als Männer diskriminiert zu werden scheinen.

Junge Feministinnen ausserhalb der Universität seien nicht mehr so organisiert wie früher. «Es braucht die Erfahrung der Diskriminierung am eigenen Leib, dann ändert die Stimmung», davon ist Regina Wecker überzeugt. Das sei schon früher so gewesen; auch damals waren nicht alle jungen Frauen von Anfang an «bewegt».

Und die ganz Jungen? Das könne sie nicht so genau einschätzen. «Fahre ich im Zug und sehe, wie die reden, telefonieren und wo sie ihre Füsse haben – da frage ich mich schon, Entschuldigung, wo sind wir hier eigentlich.» Das finde sie auffallend. Aber bei Vorträgen in Schulen treffe sie immer auf junge Frauen mit spannenden Fragen. Auch in ihrem Freundeskreis kennt sie zwei 18-jährige, ganz faszinierende Frauen, die von zu Hause noch mehr mitbekommen hätten als Wissen. Sie wird öfter als Expertin auch für Maturarbeiten angesprochen. Eine Maturandin wählte als Thema die Bundesrätinnen-Wahlen respektive -Nicht- und -Abwahlen – «eine wirklich sehr gute Arbeit».

Hanna Gagel kennt die Mentalität der heute 30- bis 50-jährigen, schliesslich hat sie Frauen dieser Generation unterrichtet. Diese erlebt sie heute als selbstbewusste Frauen. Viele ihrer ehemaligen Schülerinnen sind ihr dankbar für die Schulung des Vertrauens in den eigenen Blick, der Selbstvertrauen ermöglicht. Immer wieder hört sie auch von jüngeren Künstlerinnen, sie hätten viel von ihr gelernt.

Zu zwanzigjährigen Frauen hat Hanna Gagel wenig Kontakt, auch im privaten Umfeld nicht. «Dass sie sich peppiger geben, extravertiert daherkommen und ein anderes Körpergefühl haben, finde ich positiv.» Es seien ja sehr geförderte Kinder, diese jungen Frauen. «Vielleicht sind viele Teenager so klug, sich mit Zöpfchen zu dekorieren, weil sie wissen, dass die Männer vor überlegenen Frauen Angst haben. Aber wenn sie sich bauchfrei an die Männer heranschmeissen und dafür noch verachtet werden» – das findet Hanna Gagel grauenhaft.

Hanna Gagel im Alter von 46 Jahren

«Sie werden noch lernen, sich nicht am männlichen Blick zu orientieren und der eigenen Wahrnehmung zu vertrauen.»

Hanna Gagel erlebt jetzt hie und da, dass junge Frauen und Männer im Tram aufstehen und ihr einen Platz anbieten – den sie nicht annimmt. Sie weiss und schätzt, dass die Jungen höflich sind, «aber manchmal könnte ich mich uralt fühlen». Sie findet es wichtig dass sie ihr Selbstwertgefühl nicht davon abhängig macht, wie die Jüngeren auf sie reagieren.

Liliane Späth erlebt im Autonomen Frauenzentrum Zürich, dass Altfeministinnen ihrer Generation sich mit den Jüngeren nicht ohne Weiteres verstehen. Anlässlich der Diskussion um die Öffnung des Frauenzentrums auch für Männer, beispielsweise bei Vernissagen, waren die Jüngeren, 25- bis 40-Jährigen, dafür. Sie seien komplett anders, sagt Liliane Späth. Und bis zu einem gewissen Grad könne sie das auch akzeptieren. «Die müssen selbst wissen, was sie wollen.» Es wäre ja fürchterlich, wenn diese schon die Erfahrung von 70-Jährigen hätten. Das war bei uns genau gleich, wir mussten den Kopf selbst anschlagen, erst dann haben wir es geglaubt.»

Vor einigen Jahren war Liliane Späth zusammen mit anderen älteren lesbischen Feministinnen von jüngeren Frauen der Homosexuellen Arbeitsgruppe Zürich HAZ eingeladen, um über die Anfänge der lesbischen Bewegung zu erzählen. Die seien aus allen Wolken gefallen, sagt Liliane Späth. «Die wussten überhaupt nicht, wie es damals war.»

Was sie der jungen Generation generell ankreide, sei eine gewisse Oberflächlichkeit. Erhält sie Texte für Internet-Seiten – auch von Akademikerinnen –, weisen praktisch alle Fehler auf bezüglich Satzstellung oder Grammatik. «Fast alle, Männlein wie Weiblein, zwischen

Liliane Späth im Alter von ca. 40 Jahren

30 und 50 haben Fehler gemacht und Sprechblasen produziert. Das finde ich schon verrückt.» Auch die Verbindlichkeit lasse nach. Es kommt vor, dass Kundinnen und Kunden oder auch Sitzungsteilnehmerinnen kurz vor dem vereinbarten Termin anrufen, es werde dann später. Das sei früher kaum vorgekommen.

In der Verwandtschaft ihrer Partnerin kennt Liliane Späth eine 20-jährige Frau, die sehr selbstständig lebt und genau weiss, was sie will. Das findet sie sehr positiv. Mit den 20- bis 25-Jährigen könnte Liliane Späth wie früher in der Disco «Tanzleila» tanzen – schliesslich schmerzt ihr Knie nicht mehr. «Aber sobald es basspowert, schmerzt es in den Ohren – das ist nicht mehr meine Welt.»

Aline Boccardo im Alter von 50 Jahren

Aline Boccardo hat beim Unterrichten viele jungen Menschen kennengelernt. Schon in den 80er-Jahren seien die Jungen flatterhaft gewesen, nur an Mode und Drogen interessiert und ohne Lust zu lernen. In Diskussionen habe sie dann jeweils gehört: «We have no future» – zum Weinen fand sie das. Bei den heutigen 20- bis 30-Jährigen beobachtet sie dieselbe Einstellung. Aline Boccardo kennt beispielsweise eine befreundete Familie mit fünf Kindern. Alle fünf seien studierte junge Leute, wunderbare junge Menschen, wie sie betont, in guten Stellungen. Und alle fünf wollen keine Kinder. Bei den heutigen Zukunftsperspektiven sei das nicht zu verantworten. Das erschüttert Aline Boccardo.

Auch die heutigen ganz Jungen, die so leichtsinnig wirkten mit ihren Stöckelschuhen und ihrem nackten Bauchnabel – das sei alles nur Oberfläche. «Darunter sind sie todtraurig», davon ist Aline Boccardo überzeugt. Das motiviere sie jeden Tag, sich für eine lebenswerte Welt einzusetzen.

Für die 90-jährige **Marthe Gosteli** sind die heute 50- bis 60-Jährigen die Tochtergeneration. Sie kennt vor allem ehemalige 68er-Feministinnen, die nach 1988 ihr Archiv besuchten. «Die waren alle bei der POCH (Progressive Organisationen der Schweiz), Chaotinnen und Studentinnen, die sich nicht gewaschen hatten.» Sie hätten die Dokumente benützt und Studien publiziert, deren Inhalt sie oft fragwürdig gefunden habe. Die Zusammenarbeit mit den Feministinnen dieser Generation sei hochinteressant, aber häufig auch kontraproduktiv gewesen.

Marthe Gosteli hat auch Auseinandersetzungen mit Mitarbeiterinnen dieser Generation erlebt, die nach ihrem Empfinden nicht sachlich motiviert waren. Vielmehr seien das einfach freche Bemerkungen jüngerer Frauen gegenüber einer alten Frau gewesen. Im Nachhinein habe sie sich gesagt, sie sei ja blöd gewesen, dass sie im Interesse der Sache über Bemerkungen wie, sie sei nicht mehr «up to date», einfach hinweggehört habe. «Wenn man dann die Verantwortung hat und eingreift, heisst es, man könne nicht loslassen.»

Unterdessen sieht Marthe Gosteli auch Gründe für das fehlende Verständnis von Frauen der mittleren Generation gegenüber alten Menschen. Noch nie habe es so viele Menschen über 80 gegeben, da müsse man den Umgang miteinander erst einüben. Schliesslich seien ja alle Generationen geprägt von den gesellschaftlichen Normen, in denen sie aufgewachsen sind. «Unsere Gesellschaft», sagt Marthe Gosteli, «befindet sich in einem

Marthe Gosteli im Alter von ca. 50 Jahren

Lernprozess.» Darum gelte es den Dialog zu pflegen, immer und immer wieder.

Mit 16- bis 20-jährigen Frauen hingegen, ihrer Urenkelinnengeneration, hat Marthe Gosteli nur gute Erfahrungen gemacht. Sie höre oft, den Jungen sei alles wurst. Aber wenn man sich mit ihnen beschäftige, sei die Annäherung spontan und locker. Sie fühlt sich von ihnen sogar unterstützt gegen die offenen und versteckten Rücktrittsforderungen der mittleren Generation. «Um Gottes willen», sagten die Jungen, «geben Sie nicht auf.» Das höre sie von denen. Oder wenn sie sich an etwas nicht mehr genau erinnere, dann sagten sie, das passiere ihnen auch. «Das finde ich herzig, irgendwie.»

Vor einiger Zeit bot ein sehr junger Redaktor Marthe Gosteli an, regelmässig eine Kolumne in einer Berner Gratiszeitung zu schreiben. Als sie zögerte – sie hatte noch nie Kolumnen geschrieben –, sagte der junge Mann ermunternd: «Versuchen Sie es doch einfach.» Marthe Gosteli lacht laut. Seither schreibt sie dort jeden Monat über Themen, die sie interessieren.

Das hohe Alter und der Tod

Auseinandersetzung mit dem Ende: Von Altersheimen und Sterbehilfeorganisationen, von köperlicher und seelischer Kraft, Spiritualität und Lebenssattheit

Die 90-jährige **Marthe Gosteli** lebt seit dem Tod ihrer Schwester vor 26 Jahren allein mit ihren beiden Hunden und ist in ihrem Archiv ununterbrochen tätig. Die Vorstellung, in einem Altersheim zu leben, ist für sie der «reine Horror». Schliesslich gebe es durchaus ekelhafte alte Leute.

Marthe Gosteli hofft, dass sie bis zu ihrem Tod in ihrer Umgebung bleiben kann. Sie hat die feste Absicht, sich bis Ende 2007 zurückzuziehen von der aktiven Mitarbeit im Archiv. Höchstens weiterhin alte Beziehungen zu pflegen und Geld an Land zu ziehen – das könnte sie sich noch vorstellen. Sich zu «liberieren», wie sie es nennt, diese Perspektive wird für sie immer attraktiver. Endlich zu tun, was sie wolle, mitten im Tag die schöne Natur geniessen, mehr Kontakte mit gleich gesinnten Menschen pflegen. Anderseits weiss Marthe Gosteli, wie sehr sie die Anregungen durch die Archivkontakte vermissen wird.

Der Gedanke an den Tod ist Marthe Gosteli nahe. Einer Bekannten, die drei ihrer Söhne überlebte, habe ein Sohn gesagt: «Dich muss man dann noch extra totschlagen.» Marthe Gosteli lacht schallend – «früher hatte man noch Humor». Sie habe keine Angst vor dem Tod. Das Schönste sei, vorbereitet zu sein, eine gewisse Müdigkeit zu verspüren und zu denken: Jetzt ist es richtig, es ist genug. «Lebenssatt» – dieses Wort stimme für sie immer mehr.

Aline Boccardo lebt und arbeitet in ihrer Eigentumswohnung in Bad Ragaz, erteilt von Zeit zu Zeit noch Sprachunterricht und engagiert sich leidenschaftlich für Friedens- und Umweltfragen. «Solange der Kopf noch will, bin ich ganz zufrieden. Wenn der dann einmal nicht mehr will», lacht sie, «dann ist es Zeit, auf die andere Seite zu gehen und zu sehen, wie es dort aussieht.»

Aline Boccardo hat einmal ein Altersheim besucht, um sich zu informieren. So traurig sei das gewesen. Die Leute seien in sich versunken dagesessen, hätten kaum gesprochen. Als allerdings ihre Mutter während der Phasen von Alines Abwesenheit jeweils im Altersheim Meggen wohnte, sei es ihr gut gegangen. Ein schönes Zimmer habe sie gehabt, Kranke besucht, gebastelt. Aber sie, sagt Aline Boccardo, sei lieber allein in ihrer Wohnung, mit ihren Blumen, dem Telefon und den Vögeln auf der Terrasse. Und ihrer Aufgabe mit den Schülerinnen möchte sie lieber zu Hause nachkommen.

Notgedrungen, sagt Aline Boccardo, denke sie ans Sterben. An ihrem 87. Geburtstag stellte sie in ihrem «spirituellen Zentrum», dem kleinen Tisch im Wohnzimmer, neun grosse Kerzen auf, für jedes Jahrzehnt eine. Für die neunte Kerze fehlen noch einige Jahre – aber sie sage sich: «Auf keinen Fall überschreiten.»

Wir müssen hier auf der Erde unsere Lektionen lernen, das ist für Aline Boccardo klar. Daran glaube sie – auch wenn es für sie schwierig sei, zu akzeptieren, dass im hohen Alter auch Pflegebedürftigkeit oder Demenz dazugehören könnten. Nie, unter keinen Umständen, würde sie Selbstmord begehen.

Zu ihrem 77. Geburtstag wollte **Eva Renate Schmidt** ursprünglich sieben Frauen einladen. Und dann habe sie gedacht, eigentlich möchte sie ja gerne über 90 werden, also habe sie schliesslich neun Frauen eingeladen, für jede Dekade eine. Sie möchte über 90 werden und nimmt an, das gehe allen Menschen so, die gerne leben. «Ich möchte keine sein, die nicht mehr ist.» Die 78-Jährige verspürt gegenwärtig noch viel Lebensenergie. Wenn sie Seminare halte, sei sie meist weniger müde als die Jungen. Sie gelte als Vorbild, als eine alte Frau mit einem hohen Energiepegel.

Eva Renate Schmidt war und ist der Überzeugung, sie könne sich mit allem arrangieren, was auf sie zukomme. Ihr Sicherheitsnetz funktioniert. Wenn ihr etwas geschehen würde, könnte sie sich notfalls auch selbst helfen. Das Telefon steht neben dem Bett, sie könnte das Ospedale anrufen und einen Krankenwagen bestellen. Nur das mit dem Handy müsste sie sich nochmals erklären lassen.

In ihrer Verwandtschaft beobachtet Eva Renate Schmidt, wie Menschen in sehr hohem Alter sich verändern, wie sie unterschwellig aggressiv und für ihre Familie zur Belastung werden können. Das bewegt sie sehr. Seit sie alte Dokumente ordnet, steigen in ihr Fragen an ihr eigenes Leben hoch. Sie träumt viel, auch von ihren Liebespartnern, und nimmt diese «Mitteilungen aus der Seelenarbeit» ernst. Es tröstet sie, wenn sie Briefe wegwerfen kann, die ihr jahrzehntelang wichtig waren. Eva Renate Schmidt will ihre Altersphase auch als Klärung und Erhellung erleben.

Viele ihrer Verwandten sind bis ins hohe Alter gesund geblieben. Ihre Mutter wurde mit 92, zwei Jahre vor ihrem Tod, pflegebedürftig. Die Kinder wollten sie damals überreden, in ein Heim oder zu einem der Kinder zu ziehen, was sie strikte ablehnte. Damals sagte ein Bruder zu Eva Renate: «Bist du dir eigentlich im Klaren darüber, dass wir über unsere eigenen Ängste reden und nicht über diejenigen unserer Mutter?» Es sei doch ihr gutes Recht, das Alleinleben und Alleinsterben zu wählen und nicht die ständige Beobachtung. Dieses Erlebnis hat Eva Renate Schmidt sehr beschäftigt. Für sich selbst hat sie die Klarheit gewonnen, dass sie als Pflegebedürftige in ihrem Haus bleiben und jemanden zu sich holen würde, der sie gegen Bezahlung pflegt. Eine ihrer Putzfrauen erzählt ihr manchmal, wie beeindruckt sie sei von einer 90-jährigen Frau, die sie gegenwärtig betreut. Es sei doch wunderbar, sagt Eva Renate Schmidt, Frauen um sich zu haben, die sich auch vorstellen könnten, später einmal sie zu betreuen. Zudem seien die Leute in Italien in der Regel sehr freundlich zu alten Menschen.

Eva Renate Schmidt hat in ihrer Patientinnenverfügung geregelt, dass sie von der Apparatemedizin abgehängt werden will. Einen Menschen künstlich am Leben zu erhalten, findet sie etwas sehr Unmenschliches. «Da kommt bei mir Zorn hoch», sagt sie, «wenn die Medizin immer noch weiterverdienen will am Leiden.» Sie hat auch in ihrem Testament alles so gut wie möglich geordnet.

Eva Renate Schmidt hegt hie und da den Verdacht, dass sie mit ihrer Grundüberzeugung, man könne sich mit allem arrangieren, bezüglich Sterben und Tod auch etwas verdränge. Darüber denkt sie viel nach. Als Pfarrerin würde sie sich bei Sterbebegleitungen und Abdankungen nie gegen die christlichen Überzeugungen eines Wiedersehens im Jenseits äussern – «schliesslich wissen wir alle nicht, wie es weitergeht». Aber ihr leuchten eher die Gedanken der Theologin Dorothee Sölle ein, dass unser Leben zurückkehrt in etwas Umfassendes, losgelöst von der konkreten Person. Teil des grossen Lebensstroms zu werden – «das ist mir ein guter, tröstlicher Gedanke, mit dem ich den Tod annehmen kann».

«Es interessiert mich noch nicht wirklich, was dann mit 80 passiert», sagt die 72-jährige **Hanna Gagel.** Bis 75 oder noch einige Jahre länger möchte sie sich mit ihrem neuen Lebensthema beschäftigen. «Bis dahin bin ich noch gut beisammen.» Hanna Gagel stört sich am Begriff «alternde Frauen», da dieser vor allem Abbau und Defizit beinhalte. Bei einem «alternden Menschen» denke man sofort, dieses und jenes funktioniere nicht mehr und der Kopf wahrscheinlich auch nicht. «Es ist eine übliche Annahme», sagt Hanna Gagel, «dass mit der körperlichen Schwächung auch die Persönlichkeit und die geistige Tätigkeit abnehmen.» Sie bevorzugt den Begriff «dritte Lebensphase», denn dieser umfasse den normalen Prozess körperlicher Veränderungen und gleichzeitig die Möglichkeit der Zunahme von Lebenseinsichten, von Lebenserfahrung. Hanna Gagel ist entschieden der Meinung, das Potenzial der späten Jahre müsse mehr erkannt und anerkannt werden – und auch gelebt.

Für die 71-jährige **Alexa Lindner** ist die Gegenwart ein Höhepunkt ihres Lebens. Sie habe eine gewisse Rundsicht und Selbstbewusstsein, wie sie formuliert, und geniesse dafür in ihrem Umfeld Respekt. Die Nachteile des Alters spüre sie vorläufig nicht. Später, denkt sie, werde es wieder abwärtsgehen.

Alexa Lindner möchte nie in ein Altersheim ziehen. Ihre Schwiegermutter, eine politisch bewusste Frau mit eigener Meinung, mit der man wirklich schön habe diskutieren können, wechselte von der Alterswohnung ins Altersheim, als ihre Kräfte abnahmen. «Kaum war sie im Heim, baute sie radikal ab – alles war weg.» Das habe sie richtig beelendet. Im Gespräch mit der Frau ihres Hausarztes habe sie erfahren, dass das geradezu ein Musterbeispiel sei, in der Regel geschehe dies so. Sie ziehe es vor, sagt Alexa Lindner, sich bei der Organisation des Alltags zu überfordern, als die Verantwortung dafür abzugeben. Sie wolle nicht das gleiche Schicksal erleben wie ihre Schwiegermutter.

Wenn sie nicht mehr selbstständig leben könnte, würde sie den Freitod wählen. «Das möchte ich nicht anders», sagt sie, «das wünsche ich mir.»

Liliane Späth unterscheidet zwischen ihrem eigenen Alter – sie ist 68 – und dem hohen Alter, beispielsweise über 90. Früher habe sie immer gedacht, man dürfe sich nach der Pensionierung einfach nicht geistig fallen lassen, dann gehe alles gut. Aber jetzt erlebt sie alte, interessierte Freundinnen, die nicht mehr alles aufnehmen, was sie ihnen erzählt. Das sei schon deprimierend, sagt sie, das mache einem auch Angst. Die Eltern ihrer Partnerin – der Vater im Pflegeheim, die Mutter im Altersheim – seien jedoch ganz glücklich in ihrem «Abgehängtsein». Das findet Liliane Späth extrem. «Wenn ich von morgens um acht bis nachts um zwölf Uhr fernsehen müsste und sonst nichts mehr – das ist doch keine Perspektive. Das wäre für mich unmöglich.»

Liliane Späth hat letzthin eine Frau getroffen, die hundert Jahre alt werden möchte. Sie wolle wissen, wie die Welt dann aussehe. Das kann sich Liliane Späth nicht vorstellen. Sie mache es wie ihre Mutter. Diese sei bis 84 «total fit» gewesen, sei jeden Tag mit einer Freundin spazieren gegangen und habe ein geselliges Leben geführt. Als man beim Gallenausgang einen Tumor entdeckte, entschied sich die Mutter gegen Chemotherapie und Operation. Sie wolle ein gutes Leben, solange sie «zwäg» sei. Am Schluss sei sie zum Sterben ins Spital gegangen und – vorsichtshalber – noch der Sterbeorganisation «Exit» beigetreten. Das hätte sie ihrer Mutter nicht zugetraut, sagt Liliane Späth. Um selbst entscheiden zu können, müsse man wirklich bereit sein und sich frühzeitig organisieren. Sie und ihre Partnerin haben schon seit Jahrzehnten eine PatientInnenverfügung.

Verena E. Müller erlebte in ihrer Familie starke, alte Männer. Ihr Vater führte bis 72 seine Arztpraxis. Er habe nur aufgehört, weil es sich bei den steigenden Mietzinsen nicht mehr gelohnt habe. «Da fand er, er könne ebenso gut einmal etwas anderes machen.» Auch ein Onkel von ihr, ein Professor, publizierte bis zu seinem Tod. Und so will es die 67-jährige Verena E. Müller auch halten. «Solange es noch Leute gibt, die mich bezahlen», sagt sie, «so lange arbeite ich weiter.»

Den Verlust aller Beziehungen im sehr hohen Alter sieht Verena E. Müller als grosses Problem. Ihre Pariser Au-pair-Frau hatte innerhalb kurzer Zeit die Schwester, den Bruder und dann ihren Mann verloren. «Dieses Abblättern – das ist eine schwierige Herausforderung.»

Besonders bitter findet Verena E. Müller die Demenz im hohen Alter. Ihr Vater war klar bis zum letzten Moment, die Mutter hingegen wurde dement – teildement, was die Sache damals nicht einfacher gemacht habe. «Welche dieser Gene ich ‹verwütscht› habe, kann ich nicht wissen.»

Über Pflegeheime müsse man ihr gar nichts erzählen, sagt Verena E. Müller. Vor kurzem war ihre Tante nach einer Operation im Pflegeheim. Wie eine Demente sei sie dort behandelt worden, obwohl sie nur rekonvaleszent war. Keine Anregungen, nichts. Im Rollstuhl habe sie gesessen, umgeben von dementen Frauen, und nicht einmal ihre Post habe sie bekommen – «das finde ich absolut abscheulich». Zudem ärgert sich Verena E. Müller über die hohen Kosten. Für die Betreuung ihrer Mutter zu Hause und rund um die Uhr hätten sie weniger bezahlt als für die Pflege der Tante im öffentlichen Heim.

Verena E. Müller hat keine Mühe mit der Vorstellung, im hohen Alter gebrechlich zu werden. Sie hofft und weiss, dass ihre Nichten und Neffen dafür sorgen werden, dass sie zu Hause betreut wird. Heute gebe es ja die Spitex, das lasse sich schon organisieren. Allenfalls könnte sie in ihrer Eigentumswohnung ein oder zwei Zimmer an StudentInnen vermieten und sich betreuen lassen. Sie könne ja sehr gut allein sein; sogar die ungeliebte Hausarbeit würde sie verrichten, wenn sie in den eigenen vier Wänden ihre Ruhe haben könnte. Die soziale Kontrolle im Altersheim könnte sie nicht ertragen. «Eine Oberschwester, die mir Befehle erteilt – das ist nichts für meine anarchistische Seele. Dafür habe ich schlicht keine Begabung.»

Als Arzttochter, sagt Verena E. Müller, sei sie bestimmt keine, die das Thema Sterben und Tod verdränge. «Sterben ist nicht das Problem, Kranksein und Schmerzen sind das Problem.» Warum eigentlich ist die Schmerztherapie für alte Menschen so schlecht? Sie findet es empörend, wie sie in den letzten Lebenswochen ihrer Mutter um Morphiumpflaster kämpfen mussten. Verena E. Müller hat eine PatientInnenverfügung. Ihre Schwester besitzt eine Kopie davon, und eine weitere will sie bei ihrer Treuhänderin deponieren. Vielleicht sei es sinnvoll, dass jemand ausserhalb der Familie, mit mehr Distanz, dann sagen könne: «Jetzt lasst sie gehen.»

Reinhild Traitler hält sich vor Augen, dass in ihrem Alter das Leben nicht mehr selbstverständlich ist, dass es kein Skandal mehr wäre, mit 67 zu gehen. Gleichzeitig merkt sie, dass es ihr nicht allzu viel bringt, sich das vor Augen zu führen. Seit ihrer Krebserkrankung hat sie es sich abgewöhnt, langfristig zu denken. «Damals ist es mir heiss und kalt den Rücken heruntergelaufen, wenn jemand erzählt hat, nächstes Jahr machen wir dieses oder jenes. Wenn ich jetzt Lösungen andenke, sagen wir für die Zeit nach 80, dann werden sie alle nicht stimmen.» Sie weiss, gute Ideen kommen des Weges, wenn sie sie braucht.

Reinhild Traitlers Vater litt mit 82 ein Jahr lang an Krebs, bevor er starb. Seine Seele sei genährt geblieben, sagt sie. So geduldig wie ein leidender Christus sei er ihr manchmal vorgekommen, das habe ihr grossen Respekt abgenötigt. «Die seelische Befindlichkeit muss im gebrechlichen Alter nicht schwächer werden», das hat sie damals erfahren. «Die Seele wendet sich ja immer dorthin, wo sie sich nähren kann.»

Einer Sterbeorganisation wie «Exit» würde Reinhild Traitler nie beitreten. Aber eine PatientInnenverfügung wollte sie schon lange unterschreiben. Sie sieht da einen grossen Unterschied. Den Wunsch zu gehen in einer ausweglosen Situation, den könne sie durchaus respektieren. «Es gibt Leiden, die ein Stadium erreichen, wo der Mensch seine Würde bewahren will.» Aber einer Organisation beizutreten, die sich auf Freitodhilfe spezialisiert, das findet sie tief problematisch. Höchstens Verwandte oder vertraute Freunde könnten untereinander Abmachungen treffen. Aber sonst: «Snooping!» – ein Herumschnüffeln am Sterbebett, das vermutet sie bei den BegleiterInnen von «Exit». «Das finde ich nicht zulässig, in gewisser Weise schamlos.»

Dem eigenen Tod ins Gesicht zu schauen, darin sieht Reinhild Traitler einen spirituellen Glaubensprozess. «Das Er-Fassen kann das, was da geschehen wird, nicht vorwegnehmen. Das geschieht einmalig.» Vielleicht stimme das banale Sprichwort, sagt Reinhild Traitler: Kommt Zeit, kommt Rat. «Den Rat haben wir jetzt noch nicht, nicht im Vorhinein und nicht auf Vorrat.» Dieser Gedanke von Dieter Bonhoeffer leuchtet ihr ein. Den eigenen Tod intellektuell oder gefühlsmässig zu antizipieren, sei unmöglich. «Man kann immer nur machen, was einem gerade im Leben nützt.»

Julia Onken ist 65, aktiv und kreativ wie eh und je – eher mehr als weniger – und bezeichnet ihren derzeitigen «Seniorinnenstatus» als Phase der Dankbarkeit für ihr reiches Leben. Noch nie sei es in ihr so hell und klar gewesen.

Denkt sie ans höhere Alter, 85 oder 90, so hat sie die Vorstellung, dass sich der Prozess des Umbaus von körperlicher zu seelischer Kraft intensivieren wird. «Die Transformation nimmt zu, die Erntezeit wird reicher» – davon ist Julia Onken überzeugt.

Vor körperlicher Gebrechlichkeit hat Julia Onken keine Angst. Sie hat das Beispiel der Psychoanalytikerin Lou Andreas-Salomé vor Augen. Diese empfing ihre Analysanden noch im bettlägerigen Zustand im Spital; sie war absolut klar im Kopf. Auch Julia Onken sieht sich in ihrem Beziehungsumfeld «schicksalsmässig» an einem Ort, wo sie Brücken bauen, gegenseitiges Verständnis herstellen soll.

Dass ihr Verstand und Gedächtnis nicht mehr zur Verfügung stehen könnten, ist für Julia Onken unvorstellbar. Das würde schwierig, meint sie. «Aber ich bin zuversichtlich, dass ich von liebevollen Menschen umgeben sein werde, die freundlich mit mir umgehen.»

Julia Onken denkt, dass sie sehr alt werden wird. Nicht nur, weil ihre Eltern beide 86 wurden. Eine Freundin habe ihr letzthin erzählt, sie fühle, wie die Kerze langsam niederbrenne. Sie hingegen habe das innere Gefühl, die Flamme ihrer Kerze sei noch gross, ja es würden noch mehrere Kerzen brennen.

Das Sterben stellt sich Julia Onken wie eine Krönung des Lebens vor, wie ein Finale. Sie weiss, dass es im Ewigen in irgendeiner Form weitergeht, mehr müsse sie nicht wissen. Im Moment des Sterbens wolle sie auf keinen Fall gestört werden. Höchstens, dass ihr jemand die Hand halte, mehr nicht. Julia Onken sieht ein Bild, ein Heimgehen auf einem Weg, wo sie langsam in ein Licht kommt und ein Tor sich öffnet. «Diesen feierlichsten Moment meines Lebens möchte ich bewusst und konzentriert erleben.» Darauf bereite sie sich schon heute mental vor – sie verspüre freudige Erwartung.

Julia Onken will keine PatientInnenverfügung. Sie sieht sich als Kind Gottes. Sein Plan mit ihr sei bis heute immer gut und richtig gewesen, sagt sie. Sie könne da nur dankbar sein. Sich mit einer PatientInnenverfügung in diesen Plan einzumischen, komme einer Beleidigung der göttlichen Pläne gleich. «Alles wird gut bleiben», das weiss sie. Sogar wenn sie bewusstlos an Schläuchen lebensverlängernden Massnahmen ausgesetzt wäre – Julia Onken ist sich sicher, dass ein Schlauch reissen wird, wenn die Zeit zum Sterben gekommen ist.

Regina Wecker hat ihre Schwiegermutter vor Augen, wenn sie über das hohe Alter spricht. Diese sei noch völlig klar und nehme noch wahr, was um sie herum geschieht, sie höre aber fast nichts und könne kaum mehr fernsehen, also kaum noch aktiv teilnehmen. Das findet die 63-jährige Regina Wecker tragisch. Und sie hofft, dass es bei ihr, die zeitlebens viel gelesen, nachgedacht und sich interessiert hat, ein wenig länger «halten» wird. Vielleicht würde sie anfangen zu stricken oder zu basteln. «Nur dasitzen und nichts tun – das möchte ich nie.»

Sie glaube kaum, dass sie so wie ihre Mutter sehr alt werde, sagt Regina Wecker. «Aber so 80 Jahre dürften es schon werden.» Sie wünsche sich, dass bis dahin auch die Beziehung zu ihrem Mann weiterbestehe, dass sie sich auf ihren Mann verlassen könne wie bis anhin. Dass niemand mehr nach Hause kommt – das findet sie eine schreckliche Vorstellung, obwohl sie nie Probleme hatte, auch längere Zeit allein zu leben. «Dann würde ich mir eine Wohnform wünschen, wo man Kontakt hat. Ich habe ja schon mehrmals in Wohn- und Hausgemeinschaften gelebt, das traue ich mir durchaus zu.» Und dann möchte sie wieder Tiere haben – «an denen hatte ich immer viel Spass». Vielleicht sogar einen Hund, das könne sie sich gut vorstellen, und natürlich einen Garten, solange die Kraft noch reiche. Aber vielleicht sind auch noch recht lange wissenschaftliche Arbeiten möglich.

Regina Wecker ist überzeugt, dass man auch im hohen Alter noch Freundschaften schliessen könne. «Aber ein gewisser Anspruch, eine gemeinsame politische Wellenlänge, steckt immer dahinter – gemeinsam alt zu sein, das genügt nicht. Vielleicht werde ich aufs Alter hin ja noch initiativ und packe ein Seniorenprojekt an.» Regina Wecker lacht.

Als Professorin befasst sie sich auch wissenschaftlich mit dem Wandel der Altersbilder. In unserer Gesellschaft werde die «Überalterung», wie schon der Begriff zeige, nur negativ und problematisch wahrgenommen: Man sieht nur die Kostenseite und alle positiven Aspekte nicht, und auch der Geburtenrückgang wird nur als «AHV-Problem» betrachtet, nicht aber in seiner viel bedeutenderen Auswirkung auf die Gesellschaft. Das sind für Regina Wecker interessante Phänomene. «An diesen Diskussionen beteilige ich mich intensiv.»

Schlusswort

Allen interviewten Frauen gemeinsam ist ein inneres Feuer, ein Engagement für Frauenanliegen. Sie beleben sich selbst durch die emotionale und intellektuelle Beschäftigung mit ihrem Lebensthema, und gleichzeitig lassen sie sich beleben durch den Austausch, die Auseinandersetzung und ihre Wirksamkeit gegen aussen. In der Zeit meiner Interviews, zwischen Herbst 2005 und Frühling 2007, geschah ständig etwas. Reinhild Traitlers Kurs für Interreligiöses Lernen wurde konzipiert, propagiert und kam zustande. Liliane Späth baute mit anderen die Vernetzungsplattform Fembit auf. Hanna Gagel erlebte den Erfolg ihres Buches und die nachfolgende Phase der Erschöpfung, um sich nun mit Energie Umsetzungsprojekten zuzuwenden. Verena E. Müller beendete die jahrelange Forschungsarbeit an ihrem Buch über Marie Heim-Vögtlin. Das Frauenseminar Bodensee von Julia Onken expandierte räumlich in mehreren Etappen. Es gibt keine Phase des «Nichtstuns», davon sind alle überzeugt.

Ich war von der Annahme ausgegangen, dass feministisch engagierte Frauen sich im Alter aktiv und unüberhörbar mit der Fremd- und Selbstwahrnehmung älterer Frauen auseinandersetzen würden. Dies ist aber lediglich für Hanna Gagel ein Herzensanliegen. Das Engagement der anderen Frauen ist inhaltlich dasselbe, das sie schon seit Jahrzehnten kontinuierlich pflegen und weiterentwickeln. Keine Einzige erzählt beispielsweise von «Alterskränzchen», wo über Fragen des eigenen Älterwerdens oder die gesellschaftliche Reputation alter Frauen diskutiert wird.

Die Konzentration auf Frauenthemen ergab sich bei allen Frauen im Laufe des Lebens. Von individuellen Interessen geprägt und aus verschiedenen Milieus stammend, wurden nur zwei von ihnen durch persönliche Diskriminierungserfahrungen politisiert: Für die traditionellen Frauenrechtlerinnen Marthe Gosteli und Verena E. Müller war die Verweigerung politischer und ziviler Gleichstellung aufgrund der Geschlechtszugehörigkeit eine persönliche Diskriminierung, gegen die sie aktiv wurden. Die aus dem Ausland Zugewanderten erlebten die Kämpfe um das Frauenstimmrecht als exotisch und blieben distanziert. Reinhild Traitler und Eva Renate Schmidt wurden durch beruflich bedingte Erfahrungen mit Rassendiskriminierung politisiert, Alexa Lindner und teilweise auch Regina Wecker durch die Erfahrung von Klassenunterdrückung. Julia Onken und Liliane Späth, beide aufgewachsen in relativ bildungsfernen Milieus, politisierten sich in der Konfrontation mit ihren Herkunftsfamilien, die sie als frauenfeindlich empfanden und in Julia Onkens Fall auch als bildungsfeindlich.

Frauendiskriminierung wurde für alle ein zentrales Thema in der Auseinandersetzung mit der in den 70er- bis 90er-Jahren weit verbreiteten feministischen Kritik und Analyse patriarchaler Herrschaftsmechanismen und Machtausübung. Die Diskussionen um Autonomie, auch intellektuelle Autonomie, um die eigene Identität als Frau, um die kulturellen Praktiken solidarischer Frauen, waren seither prägend für alle. In der Teilnahme am feministischen Diskurs schärften sie nicht nur ihre Selbstwahrnehmung als intellektuell und körperlich autonome Subjekte. Sie bereicherten zugleich die Palette feministischer Diskurse, Strategien und Aktivitäten.

Es ist eine bunte Palette: Eva Renate Schmidt entwickelte aus den Methoden der feministischen Sprachkritik ein Analyseinstrument zur Aufdeckung von hierarchischen Strukturen in Organisationen – heute ein Klassiker –, und ihre Thesen zu Differenz und Erotik in Arbeitsbeziehungen zwischen Frauen und Männern blieb nicht ohne Resonanz. Reinhild Traitlers Methoden des kreativen intellektuellen Austauschs von Frauen eröffneten vielen Teilnehmerinnen ein feministisch reflektiertes gesellschaftliches und politisches Engagement in der deutschen Schweiz. Der durch sie angestossene und immer wieder vorangetriebene Interreligiöse Dialog unter Frauen ist heute auch international von höchster Aktualität. Hanna Gagels Fokus auf die Kreativität von Frauen im Alter lässt sich in einem Diskurs verorten, der heute im Trend liegt. Viele Psychologinnen veröffentlichten in den letzten Jahren (Selbst-)Erfahrungsberichte und Analysen zum Thema der weiblichen Reifungsprozesse. Der positive Grundton von Hanna Gagels Buchtitel *So viel Energie* entspricht somit den vielfach aufgelegten Titeln *Wenn ich einst alt bin, trage ich Mohnrot. Neue Freiheiten geniessen* (Elisabeth Schlumpf, 2003) oder *Die gewandelte Frau. Vom Geheimnis der zweiten Lebenshälfte* (Ingrid Riedel, 1998). Julia Onken baut ein Unterrichtskonzept auf, das von den spezifischen Stärken von Frauen ausgeht, und integriert ihre Lehrgänge erfolgreich in die qualifizierte schweizerische Bildungslandschaft. Marthe Gostelis «Archiv zur Geschichte der Frauenbewegung» ist heute national anerkannt. Regina Wecker ist am Prozess der Institutionalisierung von Forschung und Lehre zu Frauen- und Geschlechtergeschichte in der Schweiz wesentlich beteiligt. Liliane Späth vernetzt mit anderen Frauen von «fembit» Webseiten von Frauenunternehmungen in der deutschen Schweiz, und Alexa Lindners Computerunterstützung ermöglicht vielen Projekten der autonomen Frauenbewegung und der Linken aus St. Gallen einen professionellen Auftritt. Verena E. Müllers Biografie der ersten Schweizer Ärztin Marie Heim-Vögtlin vermehrt das Wissen über die Handlungsmöglichkeiten und Beziehungsnetze von Frauen im 19. Jahrhundert. Aline Boccardos neuartige Methoden des Sprachunterrichts für gebildete wie auch für praktisch analphabetische Ausländerinnen – wichtige Voraussetzungen für eine erfolgreiche Integration von Frauen – befinden sich in der Erprobungsphase.

Dieses kontinuierliche Engagement verleiht den Frauen in Selbst- und Fremdwahrnehmung ein eigenes Profil. Vielleicht gehört in diesen Kontext die Beobachtung, dass alle, die noch ein Büro haben, mich dort empfingen. Ausnahmen bezüglich Kontinuität sind die 90-jährige Marthe Gosteli, die einen Rücktritt von ihren Funktionen in Archiv und Stiftungsrat ins Auge fasst – vorläufig bleibt es bei der Absichtsdeklaration –, und Eva Renate Schmidt. Diese lässt als Einzige ihr früheres berufliches feministisches Engagement auslaufen.

Der Computer ist für alle Frauen, ausser für Marthe Gosteli, Aline Boccardo und momentan auch Hanna Gagel, ein selbstverständliches, teilweise auch ein faszinierendes Arbeitsinstrument geworden. Marthe Gosteli mag sich nicht mehr darauf einlassen, Aline Boccardo kann ihn aufgrund ihrer Augenschwäche nicht benützen, und Hanna Gagel, gewöhnt an die Arbeit am Computer, gönnt sich eine Auszeit. An Diskussionen im Internet beteiligt sich lediglich Reinhild Traitler. Die Vermutung liegt aber nahe, dass viele der heute 60- und 70-Jährigen die Möglichkeiten zur qualifizierten Diskussion vom eigenen Schreibtisch aus in späteren Jahren vermehrt nutzen werden.

Alle Frauen informieren sich laufend, lesen Zeitungen und Belletristik. Die weiterhin Berufstätigen, Julia Onken, Regina Wecker, Verena E. Müller und Liliane Späth, müssen fachlich hoch qualifiziert bleiben. Auch Hanna Gagel hält sich wissenschaftlich à jour. Auseinandersetzung oder Austausch im Rahmen von Kursen, Schulen oder Tagungen sind für viele selbstverständlich, wobei Regina Wecker und Julia Onken immer noch professionell Lehrende sind. Geistige Flexibilität bezeichnen alle als Lebenselixier, auch wenn die nicht mehr Berufstätigen keinen Drang spüren, sich beurteilen und messen zu lassen.

In den 90er-Jahren erhielten Marthe Gosteli und Eva Renate Schmidt die Ehrendoktorwürde der Universität Bern, Regina Wecker wurde mit dem Basler Wissenschaftspreis ausgezeichnet. Marthe Gosteli, damals 78 Jahre alt, steht in einer Tradition von Ehrungen, die schon vor ihr herausragende, gemeinnützig tätige Frauen erhalten hatten. Ehrungen für wissenschaftliche Frauenforschung hingegen wären früher kaum möglich gewesen.

Beruflich unumgängliche Weiterbildungen, wie sie bei Liliane Späth und Alexa Lindner durch die Einführung der EDV nötig wurden oder bei Julia Onken durch die Zertifizierung des Frauenseminars, begriffen alle drei als Chance. Sie investierten und investieren dank der gestiegenen Professionalität gleichzeitig in ihren Subjektstatus, in ihre positive Selbstwahrnehmung und in ihr berufliches Prestige.

Beim aktiven Umgang mit den Brüchen der Pensionierungszeit griffen Hanna Gagel, Eva Renate Schmidt und Reinhild Traitler auf die Praktiken der intellektuellen und geistigen Selbstermächtigung zurück, die sie sich im Lauf des Lebens erworben hatten. Sie führten ihr ehemaliges berufliches Engagement mit je spezifischen Strategien weiter. Die über 80-jährigen Marthe

Gosteli und Aline Boccardo, die nur sporadisch erwerbstätig gewesen waren, brachen erst als ungefähr 60-Jährige zu ihrem heutigen Engagement auf. Die erwerbstätigen Frauen ohne Pensionierungserfahrungen kennen in ihrem Engagement und in ihrer beruflichen Tätigkeit kein Vorher und Nachher. Verena E. Müller, Julia Onken oder Liliane Späth beispielsweise arbeiten als Selbstständige kontinuierlich weiter. Das feministische Engagement von Julia Onken und Liliane Späth hat sich eher noch intensiviert.

Alle interviewten Frauen haben eine eigene materielle Basis. Die beiden über 80-Jährigen, denen aufgrund des Zweiten Weltkriegs eine formelle Berufsausbildung verwehrt blieb, leben von Erbschaften. Alle anderen sind dank ihrer Pension und/oder Erspartem materiell autonom; die in einer Partnerschaft lebenden Frauen haben, mit Ausnahme von Liliane Späth, ein höheres (Renten-)Einkommen als ihre Partner. Die meisten angestellten Frauen waren in Non-Profit-Organisationen tätig – öffentliche Schuleinrichtungen, private Bildungshäuser, Kirchenorganisationen. Dieser Befund ist kennzeichnend für die Generation, welcher der Aufstieg in höhere Kader der Privatwirtschaft noch verwehrt war. Sie haben sich auf feministische Themen spezialisiert und führen ihre Aktivitäten nach der Pensionierung gratis weiter. Ausnahme ist Eva Renate Schmidt, die nach ihrer Pensionierung als Selbstständige mehr verdiente als während ihrer Zeit als Angestellte.

Vertrautheit mit dem eigenen Körper ist heute für alle Frauen ein wichtiges Thema. Gut für sich sorgen zu können dank Selbstbeobachtung und regelmässigem Training, sehen Eva Renate Schmidt, Liliane Späth, Marthe Gosteli und Hanna Gagel im Alter als tägliche Aufgabe – im Gegensatz zu früheren Jahren. Die beiden Ersteren fühlen sich körperlich besser in Form als früher. Alexa

Lindner und Julia Onken, beide übergewichtig, lehnen Trainings ab; sie fühlen sich ziemlich gesund. Die körperlich behinderte Aline Boccardo ist überzeugt, dass sie mit ihren Meditationspraktiken zu ihrer körperlichen Stabilität beiträgt. Einzig Regina Wecker trieb schon früher regelmässig Sport.

Behinderungen und Schmerzen in der gegenwärtigen Lebensphase spielen für alle Frauen eine sekundäre Rolle. Viele kennen Beeinträchtigungen von früher – Reinhild Traitler, Regina Wecker und Liliane Späth hatten sich schwierigen Operationen zu unterziehen. Aber alle beobachten übereinstimmend, dass ihr alltägliches Engagement sie belebt, dass Austausch und Diskussionen Schwächen und Schmerzen vergessen lassen. Hanna Gagel, welche die Diskrepanz zwischen geistiger und körperlicher Energie spürt und thematisiert, ist stolz auf ihre selbst erarbeitete Balance. Sie fühlt sich leistungsfähiger als früher, wenn auch nur jeweils für einige Stunden. Selbstverantwortung für die körperliche Vitalität zu übernehmen, selbst auszuprobieren, was gut tut und was nicht, empfinden die meisten als Prozess der Selbstermächtigung.

Medikamenten stehen viele kritisch gegenüber. Reinhild Traitler verdankt ihre gute körperliche Verfassung dem von ihr gefällten Entscheid, ein lebenslang verordnetes Medikament abzusetzen. Auch Aline Boccardo traut ihrer Körperwahrnehmung mehr als dem Rat von Ärzten: Sie schluckt nicht alle verordneten Mittel. Eva Renate Schmidt propagiert sogar in ihrem Verwandtenkreis Vorsicht und Selbstverantwortung gegenüber ärztlichen Therapien. Die einzige Frau mit einem ungebrochenen Verhältnis zur «Chemie» ist die Arzttochter Verena E. Müller.

Die Kritik an der Definitionsmacht der traditionellen Medizin über den weiblichen Körper und am passiven

Status von «Patientinnen» gegenüber den wissenden Ärzten hat sich seit den 70er-Jahren in Bestrebungen gezeigt, sich positiv und selbstverantwortet mit Fragen um Gesundheit und Krankheit, Menstruation und Fruchtbarkeit auseinanderzusetzen. Es scheint, dass die meisten Frauen in früheren Jahren zu diesen Diskursen Distanz hielten. Julia Onken, Alexa Lindner und Regina Wecker hielten in früheren Zeiten viel von Selbstdisziplinierung, die einen bezüglich Diäten, die andere bezüglich sportlicher Betätigung. Praktisch alle schenkten früher während ihres strengen Arbeitslebens den Anforderungen des Körpers wenig positive Beachtung – erst im Alter änderten sich die Prioritäten.

Auch Selbstermächtigung durch individuelle «weiche» Therapieformen wie Körpertherapien, seit den 70er- und 80er-Jahren ein integrierender Bestandteil feministischer Praxis, fand bei den interviewten Frauen kaum Anklang. Lediglich Eva Renate Schmidt machte Ausbildungen in Gestaltarbeit und Feldenkrais und betont, diese Praktiken hätten sie persönlich wie auch in ihrer beruflichen Tätigkeit bereichert. Auch die klassische Psychotherapie stiess nicht auf grosse Resonanz. Eva Renate Schmidt, Julia Onken und auch Regina Wecker liessen sich bei Bedarf unterstützen, Julia Onken arbeitet auch als Psychologin.

Sexuelle Aufklärung und frühe Liebesbeziehungen wurden für die Frauen ungefähr ab Jahrgang 1930 möglich. Für die 1920 geborene Aline Boccardo waren Themen um Sexualität und Erotik tabu; darüber habe man einfach nicht gesprochen. Unabhängig von der Qualität der sexuellen Aufklärung hatten alle Frauen, mit Ausnahme der beiden um 1920 Geborenen, auch in den Jahren vor 1968 verschiedene sexuelle Beziehungen zu Männern und Frauen. Einige Frauen erlebten Abtreibungen, und keine einzige wurde ungewollt Mutter –

unabhängig von Herkunftsmilieu und Zivilstand! Die feministischen Diskurse der 70er- und 80er-Jahre wurden lediglich aufgenommen, wenn sie die bisherigen Überzeugungen und Praktiken bestärkten. Die feministischen Diskussionen um die Schädlichkeit der «Pille» beispielsweise schreckte keine Frau ab, die verhüten wollte. Zentral waren die Diskurse um selbstbestimmte Sexualität für Liliane Späth, die sich im Kontext von Berns 68er-Bewegung als lesbisch orientierte Frau outete. Die Diskussionen innerhalb der autonomen Frauenbewegung um «Zwangs-Heterosexualität» und weibliche Identität ermöglichten vielen lesbischen Frauen, ihre sexuellen Wünsche nicht in Abhängigkeit von Heterosexualität zu definieren und sich positiv als fortschrittliche Gruppe innerhalb der feministischen Bewegung zu verorten. Liliane Späth versteht sich bis heute als «Berufsfeministin».

Eva Renate Schmidt und Hanna Gagel, beide allein lebend, geniessen bezüglich Erotik und Sexualität bis heute alles, was sie als für sich bekömmlich empfinden. Autonomie in jeder Hinsicht war für beide immer wichtig gewesen. Ein «Macho» kommt für Eva Renate Schmidt trotz intensiver sexueller Begegnungen je länger, je weniger in Frage. Mit dem Thema Sexualität und Erotik «abgeschlossen» haben die beiden über 80-Jährigen, Marthe Gosteli und Aline Boccardo, sowie Verena E. Müller und Reinhild Traitler. Verena E. Müller bestimmte diesen Schritt selbst, während Reinhild Traitler sich nach dem Tod ihres Mannes dazu gezwungen fühlte.

Sexualität und Erotik wurden während der Interviews mit den alleinstehenden Frauen früher oder später irgendwie zum Thema. Regina Wecker, Alexa Lindner und Julia Onken hingegen äusserten sich über ihre langjährigen Partnerschaften nicht von selbst. Freie Liebe, Partnerschaft ohne sexuelles Besitzdenken, diese lautstark verkündeten und von den Medien gerne kolportierten Botschaften der Studenten-, teilweise auch der Frauenbewegung, scheinen für sie nicht im Vordergrund gestanden zu haben. Lediglich Liliane Späth thematisiert die Auswirkung von Seitensprüngen auf die Partnerschaft, und Julia Onken beschreibt in einigen ihrer Bücher auch eigene schwierige Beziehungsstürme. Der Umgang mit Forderungen nach sexueller Autonomie und Vielfalt der Beziehungen scheint nicht so sehr Eingang in ihren Alltag und in ihr öffentliches Engagement gefunden zu haben. Diese Themen, ob konflikthaft oder nicht, sind offenbar privat geblieben.

Aus früheren und heutigen Tätigkeiten haben alle Frauen verlässliche Beziehungen zu anderen Frauen. Hanna Gagel und Reinhild Traitler, die im Lauf ihres Berufslebens internationale Netzwerke aufbauten und unterhielten, benützen diese weiterhin. Freundschaftliche Kontakte, gemeinsame aktuelle Arbeitsprojekte und Treffen «all over the world» gehen besonders bei Reinhild Traitler Hand in Hand. Auch für Liliane Späth decken sich Arbeits- und Freundschaftsbeziehungen weitgehend. Verena E. Müller pflegt den Kontakt zu ehemaligen Arbeitskolleginnen und früheren Au-pair-Familien systematisch weiter. Sämtliche Frauen haben eigentliche «Wahlfamilien» geschaffen, hauptsächlich, aber nicht nur mit Frauen und unabhängig von der Intensität des Familiennetzes.

Lokale Netzwerke wurden wichtig für Liliane Späth, Alexa Lindner und Regina Wecker, die sich stark in der Lokalpolitik engagierten. Sie übernahmen Ämter in Schulpflege, Einwohner- beziehungsweise Gemeinderat. Alexa Lindner und Regina Wecker verorteten sich in der Sozialdemokratie, arbeiteten auch mit gleich gesinnten Männern zusammen, während Liliane Späth zum politischen Flügel der Autonomen Frauenbewegung Zürichs gehörte. Noch heute engagiert sie sich im Frauenzentrum Zürich und nicht an ihrem Wohnort Birmensdorf. Alexa Lindner und Regina Wecker fühlen sich in ihren Wohngemeinden St. Gallen respektive Reinach wie Fische im Wasser; sie sind beide bis heute stark verankert in der jeweiligen linken Szene und in der Frauenszene. Regina Wecker ist auch die einzige vom Ausland Zugezogene, die perfekt Schweizerdeutsch spricht.

Intensive Familiennetze kennen nicht nur Frauen mit eigenen Kindern und Enkelkindern. Eva Renate Schmidt und Verena E. Müller, beide kinderlos, verstehen sich als treue Schwestern, Cousinen, Tanten oder Grosstanten eines Familienclans, und das seit Jahrzehnten. Beide beobachten, dass die älter werdenden Nichten und auch Neffen Austausch und Beratung bei ihnen suchen. Als eigentliche Stamm-Mütter sehen sich Julia Onken und Reinhild Traitler, die beide alltägliche Kontakte mit ihren erwachsenen Kindern pflegen – Julia Onken arbeitet mit ihrer einen Tochter, ihrer Nachfolgerin im Frauenseminar, zusammen; Reinhild Traitler kocht wöchentlich für alle am Familientag. Auch Regina Wecker hat regelmässig Kontakt mit ihrer Tochter. Liliane Späth und Alexa Lindner, beide ohne Kinder, haben kaum mehr Kontakt mit ihrer Herkunftsfamilie. Besonders Alexa Lindner betont, dass man die Wünsche der Verwandten nach Distanz zu respektieren habe, auch wenn sie selbst sich über intensivere Kontakte freuen würde. Die beiden über 80-jährigen Frauen, beide kinderlos, ohne Nichten und Neffen, überleben immer mehr Verwandte und auch FreundInnen. Ihr Beziehungsnetz wird dünner. Beide bedauern das sehr, fühlen sich zusätzlich zu den Herausforderungen des hohen Alters immer mehr allein.

Reinhild Traitler und Hanna Gagel haben im Alter erlebt, dass sie nach dem Tod der Eltern für ihre Brüder

– beide haben keine Schwestern – so etwas wie der Familienmittelpunkt wurden. Dass die alternden Geschwister zusammenrücken, zunehmend das Bedürfnis nach Zusammenkünften und Austausch verspüren, ist auch die Erfahrung von Julia Onken. Die beiden passionierten «Familientanten» Eva Renate Schmidt und Verena E. Müller pflegen zusätzlich intensive Kontakte zur jüngeren Generation.

Generell lässt sich erkennen, dass alle Frauen mit intensiven Familiennetzen, selbstverständlich inklusive «Familientanten», auch intensive Freundschafts- und Arbeitsnetze pflegen. Frauen mit eher schwachen Familiennetzen sind Marthe Gosteli und Aline Boccardo, deren Bekanntennetze aus Altersgründen ebenfalls schwächer werden. Alexa Lindner und Liliane Späth, die ihre wenigen Verwandten selten sehen, haben sich auch persönlich intensiv in den Netzen der Frauenszene verankert. Sie sind die beiden «klassischen» Feministinnen.

Dass Frauen verlässlich, freundschaftlich, solidarisch handeln und verhandeln können, war eine der Grundannahmen der feministischen Diskussion der 70er- und 80er-Jahre gewesen, welche angesichts gegenteiliger Erfahrungen und Enttäuschungen immer wieder neu begründet, diskutiert und verändert wurde. Die meisten der interviewten Frauen beteiligten sich an diesem Diskurs im beruflichen Zusammenhang, arbeiteten sie doch überwiegend mit Frauen zusammen. Wesentliche positive Impulse für eigene Projekte wie auch für den Prozess der Identitätsfindung stammen aus dieser Zusammenarbeit. Hanna Gagel bezeichnet ihre Kurse, in denen sie Studentinnen und Künstlerinnen zusammenbrachte, als wissenschaftliches und persönliches Lernfeld. Auch Reinhild Traitler und Julia Onken, in der Frauenbildung tätig, und Regina Wecker als Professorin für Frauen- und Geschlechtergeschichte, betonen die Bedeutung des Austauschs. Engagierte und interessierte Lehrerinnen wie Schülerinnen motivierten sich dabei gegenseitig und trieben die politische, gesellschaftliche Entwicklung wie auch persönliche Fragestellungen voran. Alexa Lindner, die als Informatiklehrerin gerne und oft mit männlichen Kollegen und Schülern zusammenarbeitete, bezeichnet Frauengruppen als Heimat, als verlässlichen Rückhalt, wo Freundschaften und politisches Engagement sich potenzierten.

Nur Verena E. Müller und vor allem Eva Renate Schmidt arbeiteten in männerdominierten Milieus. Beide verstanden und verstehen sich stark als Einzelkämpferinnen, die sich für ihre Anliegen vehement einsetzten und auch bei Männern durchsetzten. Eva Renate Schmidt hat praktisch keine Beziehungen mehr zu früheren Arbeitskolleginnen, aber noch zu einigen Arbeitskollegen, mit denen sie nun befreundet ist. Sie hat als Einzige im Alter ein neues Beziehungsnetz geschaffen an ihrem neuen Wohnort in Italien; es besteht vorwiegend aus Frauen.

Positive Erfahrungen mit der eigenen Mutter oder Grossmutter, also mit der eigenen Frauenlinie, prägen alle Frauen ausser Verena E. Müller. Quasi ein Urvertrauen in die Mutter als verlässlichste Person im Kinderleben hatten Julia Onken und Regina Wecker. Von irgendeinem wichtigen weiblichen Vorbild in der Jugendzeit berichten jedoch alle übereinstimmend. Das Bewusstsein, in einer Frauenlinie zu stehen, ein weibliches Erbe zu empfangen, zu pflegen und weiterzugeben, die Konstruktion einer weiblichen Genealogie, spielte im feministischen Diskurs eine wichtige Rolle. Reinhild Traitler, Julia Onken und Regina Wecker konnten ihre Jugenderfahrungen darin einfliessen lassen; für sie war die Hochschätzung weiblicher Erfahrung und Lebenstüchtigkeit Alltag gewesen. Sie entwickelten und entwickeln immer noch positive Formen weiblicher Lernkultur respektive feministisch reflektierter Forschung und Lehre. Hanna Gagel erlebte einen ambivalenten Prozess, in dem sie lernte, die vitale Tatkraft der sie nicht würdigenden Mutter mit der geistigen Kraft der sie fördernden Grossmutter und ihrer Lehrerinnen zu verbinden. Kulturelle Kreativität, die Frauen zusätzlich zur biologischen Kreativität auszeichnet, wurde später ihr Lebensthema. Alexa Lindner und Liliane Späth fühlten sich sowohl von Vater wie Mutter wenig beachtet oder gefördert – sie wurden die beiden «klassischen» Feministinnen, die sich bis heute emotional sehr stark auf Frauenbeziehungen und -solidarität verlassen.

Eva Renate Schmidt fühlte sich von ihrer Mutter bezüglich ihrer Entfaltungswünsche zurückgebunden und stützte sich eher auf die positive Haltung des Vaters. Ausschliesslich durch ihren Vater und Grossvater gefördert und ernst genommen fühlte sich Verena E. Müller. Diese beiden Frauen mit fördernden Vaterfiguren schätzten zeitlebens auch die männliche Arbeits- und Beziehungskultur. Eva Renate Schmidt konzentrierte sich in ihrem männerdominierten Arbeitsfeld – neben den feministischen Bestrebungen – auch auf die Reflexion des emotionalen und erotischen Potenzials in Arbeitsbeziehungen zwischen Frauen und Männern. Verena E. Müller kritisiert in Diskussionen um Gleichstellungsforderungen nicht einfach die Männer. Sie sieht die Ursache der immer noch wirksamen Frauendiskriminierung häufig auch in der inkonsequenten Haltung von Frauen. Sie kenne einige Frauen aus der gebildeten Mittelschicht, die öffentlich radikale Analysen des Patriarchats verkündeten und zu Hause einen Macho akzeptierten. Diese Ambivalenz unterstellt sie Feministinnen generell. Selber schuld, nicht das Patriarchat, so ihre Haltung.

Es ist aufschlussreich, dass diese beiden Frauen, Verena E. Müller und Eva Renate Schmidt, ihre Tochtergeneration am härtesten beurteilen. Beide sind der Meinung, dass die heute 40-Jährigen mehr hätten erreichen können, wenn sie nur gekämpft hätten. Die Zeit wäre reif gewesen, mit Männern ernsthaft über Rollenteilung zu diskutieren und zu streiten. Aber es fehlten die Energie, der Kampfwille, ebenso die Fähigkeit zur Analyse von Diskriminierungsmechanismen. Die 40-Jährigen – beide beziehen sich auch auf Erfahrungen als «Familientanten» in ihrem grossen Verwandtenkreis – hätten ihre Situation individualisiert, Auseinandersetzungen mit den Partnern gescheut und auf eine eigene Lebensplanung verzichtet. Bei beiden schimmert eine gewisse Aggression durch: Die Jüngeren verfügten über Chancen, die sie selbst damals nicht hatten – und sie haben diese Chancen grösstenteils nicht wahrgenommen. Die wohlwollendste Haltung gegenüber der Tochtergeneration nehmen die drei Frauen mit fördernden Muttererfahrungen und einer Praxis weiblicher Lernkultur ein. Regina Wecker erlebt gelungene Aushandlungsprozesse jüngerer Wissenschaftlerinnen mit ihren Partnern, auch Solidarität zwischen ihnen, und Julia Onken bekundet Verständnis für die Tochtergeneration, die glaube, es stehe ihr alles zu. Sie sieht sich als Unterstützende, die bei Bedarf dieser neuen Spielart des Feminismus ihren Erfahrungsschatz zur Verfügung stellt. Reinhild Traitler kritisiert zwar explizit die politische Beliebigkeit der Tochtergeneration, setzt sich jedoch mit neuen feministischen Theorien und Diskursen auseinander. Auch Alexa Lindner und Liliane Späth, die «klassischen» Feministinnen mit expliziter politischer Praxis, kritisieren das Verhalten der Tochtergeneration als individualistisch und relativ apolitisch. Aber – so beide übereinstimmend – das sei früher häufig nicht anders gewesen. Jede Generation müsse selbst ihre Erfahrungen machen.

Für Marthe Gosteli und Aline Boccardo, die beiden über 80-Jährigen, sind die heute 60-Jährigen die Tochtergeneration. Marthe Gosteli, die sich stark in der langen Tradition von fördernden «gescheiten» Frauenrechtlerinnen verankert fühlt, kritisiert ihre Tochtergeneration aus der Warte einer bürgerlichen Feministin. Die Neue Frauenbewegung der 68er-Jahre sieht sie als Provokation linker Frauen, die den Feminismus für sich pachten wollten. Das bezeichnet sie als Anmassung – aber sie betont, sie habe die Zusammenarbeit mit diesen Frauen interessant gefunden. Marthe Gosteli und Aline Boccardo kritisieren diese Generation auch als unsolidarisch. Sie verhalte sich respektlos gegenüber den Hochbetagten, so Marthe Gosteli, respektive sie nehme ihre Verantwortung gegenüber der jüngeren Generation bezüglich Friedens- und Umweltfragen nicht wahr, so Aline Boccardo.

So kontrovers die Haltungen gegenüber der Tochtergeneration ausfallen, so einheitlich ist der Tenor gegenüber der Enkelinnengeneration: Die Frauen äussern sich überwiegend positiv oder nachsichtig, im Stil: «Die lernen das noch.» Vollends begeistert von den Zwanzigjährigen – ihrer Urenkelinnen-Generation – ist Marthe Gosteli. Von ihnen fühlt sie sich als 90-Jährige respektiert und ernst genommen, sogar unterstützt.

Vier Frauen leben in stabilen Partnerschaften: Alexa Lindner, Regina Wecker und Liliane Späth sind seit Jahrzehnten verheiratet respektive in einer inzwischen registrierten Partnerschaft, und Julia Onken lebt ebenfalls seit Jahrzehnten mit ihrem Partner zusammen. Alle haben einen gemeinsamen Haushalt, Liliane Späth und ihre Partnerin führen zusätzlich gemeinsam den Handwerkerinnenladen. Während Liliane Späth praktisch alle Berufs- und Freundschaftsbeziehungen sowie ihr frauenpolitisches Engagement mit ihrer Partnerin teilt, haben die anderen drei Frauen eigene Betätigungsfelder, die sie zeitlich und kräftemässig sehr beanspruchen. Regina Wecker und Julia Onken sind tagsüber an ihrem auswärtigen Arbeitsplatz und auch abends oft nicht zu Hause. Auch Alexa Lindner, die Layoutarbeiten an ihrem Mac zu Hause erledigt, ist häufig an Sitzungen oder mit ihren Freundinnen weg. Alle fühlen sich von ihren PartnerInnen in ihren Bestrebungen, die sie antreiben und beleben, akzeptiert und sogar unterstützt. Kämpfe um Aufteilung der Hausarbeit liegen, wenn schon, hinter ihnen. «Er ist kein Macho», das ist allen Frauen mit einem männlichen Partner wichtig. Die Männer ihrerseits haben, unabhängig von ihrer Pensionierung, eigene Betätigungsfelder, in denen sie sich mit Energie engagieren. Der Austausch über die wechselseitigen Aktivitäten ist für alle erstrebenswert. Alexa Lindner sieht in ihrer Partnerschaft ein verbindendes «gemeinsames Drittes», nämlich das Engagement für den Sozialismus und die Liebe zur Typografie. Liliane Späth und ihre Partnerin haben sowohl das feministische wie auch das berufliche Engagement gemeinsam. Regina Wecker teilt mit ihrem Mann die Aufgaben, welche die Organisation des Alltags in ihrer Wohnsiedlung mit sich bringt.

Die Hälfte der Frauen in festen Partnerschaften zog zeitweise Kinder auf. Regina Wecker und ihr Mann nahmen die damals 7- und 8-jährigen Kinder ihres Bruders zu sich, und Julia Onkens Töchter waren knapp in der Pubertät, als ihre Mutter mit dem neuen Lebenspartner zusammenzog. Haus- und Kinderarbeit solle fifty-fifty in einer gleichberechtigten Rollenteilung erledigt werden, die Kleinfamilie solle sich mit anderen zusammentun, um Erwachsenen wie Kindern ein reicheres Spektrum von Beziehungen zu ermöglichen – diese Postulate der Neuen Frauenbewegung nahmen lediglich Regina Wecker und ihr Mann als selbstverständlich auf, während Julia Onken sich lange Zeit als Alleinerziehende aufrieb. Auch Reinhild Traitler fühlte sich als Alleinerziehende benachteiligt; später betreute sie ihre Enkelin regelmässig.

Sieben Frauen, also die grosse Mehrheit, hatten keine Kinder und empfanden den Verzicht teilweise bitter. Es fällt auf, dass der unerfüllte Kinderwunsch in der Rückschau mehr Emotionen auslöst, dass diesbezüglich mehr Trauer und Schmerz verarbeitet werden mussten als beispielsweise beim Verzicht auf eine Partnerschaft oder bei der späteren Einsicht, bezüglich Karrierewunsch als Frau diskriminiert worden zu sein. Wären verbindliche Abmachungen über alternative Partnerschaftsmodelle in der Zeit vor 1968 möglich gewesen, hätten Eva Renate Schmidt und Hanna Gagel sehr gerne Kinder gehabt. Einen schwachen oder gar keinen Kinderwunsch verspürten Alexa Lindner, deren Partner keine Kinder wollte, Verena E. Müller und Marthe Gosteli. Für die beiden Letzteren wäre nicht in Frage gekommen, allein mit Kindern zu Hause zu bleiben, die dienende, weibliche Rolle zu übernehmen. Sie betonen, sie hätten das nicht ausgehalten und ein alternatives Rollenmodell hätten sie sich nicht vorstellen können. So sei die Entscheidung für Beruf und Engagement für sie richtig gewesen. Für Liliane Späth stellte sich die Frage nach Kindern anders, ist doch Kinderadoption für lesbische Paare bis heute unmöglich. Aber sie betont, sie habe Kinder nie vermisst. Regina Wecker schliesslich war die Einzige mit einem solidarischen Partner, der auch bereit war, die Kindererziehung mit ihr zu teilen, und der wie sie bis heute eine alternative Wohnform bevorzugt. Es ist sicher von Bedeutung, dass Regina Wecker mit Jahrgang 1944 zu den Jüngeren gehört. Ein alternativer Lebensentwurf, der für sie und ihren Ehemann wichtig war, liess sich ab den 70er-Jahren eher durchsetzen als früher.

Einige Frauen bezeichnen sich ausdrücklich als nicht geschaffen für die Ehe, die sie alle als Unterordnung unter einen Mann verstanden: Marthe Gosteli und Verena E. Müller, die auch keine Kinder vermissten, und Hanna Gagel und Eva Renate Schmidt, die gerne Kinder gehabt hätten. Sie alle würdigen sich explizit als autonome Frauen, als heutige Singlefrauen, die gerne allein und unabhängig leben. «Das geht nicht mit mir» – diese Haltung prägt sie zutiefst. Hanna Gagel, die unter dem Zwang der Fremdenpolizei heiratete, fühlte sich neun Jahre später nach der Scheidung befreit von der «natürlichen» männlichen Eifersucht gegenüber geistig kreativen Frauen. Dass Erotik und Sexualität auch ohne Partnerschaft gelebt werden können, ist für sie wie auch für Eva Renate Schmidt bis heute selbstverständlich.

Spirituelle Überzeugungen und Praktiken spielen bei der Hälfte der Frauen keine Rolle. Liliane Späth und Alexa Lindner, also die beiden «klassischen» politischen Feministinnen, Marthe Gosteli und Verena E. Müller als traditionelle Frauenrechtlerinnen, und Regina Wecker, die «klassische» Linke, wuchsen in einem unkirchlichen Milieu auf und interessierten sich auch im Lauf ihres Lebens nur marginal für Frauenrituale, Frauensymbole und feministische Spiritualität. Teilweise grenzen sie sich radikal davon ab.

Emotionale, geistige und spirituelle Selbstunterstützung war in den feministischen Diskussionen gebunden an Frauennetze, an gegenseitige Stärkung und Selbstvergewisserung, als Verortung im Überpersönlichen. Konkret wurden etwa patriarchale Rituale innerhalb der Kirchen entlarvt, vorchristliche Symbolsysteme erforscht, welche die weibliche Macht noch nicht verschleiert hatten, oder urgeschichtliche Muttergottheiten als primäre Mächte postuliert. Keine einzige der interviewten Frauen verortete sich in diesen Diskursen.

Eine jahrzehntelange reiche spirituelle Praxis hat Aline Boccardo. Sie verbindet katholische Rituale in der Nachfolge ihrer Mutter mit Zen-Übungen, vermittelt durch den jesuitischen Zen-Meister Niklaus Brantschen. Sie bezeichnet sich ausdrücklich als Katholikin und feiert ihre Rituale allein zu Hause, wo sie ein eigentliches spirituelles Zentrum pflegt. Sie glaubt an die Wiedergeburt; viele ihrer Rituale beschäftigen sich mit den Bedingungen des Weiterlebens, da sie genau weiss, mit wem sie wieder zusammentreffen will, und vor allem, mit wem sie das keinesfalls wünscht.

Julia Onken, die Künstlerin der Gesamtinszenierung, bezeichnet sich als Katholikin, die zwar nicht mehr zur Kirche geht, aber im Alter immer deutlicher die Verbindung zum Jenseits spürt. Sie versteht den Moment des Sterbens als spirituellsten aller Momente, als Vollendung des göttlichen Plans, der sie durch ihr Leben geführt hat. Dieses krönende Finale wolle und werde sie rituell feiern.

Eva Renate Schmidt, Tochter aus einem frommen Pfarrhaus, und Reinhild Traitler, die sich als Studentin der Theologie annäherte, suchten und praktizierten Frauenrituale im Rahmen der evangelischen Kirche. Beide setzen sich beispielsweise in Frauengottesdiensten von den patriarchalen Machtträgern der Kirche ab, feiern aber auch traditionelle Gottesdienste und Rituale gemeinsam mit Männern. Reinhild Traitler bezeichnet die schottische Iona-Community, in der Frauen und Männer gemeinsam beten, singen und feiern, als ihre spirituelle Heimat. In der öffentlichen Wahrnehmung waren und sind sie nicht nur als kirchlich-spirituell praktizierende Frauen präsent. Auch ich kannte Eva Renate Schmidt seit vielen Jahren als feministische Organisationsberaterin und hatte mit der Erwachsenenbildnerin Reinhild Traitler zusammengearbeitet – ihr kirchlich-spiritueller Hintergrund, der sie stark prägte, wurde mir erst im Laufe der Interviews bewusst.

Der Prozess des Alterns in der Fülle geschieht vor dem Hintergrund einer langen, engagierten Arbeits- und Beziehungspraxis. Diese Gruppe lebenskluger Frauen macht Mut. Mut zur Klärung eigener Lebensprozesse, zum Engagement für Anliegen, die uns packen, erfüllen – allein und gemeinsam mit anderen.

Lebensläufe und Quellen

Aline Boccardo
Geboren 17. Februar 1920, aufgewachsen im
  Freien Staat Danzig.
1939 Flucht vor den Nazis nach Frankreich.
1946–1960 Auswanderung nach Chile, Arbeit
  als Sprachlehrerin, Heirat mit Mario Boccardo.
1960 Rückkehr nach Euopa, Scheidung.
1977 Gründung der «Frauen für den Frieden»
  in Luzern.
1978 Teilnahme an der Frauenkonferenz in Wien.
  Als Vertreterin der Schweizer Frauen für den
  Frieden Teilnahme an der Abrüstungskonferenz
  in New York.
1980 Einbürgerung in Meggen LU.
1983 Umzug nach Genf.
Seit 1999 in Bad Ragaz, sporadische Arbeit als
  Sprachlehrerin.

Publikationen:
Aline Boccardo. *Frauen für den Frieden.*
  Ein Lebensbericht. Freiburg 2003.
Aline Boccardo. *Schäferstündchen mit dem Papst.*
  Privatdruck 2005.
Aline Boccardo. *Sternbild der Freiheit. Tagebuch einer*
  Flucht. Frauenfeld 2007.

LEBENSLÄUFE UND QUELLEN

Hanna Gagel
Geboren 1935 in Bremen.
1959–1971 Studium der Kunstgeschichte, Literatur und Geschichte in Heidelberg, Bonn und Berlin. Promotion in Berlin mit Studien zur Geschichte des deutschen Plakats 1900–1914. 1972–1975 Dozentin an der Pädagogischen Hochschule Berlin. Mitorganisatorin mehrerer Kunstausstellungen in der Neuen Gesellschaft für Bildende Kunst in Berlin sowie der Kunsthistorikerinnen-Tagung 1984 in Zürich.
1975–1997 Dozentin für Kunstgeschichte und Kunstvermittlung an der Hochschule für Gestaltung und Kunst Zürich. Lehr- und Forschungstätigkeit zu Malerei, Grafik, Fotografie und Bildhauerei von Frauen seit der Renaissance bis heute.
Ab 1985 Vorträge und Seminare zur Kunst von Frauen. 1997 Pensionierung. Vortrags- und Forschungstätigkeit.

Publikationen:
Hanna Gagel. *Wie unvernünftig ist Evas Bedürfnis nach sinnlicher Erkenntnis? Wie unvernünftig sind Baldungs Frauen?* In: *FrauenKunstGeschichte, Zur Korrektur des herrschenden Blicks.* Giessen 1984.
Hanna Gagel. *Germaine Richier und die Bedrohung des Lebendigen. Ein Blick auf ihre weiblichen und männlichen Figuren.* In: *Frauen. Bilder. Männer. Mythen.* Hrsg. Ilsebill Barta u.a. Berlin 1987.
Hanna Gagel. *Den eigenen Augen trauen. Über weibliche und männliche Wahrnehmung in der Kunst.* Giessen 1995.
Hanna Gagel. *Von Pferden, Vögeln und Fischen – oder die Bilder der Braut Leonora Carrington.* In: *Arnold Böcklin, Giorgio de Chirico, Max Ernst, Eine Reise ins Ungewisse.* Ausstellungskatalog Kunsthaus Zürich 1998.

Hanna Gagel. *Sfonisba Anguissola (1535–1625)* In: *Frauen der italienischen Renaissance, Dichterinnen, Malerinnen, Mäzeninnen.* Hrsg. Irmgard Osols-Wehden. Darmstadt 1999.
Hanna Gagel. *So viel Energie – Künstlerinnen in der dritten Lebensphase.* Berlin 2005.

Marthe Gosteli
Geboren 22. Dezember 1917 in Ittigen.
1935–1937 Diplomklasse Fortbildung Monbijou Bern.
1937–1939 Aufenthalt in London, Studium der Sprache.
1940 Arbeit im Armeestab, Abteilung Presse und Funkspruch.
Ab 1941 Arbeit in der Bibliothek des Inselspitals Bern.
1949–1953 Selbstständige Betreuung der Filmabteilung des US-Informationsdienstes der Amerikanischen Botschaft in Bern.
1953–1955 Arbeit bei einem Dokumentarfilmproduzenten.
1955–1962 Erneut Leitung der Filmabteilung des US-Informationsdienstes der Amerikanischen Botschaft in Bern.
Ab 1957 Verwaltung des Bauernhofs der Erbengemeinschaft Gosteli. Aktive Mitarbeit bei der von der Erbengemeinschaft Gosteli in Auftrag gegebenen Planung für ein Überbauungsvorhaben.
1963 Besuch von Vorlesungen an der Universität Bern.
1966–1968 Besuch eines Vorgesetztenseminars am Institut für Angewandte Psychologie in Zürich.
1964–1968 Präsidentin des Frauenstimmrechtvereins Bern.
1967–1971 Mitglied des Bundes Schweizerischer Frauenorganisationen, ab 1968 Vizepräsidentin des Bundes Schweizerischer Frauenorganisationen.

1970 Delegierte von Zonta International an einem UNO-Seminar in Moskau unter dem Titel «Seminar on the participation of women in the economic life of their countries».

1970–1971 Präsidentin der Arbeitsgemeinschaft der schweizerischen Frauenverbände für die politischen Rechte der Frauen.

1972–1984 Entwicklung des therapeutischen Reitens für Behinderte in Diesbach bei Büren und Worblaufen. Zusammenarbeit mit Heimen und Institutionen. Teilnahme an zwei internationalen Kongressen in Deutschland und England.

1982 Gründung der Gosteli Stiftung und Eröffnung des Archivs zur schweizerischen Frauenbewegung.

1994 Teilnahme an einer internationalen Konferenz unter dem Titel «Frauen, Information und die Zukunft», Ratcliffe College, Cambridge, Mass., USA.

Publikationen:

Vergessene Geschichte. Hrsg. Marthe Gosteli, 2 Bde., Bern 2002.

Verena E. Müller. *Bewegte Vergangenheit.* Hrsg. Marthe Gosteli, Bern 2000.

Une paysanne entre ferme, marché et associations, Textes d'Augusta Gillabert-Randin 1918–1940. Hrsg. Peter Moser/Marthe Gosteli. Baden 2005.

Alexa Lindner Margadant

Geboren 2. Januar 1936 in Alt St. Johann SG.

1952–1955 Kaufmännische Lehre.

Ab 1955 Politarbeit in der Sozialdemokratischen Partei und der SP-Frauengruppe.

1962–1997 Lehrerin für Stenografie, Maschinenschreiben, Bürotechnik und Informatik

an der Kantonsschule am Brühl St. Gallen (früher
Mittelschule Talhof St. Gallen). Lehrdiplome für
die erteilten Fächer und Korrespondenz.
1972–1975 Präsidentin der SP Kanton St. Gallen.
1973–1974/1993–1998 Gemeinderätin Stadt St. Gallen
1974 Heirat mit Bruno Margadant.
Kurse für Frauenliteratur, Frauenspaziergänge,
Organisation von Stenografie-Wettschreiben.
Ab 2005 Redaktorin des «Schweizer Stenografen».

Publikationen als Mitautorin:
Frau und Arbeit. Ein Schwarzbuch. Hrsg. Sozialdemo-
 kratische Partei der Stadt St. Gallen. St. Gallen 1984.
Professionelle Textverarbeitung. Altstätten 1999.
*Das Jahr in Lucens. Reformiertes Töchterinstitut Lucens
 1925–1995.* Herisau 2002.
blütenweiss bis rabenschwarz. St. Galler Frauen – 200 Porträts.
 Hrsg. Marina Widmer/Heidi Witzig. Zürich 2003.
100 Jahre SP Kanton St. Gallen. Hrsg. SP des Kantons
 St. Gallen. St. Gallen 2005.
Elisabeth Etterlin/Alexa Lindner Margadant.
 Präsentation ist (fast) alles. Altstätten 2005.
*Nicht die Welt, die ich gemeint. Elisabeth Gerter –
 Leben und Werk.* Monografie. Bern 2006.

Verena E. Müller
Geboren am 8. Mai 1940.
Kindheit in Steinen SZ, Jugend in Luzern.
1959–1966 Studium der Allgemeinen Geschichte,
 Französischen Literatur und Wirtschaftsgeschichte
 an den Universitäten Zürich und Sorbonne Paris.
 1966 Lizentiat.
1970–1972 Nachdiplomstudium am Institut Africain
 (heute: Institut des Etudes du Développement) in

Genf, Diplom. 1978/79 Studienjahr an der London School of Economics.
1966–1978 Hauptlehrerin für Französisch und Geschichte an der Thurgauischen Kantonsschule Frauenfeld (1970/71 Lehrerin am Collège Calvin in Genf).
1980–1987 Redaktorin im AKAD-Verlag in Zürich.
Seit 1988 freiberufliche Tätigkeit als Publizistin, diverse Mandate, z.B. von 1988–2003 Chefredaktorin der Zeitschrift «Gymnasium Helveticum». Freie Mitarbeiterin am Medizinhistorischen Institut der Universität Zürich.

Publikationen:
Bewegte Vergangenheit. 20 Jahre Archiv zur Geschichte der schweizerischen Frauenbewegung. Hrsg. Marthe Gosteli/Verena E. Müller. Bern 2002.
Verena E. Müller. *Frauen für Frauen – einst und jetzt. Schweizerische Evangelische Frauenhilfe – ein Kapitel Schweizer Geschichte.* Bern 2005.
Verena E. Müller. *Marie Heim-Vögtlin – Die erste Schweizer Ärztin (1845–1916). Ein Leben zwischen Tradition und Aufbruch.* Baden 2007.

Julia Onken
Geboren 1. Mai 1942 in Münsterlingen. Aufgewachsen und Primar- und Sekundarschulzeit in Kreuzlingen.
1957 Au-pair in Lausanne in Dirigentenfamilie.
1958–1965 Papeteristinnenlehre, anschliessend Leitung und Einkauf in einer Papierwarenhandlung. Parallel zur Lehre Besuch der Schauspielschule, an der Prüfung durchgefallen.
1965 Beginn zweiter Bildungsweg.
1968 Schwangerschaft – Heirat – Geburt der ersten

Tochter, Abbruch des Bildungsvorhabens.
1971 Geburt der zweiten Tochter.
Ab 1975 Studium der Psychologie.
1980 Abschluss an der Akademie für Angewandte Psychologie, Zürich. Weiterbildung in klientzentrierter Gesprächspsychotherapie, transpersonaler Psychosynthesis, psychoanalytischer Paartherapie, Laut- und Sprachtherapie.
1984 Scheidung, alleinerziehend. Aufbau einer eigenen psychotherapeutischen Praxis, Dozentin in der Erwachsenenbildung.
1986 Erste Buchveröffentlichung im Eigenverlag.
1988 Gründung des Frauenseminars Bodensee. 1998 Gründung des Vereins «Bildungsfonds für Frauen».

Publikationen, Übersetzungen in 12 Sprachen:
Julia Onken. *Feuerzeichenfrau. Ein Bericht über die Wechseljahre.* München 1988.
Julia Onken. *Geliehenes Glück. Ein Bericht über den Liebesalltag.* München 1990.
Julia Onken. *Vatermänner. Ein Bericht über die Vater-Tochter-Beziehung und ihren Einfluss auf die Partnerschaft.* München 1993.
Julia Onken. *Spiegelbilder. Männertypen: wie Frauen sie durchschauen und sich dabei selbst erkennen.* München 1995.
Julia Onken. *Die Kirschen in Nachbars Garten. Von den Ursachen fürs Fremdgehen und den Bedingungen fürs Daheimbleiben.* München 1997.
Julia Onken. *Herrin im eigenen Haus. Weshalb Frauen ihr Selbstbewusstsein verlieren und wie sie es wieder zurückgewinnen.* München 2000.
Julia Onken. *Wenn du mich wirklich liebst. Die häufigsten Beziehungsfallen und wie wir sie vermeiden.* München 2001.

Julia Onken. *Altweibersommer. Ein Bericht über die Zeit nach den Wechseljahren.* München 2002.

Julia Onken. *Eigentlich ist alles schief gelaufen. Mein Weg zum Glück.* München 2005.

Julia Onken/Maya Onken. *Hilfe, ich bin eine emanzipierte Mutter. Ein Streitgespräch zwischen Mutter und Tochter.* München 2006.

Julia Onken. *Am Tag der weissen Chrysanthemen. Ein Bericht über Liebe und Eifersucht.* München 2007.

Julia Onken/Mathias Jung. *Liebes-Pingpong. Das Beziehungsspiel von Mann und Frau.* München 2007.

Eva Renate Schmidt

Geboren am 7. April 1929 in Karlsruhe.

1949–1954 Studium der Evangelischen Theologie in Heidelberg, Basel und Berlin.

1954 Ordinierung.

1954–1957 Experimentelle Jugendarbeit mit Arbeiterinnen und Verkäuferinnen in Mannheim.

1958–1959 Studien in England und USA zum Thema: Kirche und Industrie, Korrelation von Theologie und Sozialwissenschaften.

1959–1963 Referentin und Abteilungsleiterin im Burckhardthaus Gelnhausen für kirchliche Industrie- und Sozialarbeit mit Frauen.

1963–1964 Gemeindepfarramt in Berlin-Wedding.

1964–1972 Direktorin im Burckhardthaus, Gelnhausen.

1972–1973 Ausbildung in Houston, Texas, USA, in Organisationsentwicklung, Supervision, Gestalt und Gruppendynamik.

1974–1992 Studienleiterin für Gemeindeberatung und Fortbildung der Evangelischen Kirche von Hessen-Nassau. Entwicklung eines Konzept für die

Gemeindeberatung/Organisationsentwicklung in der Kirche und einer entsprechenden 3- bis 4-jährigen Ausbildung; Weiterentwicklung dann auch in der Schweiz, in Österreich und in katholischen Diözesen. Daneben eigene Beratungstätigkeit in kirchlichen und anderen Non-Profit-Organisationen und Wirtschaftskonzernen.
Ab 1986 Stellvertretende Präses der Kirchensynode und Mitglied der Kirchenleitung.
Ab 1992 im Ruhestand und freiberufliche Tätigkeit als Beraterin, Trainerin und Gastdozentin.
Seit 2006 in Valdora/Ghiffa, Italien.

Publikationen (Auswahl):
Eva Renate Schmidt. *Gemeindeberatung.* Gelnhausen 1977.
Eva Renate Schmidt. *Umgang mit Zeit.* Gelnhausen 1978.
Eva Renate Schmidt. *Aufhören und Anfangen.* Gelnhausen 1983.
Feministisch gelesen, Ausgewählte Bibeltexte für Gruppen und Gemeinden, Gebete für den Gottesdienst. Band 1 und 2, hrsg. Eva Renate Schmidt u. a. Stuttgart 1988 und 1989.
Eva Renate Schmidt. *Beraten mit Kontakt. Handbuch für Gemeinde- und Organisationsberatung.* Offenbach 1995.
Mitherausgeberin der Fachzeitschrift «Wege zum Menschen», Göttingen, bis 1992.
Zahlreiche Artikel in Fachzeitschriften zu Themen wie: Organisationsentwicklung in der Kirche, Umgang mit Macht, Frauen führen, Hermeneutik des Verdachts als Diagnoseprinzip von Organisationen, Zusammenarbeit von Frauen und Männern, Feministische Theologie usw.

Liliane Späth
Geboren 24. Juni 1939 in London und aufgewachsen in Bern.
1955–1958 Lehre als Tapezierer-Dekorateurin, heute Innendekorateurin.
1959–1960 Aufenthalte in London und Paris.
1962–1965 Ausbildung als Innenarchitektin.
1965–1974 Innenarchitektin in Bern und Zürich.
1978 Gründung des Dienstleistungskollektivs, heute Handwerkerinnenladen.
1999–2005 Kurse an der EB Zürich für Suchmaschinenmarketing, Web-Publishing, HTML und Photoshop.
2005–2006 An der EB Zürich berufsbegleitender Lehrgang für Web-Publishing mit Diplomabschluss.
Seit 2007 zu 60% im Handwerkerinnenladen und zu 40% als Web-Publisherin tätig.

Reinhild Traitler
Geboren 24. Februar 1940 in Berlin.
Gymnasium in Linz/Donau.
1958–1966 Studium der Germanistik, Anglistik und Theaterwissenschaft sowie einige Semester Theologie an der Universität Wien; Studienaufenthalte in England. Lehrtätigkeit beim Goetheinstitut in Nordschweden.
1967–1969 Generalsekretärin der Evangelischen Studentengemeinde in Österreich und stellvertretende Vorsitzende des Ökumenischen Jugendrats in Österreich.
1969–1983 Mitarbeiterin beim Ökumenischen Rat der Kirchen in Genf mit Schwerpunkt entwicklungsbezogene Bildungsarbeit. Ausgedehnte Projektreisetätigkeit. Sabbatical in Spanien.

1967–1993 Partnerschaft mit A. Cesar Espiritu,
1972 Geburt des gemeinsamen Sohnes Alexander.
1984–2003 Studienleiterin im Evangelischen Tagungs- und Studienzentrum Boldern.
1996–2003 Leiterin des Studien- und Bildungsbereichs in Boldern.
1999 Procter Scholar an der Episcopal Divinity School, Cambridge, Mass.
1994 Mitgründerin und Co-Präsidentin des European Women's College.
Inititantin der Europäischen Frauensommerakademien, Mitleiterin des Europäischen Projekts für Interreligiöses Lernen, EPIL.
Langjährige Vorsitzende des Ständigen Internationalen Ausschusses beim Deutschen Evangelischen Kirchentag sowie des Ausschusses Friede und Gerechtigkeit, Ökumenisches Forum Christlicher Frauen in Europa.
2000–2003 Präsidentin der Interreligiösen Arbeitsgemeinschaft Schweiz, IRAS.

Publikationen (Auswahl):
Reinhild Traitler. *Learning in the Struggle.* WCC 1980.
Reinhild Traitler. *Leaping over the Wall.* WCC 1982.
Reinhild Traitler. *Briefe an die Unglücklichen.* Pendo 1988.
Reinhild Traitler. *In den Gärten der Freiheit.* Pendo 1990.
Reinhild Traitler. *In the Mirror of Your Eyes.* EPIL 2004.
Reinhild Traitler. *Dialog als Praxis der Bezogenheit. Erfahrungen aus dem Europäischen Projekt für interreligiöses Lernen, EPIL.* In: *Sich in Beziehung setzen – zur Weltsicht der Freiheit in Bezogenheit,* hg. von Ina Praetorius, Ulrike Helmer Verlag 2005.
Jahrelange Mitarbeit und zahlreiche Veröffentlichungen in den Neuen Wegen sowie Mitarbeit an den Predigtstudien (Kreuzverlag).

LEBENSLÄUFE UND QUELLEN

Regina Wecker
Geboren 21. April 1944 in Berlin, aufgewachsen in Berlin.
1963 Studienaufenthalt in Israel.
1963–1969 Studium der Fächer Geschichte, Anglistik, Judaistik und Publizistik an der FU Berlin.
1965/66 Studium an der Universität Aberdeen (Schottland).
1969–1975 Studium der Fächer Geschichte, Englisch, Philosophie/Pädagogik an der Universität Basel.
1975 Promotion in den Fächern Allgemeine Geschichte des Mittelalters und der Neuzeit, Englische Philologie, Philosophie.
1992 Habilitation in Neuerer Allgemeiner und Schweizer Geschichte an der Universität Basel.
1993–1996 Assistenzprofessorin für Frauen-/Geschlechtergeschichte an der Universität Basel.
Seit 1997 Professorin für Frauen- und Geschlechtergeschichte am Historischen Seminar der Universität Basel.
1998–2001 Visiting Professor der Strathclyde University, Glasgow/Schottland.
1999–2002 Mitglied der Trägerschaft des Graduiertenkollegs «Wissen – Gender –Professionalisierung».
Seit 2002 Mitglied der Trägerschaft des Basler Graduiertenkollegs «Wissenschaft – Geschlecht – symbolische Ordnung».
Leiterin des Programms der Schweizer Graduiertenkollegien «Gender» (SUK-Kooperations-Projekt).
2003/04 Gastprofessur und interimistische Leiterin des Zentrums für interdisziplinäre Frauen- und Geschlechterstudien der TU Berlin (ZIFG).
2005–2007 Geschäftsführende Vorsteherin des Historischen Seminars der Universität Basel.

Publikationen:

Regina Wecker. *Geschichte und Geschichtsverständnis bei Edmund Burke.* Bern 1981 (Diss. Basel 1975).

Regina Wecker. *Frauen in der Schweiz* (Quellen und Arbeitsmaterialien). Zug 1983.

Regina Wecker. *Frauen in der Schweiz. Von den Problemen einer Mehrheit.* Zug 1983 (= Materialien zur Geschichte und Politik in der Schweiz 2).

Regina Wecker. *Zwischen Ökonomie und Ideologie. Arbeit im Lebenszusammenhang von Frauen im Kanton Basel-Stadt 1870–1910.* Zürich 1997.

Regina Wecker, Brigitte Studer, Gaby Sutter. *Die «schutzbedürftige Frau». Zur Konstruktion von Geschlecht durch Mutterschaftsversicherung, Nachtarbeitsverbot und Sonderschutzgesetzgebung.* Zürich 2001.

Regina Wecker u. a. *Wie nationalsozialistisch ist die Eugenik? What is National Socialist about Eugenics? Beitrag zur Geschichte der Eugenik im 20. Jahrhundert. Contribution to the History of Eugenics in the 20th Century.* Zürich 2007.

Sabine Braunschweig, Gabriela Imboden, Bernhard Küchenhoff, Hans Jakob Ritter, Regina Wecker. *«Unersetzliche Mittlerin». Die Rolle der Pflege bei eugenischen Massnahmen in der Schweiz.* In: *Pflege, Stigmatisierung und Eugenik. Integration und Ausschluss in Psychiatrie, Medizin und Sozialhilfe.* Hg. Véronique Mottier, Laura von Mandach (Thematische Publikation des NFP 51). Zürich 2007.

Quellen

Aline Boccardo
Interviews am 25. Februar 2006, 22. Mai 2006, 16. November 2006, 19. Dezember 2006, 1. Februar 2007, 8. Februar 2007, 3. April 2007, 25. April 2007. Telefongespräche.

Hanna Gagel
Interviews am 12. Dezember 2005, 15. November 2006, 31. Januar 2007, 16. Mai 2007. Telefongespräche.

Marthe Gosteli
Interviews am 15. Dezember 2005, 13. November 2006, 23. April 2007. Telefongespräche, E-Mails.

Alexa Lindner
Interviews am 14. Februar 2006, 24. November 2006, 11. Januar 2007, 4. Mai 2007. E-Mails.

Verena E. Müller
Interviews am 22. Februar 2006, 14. Dezember 2006, 11. April 2007, 10. Mai 2007. E-Mails.

Julia Onken
Interviews am 16. November 2005, 21. November 2006, 18. April 2007. E-Mails.

Eva Renate Schmidt
Interviews am 1.–8. April 2006, 9.–13. Dezember 2006, 14.–16. April 2007. E-Mails, Telefongespräche.

Liliane Späth
Interviews am 30. November 2006, 11. Januar 2007, 4. April 2007, 26. April 2007.

Reinhild Traitler
Interviews am 10. April 2006, 15. Januar 2007. E-Mails.

Regina Wecker
Interview am 10. Februar 2006, Seminarbesuch am 14. November 2006, Interviews 23. Januar 2007, 5. April 2007.